T0278208

—DISEÑO—
HUMANO
—— MANUAL PRÁCTICO ——

Todos los derechos de los gráficos e imágenes incluidos en este libro pertenecen a John Yuill y Genetic Matrix. Para obtener más información sobre software y formación profesionales y avanzados en diseño humano, visita www.geneticmatrix.com.

Título original: The Human Design Workbook: A Step-by-Step Guide to Understanding Your Own
                 Chart and How it Can Transform Your Life
Traducido del inglés por Francesc Prims Terradas
Diseño de portada: Editorial Sirio, S.A.
Maquetación: Toñi F. Castellón

©   de la edición original
    2022 de Karen Curry Parker

    Edición publicada mediante acuerdo con Hierophant Publishing,
    a través de International Editors & Yáñez Co' S.L.

©   de la presente edición
    EDITORIAL SIRIO, S.A.
    C/ Rosa de los Vientos, 64
    Pol. Ind. El Viso
    29006-Málaga
    España

www.editorialsirio.com
sirio@editorialsirio.com

I.S.B.N.: 978-84-19685-53-7
Depósito Legal: MA-1682-2024

Impreso en Imagraf Impresores, S. A.
c/ Nabucco, 14 D - Pol. Alameda
29006 - Málaga

Impreso en España

Puedes seguirnos en Facebook, Twitter, YouTube e Instagram.

 El papel utilizado para la impresión de este libro está **libre de cloro** elemental (ECF) y su procedencia está certificada por una entidad independiente, no gubernamental, que promueve la sostenibilidad de los bosques.

KAREN CURRY PARKER

—DISEÑO—
HUMANO
—— MANUAL PRÁCTICO ——

Una guía paso a paso para que puedas
interpretar tu carta y descubrir cómo puede
transformar tu vida.

EDITORIAL
SIRIO

Para mis hijos y nietos. Esta es mi oración: que sigamos sanando el planeta y evolucionando como personas para ser más capaces de construir un mundo en el que reine una paz equitativa, justa, sostenible y duradera.

ÍNDICE

Nota del editor estadounidense:
A lo largo de este libro, la autora analiza una carta de diseño humano personalizada a todo color. Como este libro está impreso en blanco y negro, te alentamos a que generes tu propia carta de diseño humano personalizada a todo color para tenerla como referencia a medida que avanzas la lectura. Hazlo en el siguiente enlace:

www.quantumalignmentsystem.com/human-design-workbook

INTRODUCCIÓN

E res un contador de historias nato.[*] La narración de historias es un medio creativo tan potente que nuestro cerebro está programado para aprender sobre el mundo a través de historias desde el momento en que nacemos. De las historias que escuchamos cómodamente arropados en nuestra cama por la noche o acurrucados en el regazo de nuestros padres aprendemos sobre valores, cuestiones morales y motivaciones

Las historias nos dan información acerca de quiénes somos, cuál es nuestro papel en la vida y para qué estamos aquí. Pero si bien algunas de las historias que aprendimos sobre el mundo y sobre nosotros mismos eran ciertas, muchas no lo eran.

A medida que fuiste creciendo fuiste dominando el arte de contar tu propia historia sobre quién eres y la razón por la que estás aquí. Tejiste todo lo que escuchaste, la información sobre los sucesos que presenciaste y las historias de tus propias experiencias para crear tu relato personal sobre ti y sobre el mundo.

Las historias que te cuentas sobre tus relaciones, tu dinero, tu desempeño creativo, tu estilo de vida, tu salud e incluso tu conexión espiritual influyen en lo que creas en tu vida. Las historias que cuentas

---

[*] N. del T.: Por razones prácticas, se ha utilizado el masculino genérico en la traducción del libro. Dada la cantidad de información y datos que contiene, la prioridad al traducir ha sido que la lectora y el lector la reciban de la manera más clara y directa posible.

sobre ti mismo se hacen realidad y se expresan a través de tus experiencias diarias en el mundo.

Tu relato personal establece el carácter general de tus experiencias vitales y de la dirección en la que te lleva tu vida. Pero no se trata de tu propia vida solamente. En realidad, estás viviendo una historia dentro de otra más grande: la historia de la humanidad en el planeta Tierra.

La historia de la humanidad puede parecer un poco incierta en estos momentos. Los científicos están elaborando algunos modelos bastante sombríos sobre el futuro de nuestro mundo. La política parece divisiva e injusta a escala global. Estamos luchando contra sistemas antiguos y obsoletos que nos han dejado a muchos desesperanzados y con una sensación de impotencia.

Puede dar la sensación de que la narración de historias no es una gran postura activista cuando parece que todo se está desmoronando. Sin embargo, contar historias es lo más radical y activo que puedes hacer para cambiar el mundo. Tu historia personal es importante y, unida a muchas otras, es vital para transformar el mundo en el que vivimos.

Acaso parezca que no somos capaces de cambiar la realidad actual, pero si empezamos a contar una historia diferente y unimos nuestras historias de empoderamiento con las de otros, podremos comenzar a crear la plantilla de una realidad diferente. Podemos programar el cerebro y la mente para que vean nuevas formas de crear. Podemos enfocar nuestra conciencia y ver las elegantes soluciones necesarias para cambiar el mundo. Podemos aprovechar la naturaleza sensual de nuestra esencia creativa y tomarnos tiempo para salir de lo probable y manifestar lo improbable, es decir, milagros que puedan cambiar la realidad en la que vivimos. Pero ¿cómo podemos hacerlo exactamente? Pues con el diseño humano, un sistema que puede ayudarnos a manifestar milagros.

¿Qué es el diseño humano?

El diseño humano es un sistema de tipos de personalidad que es una síntesis de la astrología, el *I Ching* chino, el sistema de chakras hindú, el misticismo judío (cábala) y la física cuántica.

El diseño humano ofrece una especie de esquema personal (figura 1) que le muestra a cada individuo qué tiene que hacer exactamente para manifestar mejor su propósito a lo largo de su vida. Este sistema muestra los temas arquetípicos que nos enseñan a manejarnos como seres humanos.

EL ESQUEMA HUMANO

EL GRÁFICO CORPORAL

@KARENCURRYPARKER

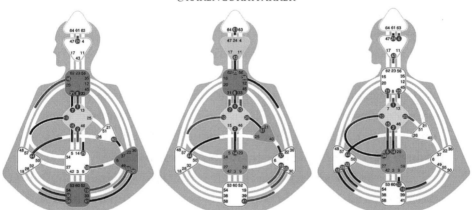

ESTE ESQUEMA NOS MUESTRA TODOS LOS TEMAS ARQUETÍPICOS ASOCIADOS AL HECHO DE SER UN SER HUMANO.

NOS MUESTRA NUESTRO POTENCIAL, PROPORCIONA RESPUESTAS A LAS PREGUNTAS QUE NOS INQUIETAN Y NOS DA PLENO PERMISO PARA ENTRAR EN CONTACTO CON NUESTRA VERDAD Y VIVIR LA VIDA SIENDO AUTÉNTICOS SIN TENER QUE DISCULPARNOS POR ELLO, EXPRESANDO NUESTRA INNATA NATURALEZA DIVINA.

Figura 1: El esquema del diseño humano.

La carta del diseño humano, que se genera a partir de la fecha, la hora y el lugar de nacimiento, es una herramienta potente que nos ayuda a poner en marcha el proceso de tomar el control de nuestro relato personal. Esencialmente funciona como un mapa que nos dice quiénes somos, cómo experimentamos y procesamos el mundo, cuál es nuestra mejor manera de tomar decisiones, y qué debemos hacer para mantenernos en armonía con nuestro verdadero yo.

El diseño humano es un «catálogo» transcultural, antiguo y moderno de todos los rasgos que nos hacen humanos. Este conjunto de información nos brinda una forma sistemática de explorar conscientemente nuestro relato personal y cambiar nuestra historia actual por otra en la que vivimos sin limitaciones como individuos auténticos y empoderados.

Tu diseño humano te aportará un nuevo vocabulario, un nuevo lenguaje con el que interpretar una parte de ti que tal vez has ocultado. El diseño humano no solo te brinda una nueva forma de pensar sobre ti mismo, sino también una nueva forma de hablar de ti.

La palabra aramea *abracadabra*, a menudo asociada con la magia escénica, significa 'crearé conforme hable'. El diseño humano es una forma antigua de articular una verdad innegable: las palabras tienen poder. Pueden unir a la gente. Transmiten. Las palabras son el puente entre lo divino y la historia humana. Traducen lo infinito en finito. Las palabras son el código de nuestra historia personal.

Con este libro aprenderás a usar este nuevo vocabulario de tu verdadero yo para reescribir tu historia personal de una manera sistemática. Cada sección incluye cuestiones sobre las que reflexionar, procesos de escritura y un modelo que te ayudará a elaborar una declaración de misión personal en cuanto a tu vida.

Tu nuevo vocabulario de diseño humano te ayudará a reconstruir tu relato personal para que refleje tu verdadera identidad. Estas nuevas palabras tienen el poder de cambiar tu relación con el dinero y con tu familia, tus amigos y tu pareja; también tienen el poder de ayudarte a encontrar tu ocupación adecuada en el mundo, de aportar más bienestar a tu vida, de hacer más profunda tu conexión espiritual y de sanar memorias ancestrales.

Potencial y condicionamiento

Cada elemento de la carta del diseño humano representa un potencial, es decir, un arquetipo o un tema (figura 2). El potencial de una persona dada se puede expresar en un espectro de posibilidades; puede ser desde *alto* hasta *bajo* en relación con todas las partes de la carta.

EL DISEÑO HUMANO TE ENSEÑA A MIRAR TU CARTA
(TU «MAPA» PERSONAL) COMO UNA HISTORIA.

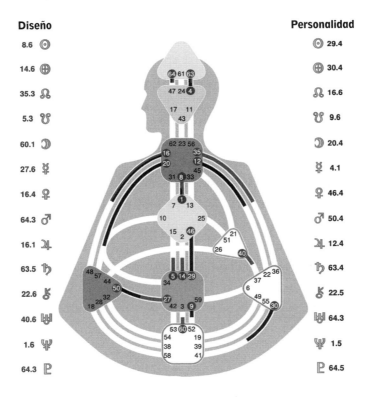

Figura 2: La carta del diseño humano.

Por ejemplo, existe el potencial de ser un ermitaño. En su expresión baja, la energía del ermitaño puede ser el miedo a conectar con los demás, que puede hacer que la persona se esconda, niegue la vida y nunca llegue a expresar todo su potencial en cuanto al amor y la integración en una comunidad. En su expresión alta, la energía del ermitaño se puede experimentar como la necesidad de retirarse para restaurar y reponer la energía, de aislarse para preservar la propia sostenibilidad energética.

Cómo eliges expresar los temas o potenciales de tu diseño humano depende, en parte, de tu condicionamiento. El condicionamiento es la forma en que has aprendido a comportarte en respuesta a tus experiencias de vida, a los patrones y creencias que has heredado de tu familia y a la forma en que experimentas la energía del mundo.

Tu relato personal está profundamente influido por tu condicionamiento. Tu condicionamiento te aporta un significado personal que está asociado a cada uno de los temas presentes en tu carta de diseño humano. Desentrañar estos significados puede ayudarte a descubrir por qué puede ser que estés atrapado en una historia que no te está sirviendo para desarrollar todo tu potencial. También puede aportarte una visión profunda de la manera en que puedes comenzar a elegir conscientemente una respuesta diferente ante la vida.

Veamos un ejemplo. Cierra los ojos un momento y piensa en la palabra *creatividad*, tema que se encuentra en muchos lugares en la carta del diseño humano.

La creatividad es un concepto neutro, que solo hace referencia a la capacidad de crear algo. La manera en que percibes el concepto de creatividad, tus experiencias como persona «creativa» en tu vida y las creencias que te condicionan influyen en la forma en que expresas tu potencial creativo.

Pongamos por caso que, como todos los niños, naces con una profunda conexión con tu capacidad creativa natural. Pasas los días soñando despierto, pensando en todo lo que te gustaría hacer en la vida. Un día en la escuela, mientras miras por la ventana tratando de imaginar la sensación que tiene que producir montar a caballo, tu maestra toma su regla y la golpea con fuerza sobre tu pupitre, sacándote, así, de tu ensoñación.

Esta experiencia te deja tan desconcertado que tomas la decisión consciente de no volver a soñar despierto nunca más en la escuela, con lo cual desconectas de un elemento central de tu poder creativo.

Añadamos a lo anterior el hecho de que tus padres son «prácticos» y creen que todos los sueños requieren trabajar duro. Si quieres realizar actividades divertidas y creativas, debes ganarte el derecho de hacerlas una vez que has terminado tus tareas. La creatividad es un lujo que no te puedes permitir. La ética de trabajo de tu familia te ha condicionado a dejar tus sueños creativos en un segundo plano con la esperanza de que algún día te ganarás el derecho de convertirlos en realidad.

Por último, imagina que a los dieciséis años te enamoras de la literatura. Siempre fuiste un lector voraz, pero al madurar e ir comprendiendo realmente la elegancia y el poder de la palabra escrita, decides que te gustaría ser escritor profesional.

Cuando le dices a tu padre cuál es tu sueño, responde que no tienes los pies en el suelo y que será mejor que elijas una carrera más rentable y práctica si quieres llegar a alguna parte en la vida. Aceptas a regañadientes y te formas en administración de empresas.

Como resultado de estas experiencias condicionantes, cada vez que piensas, como adulto, en perseguir tu pasión dando respuesta a tus impulsos creativos, reprimes esos deseos. A veces, piensas que escribirás cuando te jubiles. Pero en la vida diaria te niegas a hacerte el regalo que sería dar rienda suelta a tu creatividad para expresarla plenamente.

A lo largo de tu vida, te estás contando una historia sobre quién eres: lo que eres capaz o incapaz de hacer o tener, lo que mereces... El ejemplo que acabo de desarrollar es la historia de alguien que no le da un gran valor a su propia expresión creativa y vive su vida en consecuencia.

Este es el poder de la historia. Las palabras que nos decimos a nosotros mismos nos ayudan a configurar nuestra vida en múltiples niveles.

A medida que avances en la lectura, explorarás un nuevo vocabulario que podrás usar para reescribir la historia de tu vida. Además, con la ayuda de tu carta de diseño humano aprenderás a reescribir tu relato de una manera que refleje la *verdadera* historia de la persona que eres realmente, una historia que represente el papel único, vital e insustituible que solo *tú* puedes tener en el mundo.

He puesto la creatividad como ejemplo por un par de razones. La primera, que muchos de nosotros hemos experimentado este tipo de condicionamiento asfixiante con respecto a nuestra propia creatividad. La segunda razón es que en este libro te servirás de un proceso creativo lúdico para reescribir tu relato personal. Los ejercicios que encontrarás te ayudarán a obtener respuestas por parte del hemisferio derecho de tu cerebro, que a su vez te ayudarán a superar la vieja manera que tienes de pensar sobre ti mismo, sujeta a condicionamiento.

Cambiar la forma de pensar no es fácil, ya que el cerebro ha evolucionado para convertirse en un órgano profundamente eficiente. Cuando tenemos un pensamiento o contamos una historia varias veces, el cerebro empieza a construir una ruta neuronal que los nervios pueden seguir sin que sea necesario el concurso del pensamiento consciente, o casi. Esta ruta le permite al cerebro reproducir fácilmente la historia en la mente de una manera repetida, incluso inconsciente, hasta que se convierte en parte de la propia identidad.

Esto también explica por qué es tan difícil romper un hábito o crear uno nuevo: porque el viejo hábito se ha convertido en un camino neuronal al que el cerebro regresa con facilidad, y para romper ese hábito o crear uno nuevo hay que construir una ruta diferente para que el nuevo hábito arraigue. Reprogramar el cerebro requiere tiempo y repetición.

Ya que estamos tratando el tema de las vías neuronales, es un buen momento para hablar más sobre la biología cerebral. Como es probable que sepas ya, el cerebro consta de dos mitades, el hemisferio izquierdo y el derecho, cada una de las cuales está asociada a unos procesos neurológicos diferentes.

En el hemisferio izquierdo del cerebro se procesan cuestiones como el lenguaje, la lógica y el control del tiempo. Este hemisferio predice el futuro en función de la comprensión que tenemos de los patrones del pasado. Esta es la base de la ciencia. Cuando ciertos experimentos ofrecen un resultado predecible de forma sistemática, nos sentimos a gusto sabiendo que el patrón es verdadero y que la mayoría de las veces podremos confiar en él para obtener ciertos resultados predecibles.

El hemisferio izquierdo también está asociado con el miedo y la duda, mecanismos de protección que nos motivan a ser escépticos y hacen que nos resistamos al cambio con el fin de protegernos de lo desconocido y potencialmente peligroso.

El hemisferio derecho está asociado a la visión general. El pensamiento holístico, las emociones, los impulsos intuitivos y las artes creativas tradicionales toman forma aquí. Este hemisferio no está interesado en la lógica y la predicción; debido a ello, se cree que es fundamental para los pensamientos que rompen patrones.

La creatividad, incluida la narración creativa, también está asociada al hemisferio derecho. Cada vez que nos contamos conscientemente nuevas historias sobre nosotros mismos, no solo accedemos al lado infantil del cerebro que está abierto a aprender nuevas ideas y valores, sino que también estamos recurriendo a su lado emocional e intuitivo para usar la narración con el fin de romper viejos patrones y trazar un nuevo camino para nuestra vida.

Una nueva historia expande la mente; la lleva a pensar en nuevas posibilidades y nos sitúa en nuevas direcciones. El uso efectivo de la narración de historias está bien documentado. Todas las personas que están en la cima de su carrera, desde atletas olímpicos hasta empresarios triunfadores, saben lo que significaría el éxito para ellas —tanto los pequeños éxitos como el gran éxito— y se ven con precisión viviendo esa historia; con este fin, enfocan y afinan su visión. Nuestro objetivo aquí es que escribas una visión creativa clara de tu nueva historia, una visión que no dejarás de afinar a lo largo de tu vida. De esta manera, tu nueva historia podrá convertirse, para ti, en una herramienta útil, práctica y potente.

Comencemos

Como primer paso en tu viaje con el diseño humano, deberás obtener tu carta personal. Hay varios sitios web que generan la carta personal de diseño humano, pero es posible que te resulte difícil hacer encajar esas cartas con lo que se expone en este libro. Algunas de las cartas generadas por distintas plataformas de *software* tienen un aspecto un poco diferente y, a veces, la terminología que se emplea en ellas difiere un poco de la que se utiliza aquí. No digo que estas otras plataformas no proporcionen cartas precisas, pero puedes tener la seguridad de que la que te vas a descargar de mi sitio web sí lo es, además de que es gratuita. Por ello, para aclararte más con los contenidos de este libro, deberás generar tu carta de diseño humano acudiendo a este enlace: www.quantumalignmentsystem.com/human-design-workbook. Para obtenerla, solo deberás introducir tu día, hora y lugar de nacimiento. A continuación podrás descargarte tu carta, que será única, y ya estarás listo para comenzar a trabajar con los capítulos.[*]

Nota: Ten en cuenta que en las cartas del diseño humano hay, a menudo, más de un término para hacer referencia al mismo concepto; estos casos se explican e ilustran a lo largo del libro.

En las siguientes páginas, usarás tu carta de diseño humano para que te ayude a interpretar tu historia actual y a descubrir la historia de tu verdadera identidad.

---

[*] N. del T.: Al entrar en este sitio web (en inglés), lo primero que se nos pide es que veamos un vídeo explicativo. La instrucción más relevante es que es necesario acceder a través del navegador Google Chrome desde un ordenador para que se genere la carta y se pueda descargar y guardar.

Para dar inicio al proceso de reescribir tu historia, deberás hacerte consciente de las viejas historias que te has estado contando: tu condicionamiento. La finalidad de ello no es hacerte sentir mal ni que revivas el dolor del pasado, pero como ocurre con muchas cosas en la vida, debes saber dónde estás ahora para determinar una nueva dirección.

Soy muy partidaria de hacer un seguimiento por escrito porque el hecho de escribir puede ayudar al cerebro a construir nuevas rutas neuronales con mayor eficiencia. Con este objetivo, cada capítulo incluye preguntas para la reflexión e indicaciones de escritura. Ello te ayudará a explorar tu viejo relato y a comenzar a construir uno nuevo a partir de lo que revele tu carta de diseño humano. Trabajarás con varias preguntas relacionadas con cada una de las partes de la carta, que finalmente confluirán para dar lugar a tu *declaración del propósito de vida* del diseño humano.

Pueden ser necesarias varias semanas para completar el potente proceso creativo de desentrañar la propia historia personal hasta el momento presente y construir una nueva. Te invito a que te tomes tu tiempo para reflexionar en este proceso, con intención. Aunque vas a formular tu declaración del propósito de vida usando la información obtenida en este libro, te animo a modificar las palabras, cuando sea necesario, para que la declaración sea tuya.

Las palabras son poderosas; crean y construyen. La historia que cuentas sobre ti marca el tono y la dirección de tu vida. Con el proceso de elaborar conscientemente tu declaración del propósito de vida empezarás a saber cómo eres realmente y a superar todos los condicionamientos vitales que hayan obstaculizado la expresión de tu ser único.

También quiero dejar claro que no hay respuestas correctas o incorrectas. Implícate en el proceso sin juzgar. Presta atención a cualquier pensamiento que puedas tener sobre el proceso o tu historia mientras creas. Sé amable contigo mismo y sírvete de este proceso para elaborar una historia grande y jugosa, que te impulse hacia delante y te ancle incluso cuando sientas que tu vida actual no está alineada con tu verdadero yo. El proceso de reescribir tu historia es un gran paso hacia la construcción de una vida más auténtica.

Si te quedas bloqueado en algún punto, te invito a que te tomes un respiro. Juega a algo o sal a caminar; haz lo que sea que distraiga tu mente de este trabajo por el momento. Hay mucho sobre lo que reflexionar aquí, y eso lleva tiempo.

Hay personas a las que les cuesta que fluyan las palabras cuando se proponen empezar a escribir su historia. Si te ocurre a ti, prueba a convertir este proceso en un proyecto artístico, una historia de ficción o incluso un poema. Muchos individuos que han pasado por este proceso optaron por integrarlo con algún tipo de expresión creativa. ¡Una persona incluso convirtió su declaración del propósito de vida en una obra de teatro!

¿Cuál es la conclusión? Que esta es tu historia. Eres tú quien está al cargo de ella y a quien corresponde escribirla. Es la historia real que has sentido en tu corazón toda tu vida. Es la historia de la persona que esperabas llegar a ser. ¡Saborea este proceso y considera que estás recuperando tu magnífico yo! y que esta tarea es sagrada.

Cuando llegues al final del libro, habrás escrito tu nueva historia y tu declaración del propósito de vida. Te animo a que la desarrolles, a partir de tus propias experiencias y usando tus propias palabras, para crear algo que te empodere, te inspire y te dé algo a lo que aspirar. Una vez que sientas que tu declaración del propósito de vida es estimulante y apropiada, te animo a que la imprimas en un papel bonito e incluso a que la enmarques. Puedes leerla como parte de tu práctica diaria. (¡Me gusta leer la mía todas las mañanas antes de empezar el día!).

Capítulo 1

CÓMO LEER TU CARTA DE DISEÑO HUMANO

Tu carta de diseño humano contiene dos aspectos claramente diferentes: el propósito de tu alma y tu propósito de vida.

El *propósito de tu alma* tiene que ver con el crecimiento y la expansión. Nuestras almas se manifiestan en este planeta para experimentar lo que sea que necesiten experimentar para impulsar el crecimiento del universo.

Tu *propósito de vida* es la historia de la persona que eres en esta encarnación, en esta existencia. Esta historia está codificada en tu patrón energético y en tu linaje genético y epigenético. En el momento de tu nacimiento, el propósito de tu alma se integra con tu propósito de vida para crear el evento único que eres *tú*.

En el curso de nuestra existencia, a menudo experimentamos una lucha o un conflicto entre el contenido del propósito de nuestra alma y el de nuestro propósito de vida. A menudo, estas luchas internas están previstas en la historia de la vida. Muchas personas pasan a comprender mucho mejor sus luchas internas cuando entienden su diseño humano. Esta conciencia las ayuda a obtener un nuevo nivel de maestría personal que les permite manifestar su potencial de una manera más intensa y significativa.

La carta del diseño humano, también llamada *gráfico corporal* o *cuerpo gráfico*, es una representación visual de la suma de las posibilidades y energías humanas. El marco estructural de esta carta contiene el arquetipo completo de la humanidad. Aquí están presentes todas las posibilidades de expresión del ser humano. El gráfico corporal nos muestra las distintas formas en que amamos, lideramos, seguimos (doctrinas, a otros...), aprendemos, conocemos, crecemos, ¡y mucho más!

Tu carta, que es única, dice todo esto sobre ti e ilustra la mejor estrategia que puedes seguir para cuestiones prácticas como ganar dinero, tener unas relaciones excelentes, estar sano y mantenerte creativo. Te ayuda a comprender cómo trabajas y cómo puedes hacer que la vida te vaya mejor. Iremos abordando estas estrategias prácticas a medida que avancemos.

La figura 3 muestra un gráfico corporal. El tuyo puede tener un aspecto diferente, según la herramienta que utilices para generarlo y según lo que aparezca representado en él, que no será igual a lo que muestre otro. Si no has descargado tu carta, te recomiendo que lo hagas en www.quantumalignmentsystem.com/human-design-workbook.*

Cada carta se genera a partir de la fecha, la hora y el lugar de nacimiento, y refleja, esencialmente, cómo procesamos la energía. Revela nuestras buenas cualidades y nuestros puntos débiles potenciales, además de nuestros dones y talentos. Y lo más importante es que explica quiénes somos, por qué estamos aquí y cómo podemos vivir siendo fieles a nosotros mismos.

La historia de tu carta es la síntesis de todo lo que se encuentra en ella. En los próximos capítulos verás cómo, juntas, las distintas partes de tu carta te aportan una buena comprensión del lugar que ocupas en este mundo y de tu propósito. La historia reflejada en cada carta es única, rica y compleja, e incluye una gran cantidad de datos. El *sistema*

---

* N. del T.: Como se indicaba en la nota de la introducción, conviene acceder desde un ordenador utilizando el navegador Google Chrome.

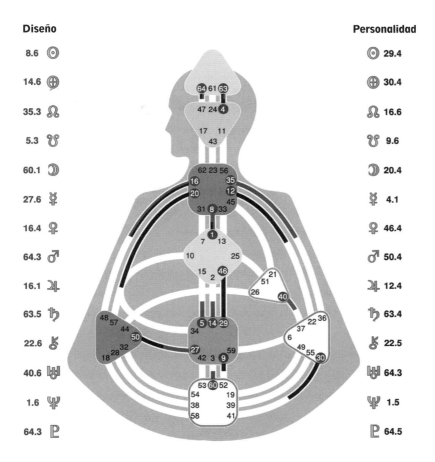

Figura 3: Ejemplo de gráfico corporal.

de diseño humano combina la astrología, el *I Ching*, el sistema de chakras hindú, la cábala y la física cuántica.

Un examen atento del gráfico permite detectar algunas de las influencias que contribuyen al diseño humano. Por ejemplo, si le damos la vuelta, vemos una forma muy similar al árbol de la vida de la cábala (figura 4).

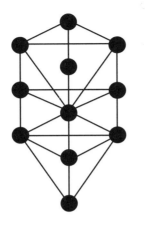

Figura 4: El árbol de la vida de la cábala.

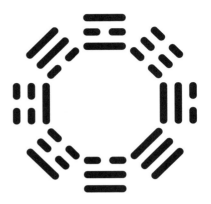

Figura 5: Los 64 hexagramas del *I Ching*.

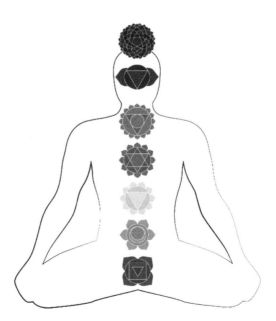

Figura 6: Los siete centros energéticos del sistema de chakras hindú.

En la carta del diseño humano también hay sesenta y cuatro números. Estos números, llamados *puertas*, se correlacionan con los sesenta y cuatro hexagramas del *I Ching* (figura 5).

Además, hay nueve formas geométricas, conocidas como *centros*, en distintas partes del cuerpo; se asemejan a los siete centros de energía del sistema de chakras hindú (figura 6).

Aunque se puedan detectar estos antiguos marcos de sabiduría en el gráfico, el diseño humano es algo novedoso y único. Es una herramienta totalmente nueva creada para ayudar de una manera completamente diferente. (Para obtener más información al respecto, consulta mi libro *Understanding Human Design* [Comprender el diseño humano]).

Reunir toda esta información es clave para comprender el diseño humano, así como cualquier carta dada. En esencia, el diseño humano es una herramienta que nos enseña sobre el potencial evolutivo de la humanidad y sobre el poder inherente a este potencial; aporta conocimientos en los ámbitos personal, colectivo y de las relaciones. La verdadera belleza del diseño humano reside en la unificación de todos los componentes esotéricos que lo integran.

La carta en sí también constituye una síntesis de varias partes, que se combinan para aportar una descripción general de la persona. Para tener una visión de conjunto de la carta y facilitar su lectura, debemos comenzar por analizar sus distintas partes una por una.

Las distintas partes de tu carta de diseño humano

Procederemos a descomponer la carta en sus diversos componentes para que puedas empezar a ver, después, cómo encajan entre sí. El propósito de este capítulo es brindarte una visión general de las partes que componen tu carta, para que sepas dónde encontrar la información que necesitarás para sacar partido de los capítulos siguientes, en los que profundizaremos mucho más en cada una de las partes.

Algunas de las partes de la carta tienen energías que, si bien son similares, son diferentes en un nivel sutil. Debes tener presente que cuando analicemos cada parte la estaremos sacando de su contexto. Cada parte es importante en sí misma, pero la expresión completa de cada una está en función de los demás elementos presentes en la carta.

Comprenderte a ti mismo y entender las intrincadas sutilezas de tu carta es un proceso hermoso y valioso, al que podrías dedicar incontables horas si quisieras. A los efectos de este manual de trabajo y para que la narración de tu historia sea lo más útil e impactante posible para ti, habrá algunas cuestiones que no se analizarán en profundidad; pero sí abordaremos los aspectos esenciales de la carta del diseño humano:

- Tipos energéticos y las estrategias asociadas a estos
- Perfiles
- Centros energéticos
- Planetas y puertas

Esta exploración te proporcionará una sólida comprensión básica de tu carta, suficiente para que puedas trabajar en tu nueva historia. Si eliges profundizar en el diseño humano, te recomiendo que leas mi libro *Understanding Human Design*.

Los cinco tipos energéticos

Cuando mires el texto de la carta, verás que lo primero que consta es el *tipo*. El sistema de diseño humano incluye cinco tipos energéticos (figura 7), y a cada tipo le corresponde una *estrategia* específica para tomar las mejores decisiones.

La forma más fácil de comenzar a sacar partido de estos conceptos es averiguar cuál es tu tipo y seguir la estrategia que le corresponde. Cada uno de los cinco tipos de personalidad tiene asociada una determinada estrategia en cuanto a la toma de decisiones. Por lo tanto, si sabes cuál es tu tipo lo tendrás más fácil para adquirir mayor seguridad y confianza respecto a tu capacidad de tomar decisiones fiables.

Figura 7: Los cinco tipos energéticos del sistema de diseño humano.

Los cinco tipos son los siguientes:

- Manifestador
- Generador
- Generador manifestante
- Proyector
- Reflector

Cada uno de los tipos tiene un papel diferente en la interacción con las otras personas y el mundo.

Estrategias

Cada tipo tiene una forma única de tomar decisiones personales y actuar. Es lo que se conoce como *estrategia*. La estrategia deriva del tipo y es tal vez la información más importante que se obtiene de la carta del diseño humano. Digo esto porque la estrategia aporta información clave sobre la mejor manera de operar en el mundo, lo cual incluye cómo efectuar las elecciones apropiadas para uno mismo y cómo reconocer si se está o no en el camino correcto en la vida.

El hecho de seguir tu estrategia incrementa tus probabilidades de cumplir tu propósito de vida y de experimentar eventos y circunstancias que te ayuden a ello. El hecho de no seguir la estrategia correspondiente a tu tipo puede hacer que te encuentres con más obstáculos de lo normal y que tu avance hacia el cumplimiento de tus metas en la vida se vea ralentizado.

Dada la importancia que tiene la estrategia, puedes estar seguro de que te hablaré de ella con detalle a lo largo del libro. Por ahora, quiero que recuerdes esto: si sigues tu estrategia, estarás más en sintonía con tu propósito de vida, reducirás al mínimo las resistencias, tomarás decisiones contundentes y saludables que te ayudarán a sentirte bien, tu existencia estará más dotada de sentido y tus aventuras diarias estarán más impregnadas de alegría.

Los doce perfiles

El sistema de diseño humano contempla doce perfiles de personalidad; se exponen en la figura 8. Algunos de los perfiles cuentan con más de un nombre; son denominaciones intercambiables, todas ellas de uso habitual en el campo del diseño humano.[*]

---

[*] N. del T.: En tu carta, fíjate en los números (.../...) para saber cuál es tu perfil. Cada uno de los números corresponde a lo que se llama una *línea* de perfil. Algunas denominaciones alternativas a las que ofrece la autora en la figura 8 son: *mártir* en lugar de *experimentador* o *hereje* en lugar de *enseñante*. Ten en cuenta, además, que *experimentador* es una traducción simplificada de *experiential learner*, que significa más específicamente 'el/la que aprende a través de la experiencia'.

Figura 8: Los doce perfiles de personalidad.

Todos venimos al mundo con un perfil y un propósito específicos. Los doce perfiles reflejan los principales temas de la vida con los que nos encontramos e ilustran otra forma en que interactúa con el mundo la personalidad. Conocer tu perfil puede ayudarte a reconocer algunos de estos temas principales a medida que avanzas hacia el cumplimiento de tu propósito de vida.

Cada número que se encuentra en el perfil tiene un significado específico. El primer número es el componente de la personalidad del que somos conscientes. En cambio, puede ser que no seamos conscientes del componente indicado por el segundo número; puede estar más oculto a nuestra mirada.

Puede considerarse que el perfil constituye una explicación de los arquetipos consciente e inconsciente y los temas asociados con estos arquetipos. Algunas personas perciben su perfil inconsciente, pero como es inconsciente, no tienen mucho control sobre su expresión.

Las seis líneas de los perfiles

Se ofrecen a continuación algunas definiciones básicas para cada una de las seis líneas de los perfiles.

Línea 1: el investigador

El investigador necesita información y se siente seguro cuando tiene suficientes datos. (Internet se creó para los perfiles que contienen la línea 1).

Línea 2: el ermitaño

Los perfiles que contienen la línea 2 necesitan tiempo a solas para integrar experiencias y restablecer su energía. El ermitaño precisa espacio para sentirse bien y enraizado. Tiene algo de mágico tener la línea 2 en el perfil. Una vez que la persona se ha alejado durante un tiempo, casi da la impresión de que los demás perciben energéticamente que pueden invitarla a hacer cosas y a volver a integrarse en la comunidad. Parece que los amigos y familiares del ermitaño siempre lo encuentran cuando se esconde y lo llaman para que se reincorpore a la vida.

Línea 3: el experimentador

El experimentador debe experimentar con sus ideas y se le debe permitir cometer errores sin juzgarlo. No es que los perfiles que contienen la línea 3 se equivoquen; ocurre que averiguan lo que funciona al descubrir qué es lo que no funciona.

Línea 4: el oportunista

El oportunista construye una base de amistades y necesita conectarse en red y compartir. Los perfiles que contienen la línea 4 necesitan que los demás los acepten tal como son; tienen que saber qué les espera y estar preparados para sentirse seguros. (Los perfiles que contienen la línea 4 no manejan bien la incertidumbre).

Línea 5: el enseñante

El enseñantes está aquí para enseñar lo que sea que haya experimentado en la vida. Se le considera un espejo kármico y a menudo está sujeto a las proyecciones de los demás. A través de la relación con las personas que tienen la línea 5 en su perfil, los demás descubren qué es lo que más necesitan sanar. Quienes tienen la línea 5 necesitan confiar en que los demás verán la verdad sobre ellos para sentirse seguros, y a veces ocultan su verdad muy profundamente cuando se los conoce por primera vez.

Línea 6: el modelo a seguir

El modelo a seguir literalmente modela para otras personas lo que estas han venido a compartir y dar al mundo. Los perfiles que contienen la línea 6 necesitan predicar con el ejemplo. Pasan por tres fases en la vida: la primera (desde el nacimiento hasta los treinta años) es una fase juvenil de experimentación y aprendizaje a través de la experiencia. La segunda fase (entre los treinta y los cincuenta años) es un largo ciclo de sanación, crecimiento y estudio. La fase final (a partir de los cincuenta años) es un ciclo en el que viven lo aprendido. Los perfiles que contienen la línea 6 necesitan sentir que aquello en lo que están participando merece su esfuerzo para tener energía y encontrar que su vida tiene sentido.

Cada uno de los doce perfiles está compuesto por dos de estas líneas; la que se muestra en primer lugar es la consciente y la que está en segundo lugar es la inconsciente. Aprenderás mucho más sobre las líneas de tu perfil en el capítulo tres.

Los nueve centros energéticos

Lo primero que advertirás cuando estudies tu gráfico es que contiene nueve formas geométricas (figura 9). Se las llama *centros*. Cada centro alberga y gestiona una determinada frecuencia energética y tiene que ver con temas específicos de nuestra vida.

Como se puede ver en la figura 9, estos son los nueve centros:

- Cabeza
- *Ajna*
- Garganta
- Identidad (G)
- Voluntad
- Bazo
- Sacro
- PSE (plexo solar emocional)
- Raíz

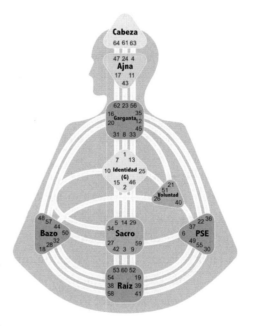

Figura 9: Los nueve centros.

Si un centro está coloreado,* es un *centro definido* (figura 10). Un centro definido opera de una forma consistente y es parte de lo que somos: es la energía que irradiamos al mundo, consistente y confiable todo el tiempo. Opera de la misma manera tanto en el aspecto energético como en el ámbito temático. Podría estar lloviendo, Mercurio podría estar retrógrado o Marte podría desaparecer del sistema solar, y esos aspectos de la personalidad no variarían.

---

* N. del T.: En las figuras de este libro, que están en blanco y negro, los centros definidos se muestran sombreados.

GRÁFICO CORPORAL
DEL DISEÑO HUMANO

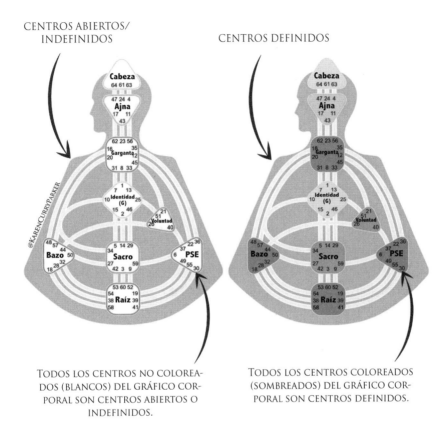

CENTROS ABIERTOS/ INDEFINIDOS

CENTROS DEFINIDOS

TODOS LOS CENTROS NO COLOREADOS (BLANCOS) DEL GRÁFICO CORPORAL SON CENTROS ABIERTOS O INDEFINIDOS.

TODOS LOS CENTROS COLOREADOS (SOMBREADOS) DEL GRÁFICO CORPORAL SON CENTROS DEFINIDOS.

Figura 10: Un centro coloreado (sombreado) es un centro definido, mientras que un centro blanco es un centro abierto o indefinido.

Si un centro se muestra blanco, es un centro indefinido o abierto (figura 10). Tomamos energía e información del mundo que nos rodea y de otras personas desde los centros abiertos. Las zonas indefinidas representan los aspectos inconsistentes de la personalidad. Podemos experimentar una gran sabiduría desde los centros abiertos, pero también dolor y confusión. No solo absorbemos energías desde estas zonas; también las amplificamos. Como sentimos estas energías de una manera tan intensa y profunda, es fácil que nos sintamos abrumados.

Por ejemplo, si tienes indefinido el plexo solar emocional (el triángulo situado en la parte inferior derecha del gráfico corporal), absorbes las emociones de los demás y las sientes con más intensidad que las personas que las generaron. Los individuos que tienen indefinido el centro emocional son empáticos. Esta empatía puede convertirse en una gran fuente de sabiduría si hay conciencia. (Cualquier centro indefinido es, potencialmente, una gran fuente de sabiduría).

Yo tengo indefinido el plexo solar emocional (PSE). Detesto ir al cine porque siempre lloro a mares. Cuando vi *Spirit: el corcel indomable* (una película de animación sobre un caballo) lloré tanto que mi hija, que tenía nueve años entonces, se fue a otro asiento de la sala por el bochorno que sintió. La verdad es que no era una película tan triste, pero ahora entiendo que mi PSE abierto absorbió toda la energía emocional de la sala y la amplificó: lloré «en representación» de todo el público.

Mi plexo solar indefinido no me presta un buen servicio cuando estoy viendo una película, pero constituye una parte fundamental de mi vida. Como *coach*, esta indefinición emocional supone una gran ventaja para mí a la hora de comprender los sentimientos de mis clientes. Cuando evalúo su estado emocional, sé lo que sienten porque yo también lo siento.

Cuando trabajaba como enfermera, la indefinición de mi plexo solar tenía un efecto abrumador y agotador para mí, porque no entendía mi diseño humano. Al absorber toda la intensidad emocional que me rodeaba, no tardaba nada en quedar para el arrastre. Ahora, utilizo el plexo solar emocional a modo de pantalla; permito que toda la información emocional del entorno pase a través de mí pero no me aferro a ella, por lo que no me abruma ni me deja agotada.

A veces se tilda de «dramáticos» a los niños que tienen el centro emocional indefinido, pero todo lo que están haciendo es absorber toda la energía emocional de quienes tienen alrededor y expresarla. A menudo me encuentro también con que se califica de «perturbados» a los niños que tienen indefinido el centro emocional, cuando en realidad están manifestando la salud emocional de su familia o incluso el drama emocional presente en el matrimonio de sus padres.

Lo que tiene de bello el tema de los centros definidos e indefinidos es que, individualmente, cada uno de nosotros somos piezas de un puzle, partes de un todo mayor. Pasamos a estar completamente definidos cuando estamos juntos. Cada uno de nosotros traemos piezas que nos unifican energéticamente a todos y nos ofrecen la oportunidad de expresar la totalidad de la experiencia humana. Podemos percibir esto cuando vamos a un restaurante o una cafetería: los diseños de los clientes y el personal se mezclan para generar un aura colectiva.

Lo que se llama la *definición* viene determinado por la posición de las puertas y los planetas en el momento del nacimiento. En las partes del gráfico en las que tenemos abierta la energía, tomamos esta del aura colectiva conformada por otras personas. Nuestra energía y nuestra definición (las partes coloreadas del gráfico) interactúan con la energía y la definición de los demás. Experimentamos la energía de otras personas en los ámbitos en los que el gráfico refleja *apertura* (allí donde el color es blanco).

Los números y los planetas

A la izquierda del gráfico corporal, o a ambos lados (según el diseño de la carta), hay una serie de números rojos y negros* junto con unos símbolos planetarios (figura 11).

En la carta constan dos fechas de nacimiento (figura 12). (Nota: La fecha de nacimiento puede estar dispuesta en formato europeo [día/mes/año] o estadounidense [mes/día/año], según el diseño de la carta).

---

* N. del T.: En las figuras de este libro, que están en blanco y negro, aparecen en gris y negro.

La fecha de nacimiento de color negro corresponde al día en que realmente nacimos (figura 13). También se conoce como nuestro *diseño consciente* y contiene información sobre el propósito de nuestra alma en la vida. Los elementos negros del gráfico son aspectos de la personalidad de los que somos conscientes y que podemos controlar hasta cierto punto.

La fecha de nacimiento de color rojo está a unos 88 grados astrológicos de distancia del momento del nacimiento; es decir, se sitúa unos tres meses antes del parto. La madre pudo haber empezado a percibir que nos movíamos dentro del útero en esa fecha (figura 14). Esta es la fecha del nacimiento inconsciente. Las partes del gráfico que corresponden a ella tienen que ver con nuestro propósito de vida

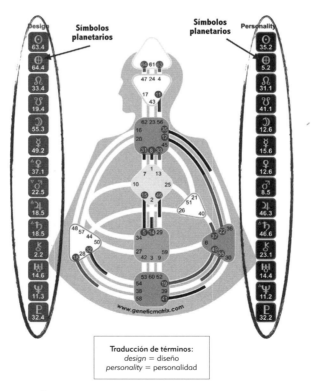

Figura 11: Símbolos planetarios en la carta del diseño humano.

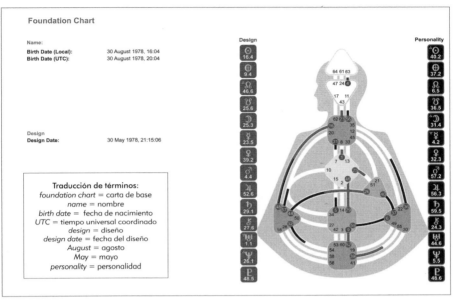

Figura 12: Las dos fechas de nacimiento en la carta del diseño humano.

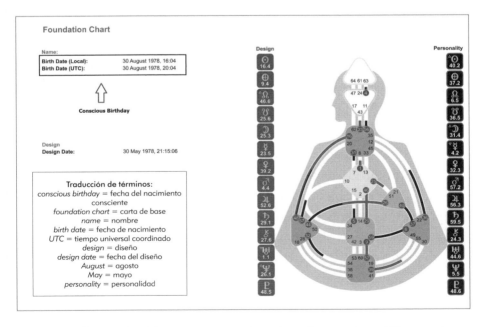

Figura 13: La fecha del nacimiento consciente (en color negro), también conocida como *diseño consciente*.

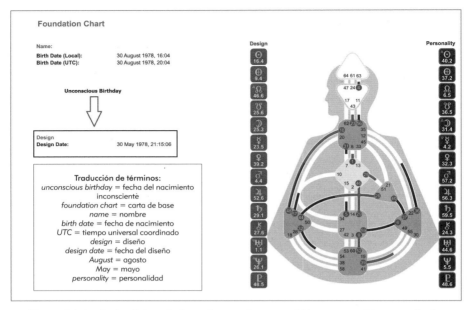

Figura 14: La fecha del nacimiento inconsciente también es conocida como *fecha del diseño* o como *diseño inconsciente de la personalidad*.

y con lo que hemos venido a aprender a este plano. Constituyen el diseño de nuestra personalidad inconsciente, es decir, los aspectos de nuestra personalidad que están siempre ahí como una parte de nosotros mismos pero no siempre son evidentes. Normalmente, nuestros familiares y seres queridos advierten antes que nosotros mismos los elementos inconscientes que nos componen. Por lo general, con la edad vamos percibiendo mejor nuestra personalidad inconsciente y aprendemos a cumplir nuestro propósito de vida con mayor madurez.

Encontramos símbolos planetarios junto con los números negros y rojos (figura 15). Estos símbolos indican la posición astrológica de las energías que hay en la carta de diseño humano en el momento del nacimiento. La carta natal (los números que se encuentran al lado del gráfico corporal) no varía a lo largo de la vida.

Las puertas

Verás que los centros energéticos de tu gráfico corporal están conectados con líneas; algunas son rojas o negras, otras tienen los dos colores y otras son blancas. Recuerda que las puertas que están coloreadas en el gráfico son definidas y constituyen una parte de nuestra energía natural. Las puertas blancas son abiertas y constituyen una parte de la energía que recibimos de los demás. Todas las líneas que conectan dos centros y constituyen una combinación de blanco, rojo o negro son los denominados *canales* (figura 16). Hay treinta y seis canales en total (cuatro de las puertas se usan más de una vez en distintos canales). Cada canal tiene dos puertas (cada número correspondiente al punto de conexión del canal con un centro dado es una puerta). Cada puerta activa en el gráfico añade un tema o «sabor» diferente a la personalidad.

SÍMBOLOS PLANETARIOS	
☉	SOL
⊕	TIERRA
♌	NODO NORTE
℧	NODO SUR
☽	LUNA
☿	MERCURIO
♀	VENUS
♂	MARTE
♃	JÚPITER
♄	SATURNO
⚷	QUIRÓN
♅	URANO
♆	NEPTUNO
♇	PLUTÓN

Figura 15: Los símbolos planetarios de la carta del diseño humano.

Las puertas negras derivan de los números de color negro del gráfico corporal. Estas puertas, de las que somos conscientes, nos proporcionan información sobre el propósito de nuestra alma. Por ejemplo, si tienes la puerta 11 —cuyo tema tiene que ver con ser un receptáculo de ideas— y esta puerta sale del centro *ajna* hacia la garganta y es negra, eres consciente de que tienes muchas ideas. (Hablaremos de todas las puertas y sus temas en el capítulo cinco).

Las puertas rojas derivan de los números rojos del gráfico corporal y aportan información sobre el propósito de vida. Por ejemplo, si tienes la puerta 13, la del testigo, y es roja (inconsciente), es posible que no adviertas que tu campo energético les transmite a los demás que es seguro para ellos compartir sus secretos contigo. Es probable que no tengas ni idea de por qué las personas se acercan a ti inesperadamente y te cuentan sus secretos más profundos y oscuros.

Si hay puertas con los dos colores, ello significa que estas energías son parte tanto del propósito del alma como del propósito de vida. A menudo, corresponden a un tema fuerte en la vida de la persona. Estos aspectos de la personalidad se expresan tanto en la definición consciente como en la inconsciente.

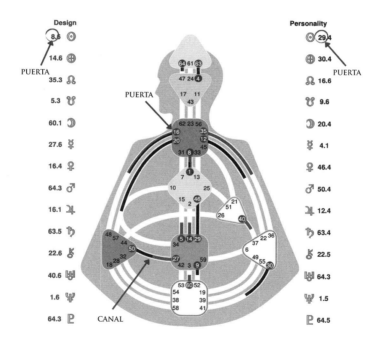

Figura 16: Hay treinta y seis canales en total (cuatro de las puertas se usan más de una vez en distintos canales). Cada canal tiene dos puertas.

Cuando la línea que llega a una puerta es blanca, tenemos una puerta abierta. Esto implica que la energía que llevamos ahí la tomamos siempre del entorno, el cual determina también cómo la expresamos.

Si nos fijamos en los números que hay a ambos lados del gráfico corporal (figura 17), podemos ver que hay un número junto al número de cada puerta, separado de esta por un punto. Estos números van del 1 al 6; corresponden a seis *líneas*, cada una de las cuales expresa un rasgo más que nos hace únicos. Las líneas de las puertas no se muestran en el gráfico corporal; su significado se revela en el contexto del análisis de la carta. (Consulta el *I Ching* para obtener más información sobre cada puerta).

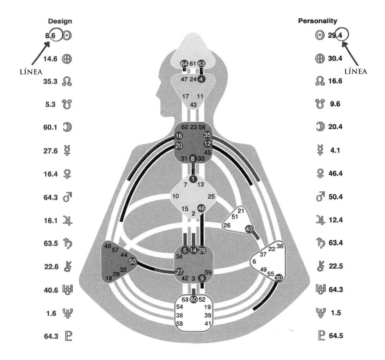

Figura 17: Líneas para cada puerta.

Conclusión

Cada parte de la carta del diseño humano proporciona información clave sobre la personalidad. Comprender estas partes y los roles que juegan en tu historia te ayudará a hacerte una idea más clara de cómo eres realmente. Si bien debemos «desarmar la carta» para hablar de sus piezas clave, su verdadera belleza reside en la síntesis de todas las partes. La verdadera historia de quiénes somos solo se revela cuando juntamos todas las piezas en un todo.

Ahora que estás familiarizado con las partes generales de la carta, procederemos a examinar cada una de ellas con mayor detalle. Empezaremos por los tipos y las estrategias.

Capítulo 2

TIPOS ENERGÉTICOS Y ESTRATEGIAS

En cada historia hay un protagonista que tiene su personalidad, su propósito y sus dificultades, que lo hacen madurar. En el diseño humano hay cinco «protagonistas», llamados *tipos*.

El tipo del diseño humano nos informa sobre nuestro propósito de vida, sobre cómo creamos, sobre la mejor manera que tenemos de tomar decisiones; también arroja una luz sobre los temas centrales de nuestra vida que nos indica cómo podemos desarrollar todo el potencial de nuestro verdadero yo. Conocer nuestro tipo nos ayuda a definir qué necesitamos en nuestra vida para permanecer conectados con nuestro verdadero yo y estar llenos de energía y vitalidad.

Cierra los ojos. Imagina un río caudaloso. Este río es tu abundancia. Para aprovechar el caudal de este río de abundancia, tienes muchas opciones: puedes saltar al agua, cruzarlo a nado, flotar en él montado en un flotador, sacar agua en cubos para llevarla a casa, cruzar por un puente o piedras pasaderas...

La energía de la abundancia es como este río. Es constante, amplia, fluida y tiene un movimiento expansivo. Hay infinitas formas de disfrutar de este río, pero te conviene encontrar la que te resulte más fácil y te vaya mejor.

Tal vez has alquilado una moto de agua pero has descubierto que es un vehículo ruidoso y difícil de manejar. No vas a sacarle el máximo partido al río; preferirías estar navegando en un kayak. Si tratas de cruzar a nado pero no tienes ni la fuerza ni la resistencia necesarias, incluso podrías morir ahogado. El problema no es que el río sea peligroso o que solo pueda acceder a él un grupo exclusivo de personas. El problema es que tratas de estar en él de una forma que no disfrutas y poco práctica para ti; no estás utilizando tu energía de la mejor manera.

La abundancia es como una canción que está esperando a que lleguen un compositor que la escriba y unos músicos que la interpreten. Es constante y consistente, y siempre está disponible. Pero debes interactuar con ella del modo que sea más apropiado para ti.

Durante años he estado diciendo a las personas que sus pensamientos, obras, actos y creencias crean su realidad; en lo que a la abundancia se refiere, determinan cómo interactúan con ella. Esto es así, pero solo es una parte de la historia. Para alinearnos con el fluir natural de la abundancia, debemos hacer algo más que usar la mente y crear desde la cabeza. También tenemos que estar en sintonía con nuestra forma mecánica específica de interactuar con el río de la abundancia. Todos nos metemos en la corriente del río de una manera diferente. Para gozar de abundancia de una forma constante y sostenida, tenemos que vivir siendo fieles a nuestro diseño humano y a nuestra configuración energética, que es única (figura 18).

Entre tipos, centros, perfiles, canales, puertas, etc., hay muchas combinaciones potenciales en una carta de diseño humano. Todos estos elementos se combinan de una manera diferente en cada uno de nosotros. Comprendernos a nosotros mismos y entender las sutilezas de nuestra carta es un proceso hermoso y que vale la pena. Pero para no complicar las cosas diré que el elemento más importante (y fácil) que necesitas conocer para que te ayude a activar toda tu abundancia es tu tipo.

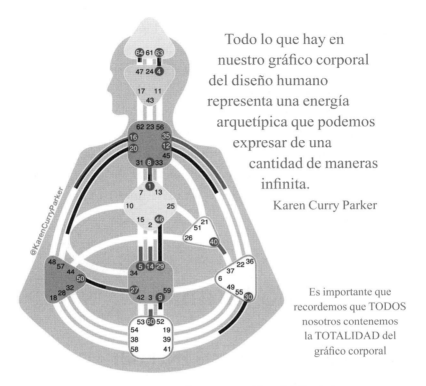

Todo lo que hay en
nuestro gráfico corporal
del diseño humano
representa una energía
arquetípica que podemos
expresar de una
cantidad de maneras
infinita.

Karen Curry Parker

Es importante que
recordemos que TODOS
nosotros contenemos
la TOTALIDAD del
gráfico corporal

Figura 18: El gráfico corporal o cuerpo gráfico del diseño humano.

Cada uno de los cinco tipos del diseño humano tiene una forma especial de crear y experimentar la abundancia; cada uno tiene un rol, una cualidad energética, un tema y unos desafíos. Nuestro tipo es la esencia fundamental de nuestra estructura energética. Determina cómo nos manifestamos y qué tenemos que hacer para mantenernos alineados con nuestra abundancia, nuestro propósito, etc. Cuando vivimos de acuerdo con las características de nuestro tipo, generamos fluidez, experimentamos oportunidades, recibimos cosas buenas que no esperábamos y tomamos las decisiones correctas.

Tu tipo del diseño humano tiene una vibración específica que atrae a tu vida el tipo de experiencias que necesitas tener para relacionarte con tu abundancia de una manera gozosa y sostenible. Pero debes actuar de modos que se correspondan con tu tipo para experimentar el efecto completo de tu vibración energética.

Cuando no actuamos o vivimos fieles a nuestro tipo, podemos sentir que nos falta apoyo y puede costarnos entrar en el río de la abundancia que nos está esperando. Cuando las cosas no funcionan, muchas veces pensamos que no estamos bien o que estamos bloqueados. Pero a lo largo de los años he visto que lo que en realidad ocurre es que no estamos accediendo a nuestra abundancia de la forma correcta. Para arreglar lo que parece no funcionar, todo lo que tenemos que hacer es seguir la estrategia asociada a nuestro tipo del diseño humano (figura 19).

Figura 19: Los cinco tipos del sistema de diseño humano.

La estrategia

Cada tipo tiene su propia estrategia personal, una forma única de tomar decisiones efectivas y actuar (figura 20). La estrategia nos da información clave sobre cómo operar en el mundo, cómo tomar las decisiones acertadas para nosotros mismos y cómo reconocer si estamos

Figura 20: Las estrategias según los tipos.

o no en el camino correcto en la vida. Si sigues la estrategia que te corresponde estarás más en sintonía con tu propósito de vida; te encontrarás con muchas menos resistencias; tomarás decisiones firmes y saludables que te parecerán acertadas, más significativas y gozosas, y cumplirás verdaderamente tu destino personal. El hecho de seguir la estrategia correspondiente a tu tipo te ofrece la oportunidad de experimentar eventos y circunstancias correctos para ti. Y el hecho de no seguirla hace que vivas sucesos y experiencias que pueden no ser correctos para ti.

Aprender a seguir la estrategia que nos corresponde de manera efectiva puede llevar meses o años de práctica. Si quieres seguir el sistema de diseño humano, te aconsejo que busques el apoyo de un analista de diseño humano que pueda ofrecerte sugerencias y aliento.

La autoridad

La autoridad influye en lo que necesitamos y, en algunos casos, en los momentos en los que usar la estrategia de manera efectiva en la toma de decisiones. La autoridad se presenta de varias formas según el *software* empleado para generar la carta de diseño humano (figura 21).

1. Autoridad sacra

Todos los tipos generadores tienen la autoridad sacra. En las personas con esta autoridad, una respuesta instintiva les permite saber si algo es adecuado para ellas o no. El mayor reto que afrontan quienes tienen la autoridad sacra es el de aprender a confiar en su respuesta instintiva. (Para obtener más información sobre la autoridad sacra, lee los apartados dedicados al generador y al generador manifestante, un poco más adelante).

Para no complicar el asunto, diré que hay otros cuatro tipos de autoridad básicos: la autoridad esplénica, la autoridad emocional, la autoridad propia y la autoridad del ego. Según el programa de *software* de diseño humano utilizado se pueden encontrar otros tipos de autoridad; estas variaciones constituyen subcategorías dentro de los cuatro tipos de autoridad básicos.

Diseño Humano

LOS CINCO TIPOS DE AUTORIDAD EN EL DISEÑO HUMANO

1. SACRA
2. ESPLÉNICA
3. EMOCIONAL
4. PROPIA
5. MANIFESTADA POR EL EGO

@KarenCurryParker

Figura 21: Los cinco tipos de autoridad en la carta del diseño humano.

2. Autoridad esplénica

Si estamos dotados de la autoridad esplénica, deberíamos saber en el momento si algo es apropiado para nosotros. La respuesta esplénica nos invita a ser espontáneos a la hora de tomar decisiones; no necesitamos tiempo para procesar o reflexionar. Sabemos qué es verdad para nosotros inmediatamente.

Como la autoridad sacra, la autoridad esplénica es una sensación visceral que nos indica si algo es adecuado o si está en sintonía con nosotros. A las personas que no pertenecen al tipo generador, la autoridad esplénica puede ayudarlas a tomar pequeñas decisiones en la vida diaria. A menudo, dominamos la autoridad esplénica en retrospectiva. La autoridad esplénica es esa sensación de saber que algo está bien o mal, si bien no hacemos mucho caso, y es cuando reflexionamos sobre eso cuando nos damos cuenta de que deberíamos habernos escuchado. Si tu autoridad es la esplénica, puedes llegar a advertirla en el momento con la práctica y dejar que la sabiduría y la conciencia inherentes a tu intuición te guíen y te aporten información esencial sobre lo que necesitas.

3. Autoridad emocional

Si tu autoridad es la emocional, lo tuyo no es ser espontáneo. Necesitas tiempo para tomar decisiones, y aprender a esperar la claridad es esencial para reducir las posibilidades de arrepentirte o sentirte decepcionado después.

La autoridad emocional también puede influir en la estrategia que te corresponde según tu tipo. Esta estrategia sigue siendo esencial, pero si tienes la autoridad emocional, debes revisarla y percibir cómo te sientes con el tiempo.

Las personas que tienen la autoridad emocional son apasionadas y experimentan emociones intensas, dependiendo de otros aspectos de la carta. Esta energía emocional interna hace que sea esencial, para ellas, tomarse su tiempo para tomar decisiones. Si estás sujeto a esta autoridad, es fácil que tomes determinadas decisiones en el momento porque te parecen bien, y que al día siguiente te despiertes con dudas acerca de si tomaste la decisión acertada. Esperar a tener claridad te habría ayudado a evitar algunas decisiones de las que te has arrepentido en tu vida.

Pongamos por caso que te invitan a hablar en un evento patrocinado por un grupo que no te entusiasma. Te encanta hablar, pero este grupo en particular no te gusta mucho. Cuando recibes la invitación, estás tan emocionado por esta oportunidad de trabajar como orador que aceptas de inmediato. A la mañana siguiente cuestionas tu decisión y le das vueltas a si hiciste lo correcto.

En el curso de los próximos días intentas convencerte a ti mismo de que tomaste la decisión acertada. Te las arreglas para sentir algo de entusiasmo, pero no puedes alinear tu energía con la oportunidad. Cuando por fin das la charla, varios miembros del grupo quieren contratarte y terminan siendo clientes que realmente no disfrutas; te sientes obligado a seguir trabajando de una manera que no te hace sentir bien.

Si le hubieras hecho caso a tu autoridad emocional cuando te invitaron a hablar, podrías haber respondido: «Gracias; es una hermosa invitación. Revisaré mi agenda y les daré una respuesta. ¿Para cuándo la necesitan?». Así habrías tenido tiempo de explorar tu sentir y de ver cuál era la opción correcta para ti.

Lo más importante que debes recordar en relación con la autoridad emocional es que la decisión debe permanecer constante a lo largo del tiempo. Si sientes un *sí* en respuesta a una oportunidad, ese *sí* tiene que seguir estando claro en el transcurso de un par de días. En cambio, si eres un mar de dudas, esa no es la decisión correcta para ti.

4. Autoridad propia

Autoridad propia o *autoautoridad* es una denominación general para algunas autoridades diferentes y menos comunes. Si en tu carta consta algo así como *autoridad autoproyectada*, *sin autoridad*, *sin autoridad interna* o *autoridad proyectada desde la mente*, esto significa que tienes que hablar de tus opciones para obtener claridad.

No necesitas consejos. Solo necesitas un buen amigo o alguien en quien confíes que te escuche mientras analizas tus opciones. La autoridad propia es común en los proyectores y reflectores.

5. Autoridad manifestada por el ego

La autoridad manifestada por el ego o autoridad del ego implica que el centro de la voluntad es definido y que no está presente ninguno de los otros tipos de autoridad.

Puesto que el centro de la voluntad tiene que ver con tener o no una energía y unos recursos sostenibles, la persona que tiene la autoridad manifestada por el ego no decidirá hacer algo a menos que tenga la energía o los recursos necesarios para ello.

Hay que tener una autoestima saludable para sentirse cómodo diciendo que no a algo. Si manifiestas el patrón de tratar de demostrar tu valía por medio de complacer a los demás, probablemente tendrás que fortalecer tu sentimiento de valía antes de poder proceder según la autoridad del centro de la voluntad.

Temas emocionales

Cada tipo del diseño humano tiene un tema emocional (en algunas versiones de cartas se le llama *tema de vida*). El tema emocional forma parte de la vida de la persona y le brinda lecciones y oportunidades de crecimiento. Cuando experimentamos nuestro tema emocional de una manera intensa, ello suele ser indicativo de que no estamos siendo fieles a nosotros mismos. Siempre es bueno dar un paso atrás y evaluar la propia vida si el tema emocional se deja sentir con fuerza.

Cuando vivimos la vida de acuerdo con la estrategia que nos indica nuestro diseño humano, se reduce la intensidad de la experiencia que tenemos con nuestro tema emocional (figura 22). Este tema puede hacerse presente en determinados momentos, pero no es un monstruo rugiente que nos persigue día y noche. El hecho de seguir la estrategia que nos corresponde hace que toda nuestra experiencia de vida sea más fácil y agradable.

El tema emocional es temático, lo que significa que o bien nosotros mismos experimentamos las emociones de nuestro tema, o bien las experimentamos en otras personas que están a nuestro alrededor que responden a nuestro comportamiento.

Por ejemplo, si eres un manifestador, tu tema emocional es la ira. La estrategia que le corresponde al manifestador es informar a los demás antes de hacer las cosas, lo cual le resulta difícil. El hecho de tener que informar antes de proceder puede hacer que el manifestador

Diseño Humano

LOS TEMAS EMOCIONALES DE LOS TIPOS DEL DISEÑO HUMANO

MANIFESTADOR - IRA/PAZ

GENERADOR - FRUSTRACIÓN/SATISFACCIÓN

GENERADOR MANIFESTANTE - FRUSTRACIÓN E IRA / PAZ Y SATISFACCIÓN

PROYECTOR - AMARGURA/ÉXITO

REFLECTOR - DECEPCIÓN/SORPRESA

@KarenCurryParker

Figura 22: Temas emocionales de los tipos.

se sienta un poco enojado, pero los demás se enojarán mucho menos con él si informa primero.

Examen de los tipos

A continuación ofreceré una descripción general de cada tipo y me detendré en las estrategias que les corresponden. Recuerda que el tipo y la estrategia constan en la carta del diseño humano.

El manifestador

Enfoque: iniciador, innovador, fortalecedor, poderoso, provocador.

Estrategia: informar a quienes se verán afectados por sus acciones.

Tema emocional: ira/paz.

Tema en cuanto a la abundancia: iniciar y potenciar algo para obtener ingresos pasivos.

Desafíos/dificultades: falta de energía sostenible, se mueve más rápido que otros, acceder al tipo de apoyo adecuado.

Porcentaje de individuos que son manifestadores: 8%.

Rol: iniciar la acción a partir de ideas y desde su fluir creativo.

Manifestadores famosos: Richard Burton, George W. Bush, Al Gore, Jack Nicholson, Vladimir Putin, Susan Sarandon.

Los manifestadores son una minoría, alrededor del ocho por ciento de todas las personas. Si eres un manifestador, tienes el centro sacro abierto y un canal activo que conecta el centro de la voluntad, el plexo solar emocional o el centro raíz al centro de la garganta (figura 23).

Los manifestadores son el único tipo diseñado para iniciar la acción; ponen las cosas en marcha. Todos los demás tipos tienen que esperar antes de poder actuar.

Los manifestadores tienen una especie de sensor interno que les dice cuándo es el momento adecuado, por lo que no tienen que esperar ninguna confirmación externa antes de emprender la acción. A pesar de ello, muchos manifestadores tienen su propia forma de interactuar con el fluir de la vida y esperan a percibir señales en el mundo exterior que les digan que es el momento de acometer algo.

Los manifestadores son seres creativos poderosos que albergan un fluir creativo no verbal que se mueve rápidamente cuando llega el momento. Este fluir creativo es tan rápido que a menudo no hay tiempo para ponerle palabras. Esto significa que cuando un manifestador siente intuitivamente que ha llegado el momento de hacer algo, se levanta y se pone manos a la obra.

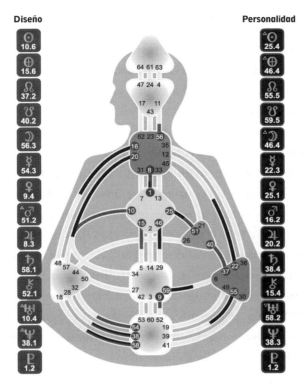

Figura 23: El manifestador.

El campo energético del manifestador alberga el poder de hacer que otras personas empiecen a actuar. Quienes se encuentran bajo el influjo de la energía de un manifestador suelen estar dispuestos sin saberlo, es decir, están listos para implicarse y poner las cosas en marcha. Debido a esta frecuencia energética, las personas prestan atención a los manifestadores, siempre están esperando a ver qué sucederá a continuación... y a menudo interrumpen el fluir creativo del manifestador.

Esta interrupción puede ser muy difícil y perturbadora para la sensación de fluencia del manifestador. Cuando debe detener el fluir para encontrar las palabras para explicarle a alguien lo que está haciendo o que no necesita ayuda, a menudo le cuesta conectar de nuevo con el mismo fluir creativo. Si no comprende cómo funciona su energía, es fácil que reaccione con ira hacia los demás, y los demás también pueden enojarse con el manifestador, porque sienten que no los está implicando o que no los tiene en consideración al no explicarles lo que está haciendo.

Para lidiar con la energía del manifestador, las otras personas pueden querer ayudar. Esta voluntad deriva de la necesidad que tienen de sentirse útiles, pero el manifestador no tiene la obligación de satisfacer esta necesidad. Si eres un manifestador, es posible que estés tratando de mantener contentos a los demás para evitar su enojo o los intentos de controlarte que puedes haber experimentado a menudo en tu vida. Es posible que hayas desarrollado estrategias elaboradas para hacer en secreto lo que quieres sin sufrir interferencias. Puede resultarte muy difícil ser directo y honesto en lo que haces, pero el hecho de no serlo te hace perder mucha energía y puede agotarte cada vez que sientes que tienes que tratar con otras personas. La verdad es que podrías terminar lo que tienes entre manos en el tiempo que te puede tomar encontrar las palabras adecuadas para intentar explicar lo que estás haciendo; pero perderás velocidad si no te detienes e informas a las personas que te rodean sobre lo que vas a hacer a continuación.

Si eres un manifestador, el truco consiste en que aprendas a respetar tu fluir creativo y en que comuniques lo que estás haciendo a las personas que se verán afectadas por tus acciones. Informar no es pedir permiso. No estás aquí para pedirle permiso a la gente.

Aprender a respetar su propio fluir creativo, informar a los demás y no permitir que la incomodidad de otras personas interfiera en tus elecciones son, a menudo, los mayores ámbitos de aprendizaje y crecimiento para los manifestadores.

Trampas y dificultades habituales

Las jornadas laborales de ocho horas o más largas le resultan difíciles y antinaturales al manifestador, porque no tiene suficiente energía para afrontarlas; no es capaz de mantener la energía. Los manifestadores no suelen ser buenos jugadores de equipo y tienden a querer hacer todo ellos mismos. Puede costarles delegar, porque piensan que la tarea estaría terminada antes si se ocupasen personalmente. El hecho de buscar las palabras con las que informar de su fluir creativo los ralentiza y les parece poco natural.

Los manifestadores tienen una energía única que les facilita poner en marcha las cosas. Si eres un manifestador, es fácil que pierdas la paciencia con las personas que no tienen tu misma configuración. También te puede resultar difícil, una vez que has empezado algo, mantener la energía para terminarlo o administrar tu creación en el día a día. Recuerda que eres un iniciador, no necesariamente un hacedor.

Los manifestadores no pueden mantener la energía en el trabajo ni en la vida; por este motivo, a la mayoría no se les da especialmente bien trabajar en un proyecto o ejecutar una idea hasta el final. Los manifestadores no están diseñados para finalizar la implementación de ideas y proyectos si se requiere una labor sostenida; las tareas de seguimiento y mantenimiento no son lo suyo. La energía de este tipo es creativa e iniciadora. Los manifestadores originan una oportunidad y pasan inmediatamente a crear la siguiente.

Los manifestadores nos dan al resto de nosotros razones para responder. Son como la bola blanca en la mesa de billar; choca con las otras bolas y hace que se muevan.

Estrategia

Si eres un manifestador, es correcto que tengas una función iniciadora, pero no necesariamente que te ocupes de los detalles ni que termines los proyectos. Debes aprender a delegar o a pasar a otra cosa cuando sientas que es oportuno hacerlo.

Si te sientes bloqueado o apagado, comienza a iniciar más. Está bien que empieces con pequeñas tareas y proyectos para ejercitar el músculo iniciador, el cual podrías haber reprimido durante la mayor parte de tu vida (o durante toda tu vida). Te sentirás mucho mejor cuando tengas el comportamiento que te corresponde por diseño. Y tendrás más energía.

Acuérdate de informar —antes de actuar— a las personas que puedan verse afectadas por tus acciones. Se necesita valor para hacer esto; te llevará tiempo convertirlo en un hábito, pero valdrá la pena, sin duda. Tus relaciones e incluso tu salud y tu bienestar mejorarán gracias a ello. También hará que los demás se muestren mucho menos enojados contigo y que opongan mucha menos resistencia.

Ten en cuenta que informar no es pedir permiso, así que no tengas miedo de que los demás digan que no o intenten detenerte. Puedes hacer lo que te has propuesto de todos modos, pero será prudente que tengas en cuenta los puntos de vista de estas personas si puedes; ¡no hay nada de malo en tener una segunda opinión!

Reconoce el impacto que tienes en aquellos que te rodean. Tienes un aura muy fuerte y poderosa. Los demás normalmente sienten tu presencia cuando entras en una habitación. A algunos manifestadores les sorprende esta información, pero las personas que los rodean saben que esto es así.

Confía en tu instinto para saber lo que es correcto, no solo en lo que te diga tu cerebro tras analizar la cuestión. Administra tu energía y tómate descansos cuando sea necesario. Es mucho más fácil evitar el agotamiento por estrés y desgaste que recuperarse de él.

Los manifestadores pueden iniciar la acción y aprovechar las oportunidades sin esperar. Son seres energéticos que poseen una capacidad tremenda para iniciar, pero deben usar su poder con cuidado; de lo contrario, se arriesgan a enojar a otras personas.

Su propósito en la vida es emprender la acción para suscitar una reacción. Si un manifestador decide iniciar un negocio, por ejemplo, todo lo que tiene que hacer es elegir el momento adecuado y ponerse a ello. Todos los demás tipos deben esperar antes de poder actuar.

La mayoría de nosotros pensamos que nos encantaría ser manifestadores, pero ser un manifestador puede implicar unas dificultades específicas. A muchos de ellos les cuesta aprender a usar su poder apropiadamente y pueden ocultarlo o reprimirlo por completo de resultas del condicionamiento.

Los manifestadores deben aprender a canalizar su energía correctamente o se encontrarán con enormes resistencias en la vida. Canalizada apropiadamente, esta energía a menudo les da a los otros tipos ideas de proyectos a las que responder.

Si los manifestadores no informan, se encuentran con resistencias a cada paso. Es por eso por lo que muchos manifestadores se rinden, ya desde la infancia, tras haber sido castigados repetidamente por padres, profesores y otras personas que no entienden su poder. Cuando los manifestadores renuncian a sus poderes de manifestación, se conforman con pasar por la vida en modo supervivencia. Pueden sentirse ignorados o como si les hubiese pasado un camión por encima. Lo último que querrían hacer es informar a los demás. Todos los demás les están poniendo trabas todo el tiempo, por lo que la idea de facilitarles las cosas informándolos les parece inaceptable. Sin embargo, es la única forma de salir del círculo del control y la resistencia.

Tema emocional

El tema emocional del manifestador es la ira. La manifiesta a menudo cuando otras personas le hacen bajar el ritmo sin darse cuenta, tratan de ayudarlo o le dicen que no puede hacer algo. No tener las habilidades necesarias para manejar la ira adecuadamente puede tener un efecto destructivo.

Muchas veces, a los manifestadores les cuesta saber cuándo es suficiente. Si eres un manifestador, es importante que calibres lo que estás haciendo y que te asegures de no quemar la energía de los demás y provocarles agotamiento por estrés y desgaste. Esto no significa que debas dejar de hacer lo que estés haciendo, pero ten en cuenta que los demás podrían enojarse contigo.

En el nivel energético, causas una gran impresión en los demás, pero tu aura no comunica tanto como las auras de otros tipos. Debido a esto, las otras personas no están seguras de cómo aceptarte, y es por eso por lo que la comunicación es tan importante. Para deshacer la tensión, pon al corriente a quienes forman parte del círculo en el que puedes influir. Al implicarlos, puede ser que te ayuden y pongan su energía en lo que sea que hayas iniciado. En ese momento, encontrarás lo que estabas buscando: materializar tu inspiración creativa.

Relaciones

Si amas a un manifestador, asegúrate de no tomarte su ira como algo personal; entiende que es inherente a su proceso.

Acepta que es posible que esta persona no te necesite de la forma en que tú la necesitas; esto no quiere decir que tenga nada en tu contra. Por su diseño, el manifestador actúa por su cuenta, pero puede implicar e inspirar a otros cuando entra en sintonía con ellos, lo cual logra, sobre todo, manteniéndolos informados sobre sus sueños y planes.

No interrumpas a un manifestador cuando esté pensando y trabajando. No es que te ignore; solo ocurre que está totalmente enfrascado en su proceso interno. Mantenlo informado sobre tus actos y facilita que te informe sin que deba temer recriminaciones o rechazos por tu parte.

Respeta su privacidad; no preguntes ni curiosees. Es posible que no siempre pueda articular lo que está pasando por su mente.

Confía en el papel que tienen los manifestadores de iniciar la acción y dar a los demás cosas a las que puedan responder: para eso están aquí.

No juzgues ni critiques a un manifestador cuando empiece un proyecto y no le dé continuidad; muchas veces los manifestadores tienen que intentar algo para saber si eso es apropiado para ellos. Y deja que afronte las consecuencias; por lo general, los manifestadores no quieren que los ayuden a menos que lo hayan pedido. (Consulta la figura 24).

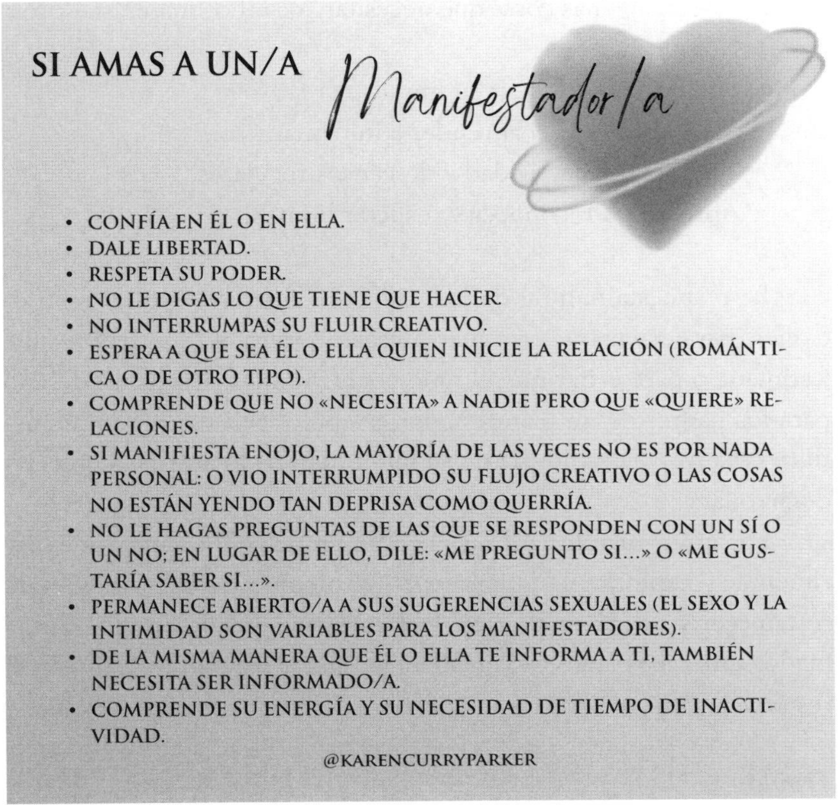

SI AMAS A UN/A *Manifestador/a*

- CONFÍA EN ÉL O EN ELLA.
- DALE LIBERTAD.
- RESPETA SU PODER.
- NO LE DIGAS LO QUE TIENE QUE HACER.
- NO INTERRUMPAS SU FLUIR CREATIVO.
- ESPERA A QUE SEA ÉL O ELLA QUIEN INICIE LA RELACIÓN (ROMÁNTICA O DE OTRO TIPO).
- COMPRENDE QUE NO «NECESITA» A NADIE PERO QUE «QUIERE» RELACIONES.
- SI MANIFIESTA ENOJO, LA MAYORÍA DE LAS VECES NO ES POR NADA PERSONAL: O VIO INTERRUMPIDO SU FLUJO CREATIVO O LAS COSAS NO ESTÁN YENDO TAN DEPRISA COMO QUERRÍA.
- NO LE HAGAS PREGUNTAS DE LAS QUE SE RESPONDEN CON UN SÍ O UN NO; EN LUGAR DE ELLO, DILE: «ME PREGUNTO SI...» O «ME GUSTARÍA SABER SI...».
- PERMANECE ABIERTO/A A SUS SUGERENCIAS SEXUALES (EL SEXO Y LA INTIMIDAD SON VARIABLES PARA LOS MANIFESTADORES).
- DE LA MISMA MANERA QUE ÉL O ELLA TE INFORMA A TI, TAMBIÉN NECESITA SER INFORMADO/A.
- COMPRENDE SU ENERGÍA Y SU NECESIDAD DE TIEMPO DE INACTIVIDAD.

@KARENCURRYPARKER

Figura 24: Amar a un/a manifestador/a.

Los niños manifestadores

Una de las cosas más difíciles para los padres de un manifestador es dejarlo ir y permitirle descubrir su propio fluir creativo interno. Curiosamente, la mayoría de los padres de manifestadores quieren detenerlos. Esto no se debe a que deseen controlar o dañar a su hijo. Solo ocurre que el aura de un manifestador envía el mensaje de que se trata de un niño que sigue un conjunto diferente de reglas, que no necesariamente va a seguir las reglas que se le impongan y que probablemente es bastante competente como para cuidar de sí mismo.

Estas son algunas cosas que necesitan los niños manifestadores:

- La libertad de seguir su impulso creativo.
- Ser informados y aprender a informar.
- Tiempo de inactividad y descansos regulares.
- Aprender a reconocer y respetar límites.

La respuesta natural de los padres es querer imponer restricciones, para evitar que esta fuerza creativa salga al mundo y resulte lastimada o para evitar que el niño corra grandes riesgos. El desafío para los padres de un manifestador es aprender a confiar en el instinto creativo y la sabiduría de su hijo mientras lo ayudan a crecer y desarrollarse.

Los niños manifestadores necesitan mucha libertad para experimentar y explorar. También necesitan tiempo de inactividad para restablecer y nutrir su energía. Deben estar cuidadosamente informados sobre los planes y lo que deben esperar para poder fluir con el resto de la familia.

Trabajo

El diseño de los manifestadores puede afectar mucho a sus relaciones, así como sus elecciones en el campo laboral y en la vida en general.

Los manifestadores pueden tener y tienen empleos o empresas y forman familias, pero pueden quedar para el arrastre alrededor de los cincuenta años o antes si intentan lograr demasiado, sobre todo si se esfuerzan por seguir el ritmo del setenta por ciento de la población que tiene una energía sacra consistente.

Los manifestadores no necesitan a las personas de la manera en que las necesitan otros tipos, lo cual afecta a la forma en que se comportan dentro de las relaciones. Su mayor desafío, y una pieza clave de su estrategia para tener éxito en la vida, es *informar* a quienes se van a ver afectados por sus acciones antes de actuar.

A los manifestadores les gusta menos que a los otros tipos que les digan lo que tienen que hacer. Si se sienten obligados a pedir permiso para hacer algo o se sienten manipulados o reprimidos de alguna manera, pueden mostrarse abiertamente desafiantes y enojados, o pueden dirigir estos sentimientos hacia dentro y sufrir ansiedad, depresión o incluso enfermedades de resultas de ello.

Salud

Los manifestadores tienen que expresar su poder para mantenerse sanos. La energía reprimida del manifestador no desaparece, sino que rebota en el interior de su cuerpo, ocasionándole estrés y desgaste o, a veces, provocándole depresión y ansiedad.

Si llevas toda la vida usando tu poder sin informar a los demás o si has estado luchando para mantener a los demás fuera de tu camino para poder hacer lo que sentías que tenías que hacer, esta actitud también puede haberte desgastado.

La mayoría de los manifestadores quedan agotados debido al estrés y el desgaste alrededor de los cincuenta años si no han estado usando su energía adecuadamente. Este agotamiento puede provenir de no saber cuándo es suficiente, de esforzarse y no compensarlo con el debido descanso, de tratar de trabajar de formas que no son compatibles con la propia energía y de negar el propio poder. Si sufres este tipo de agotamiento, tu prioridad número uno tiene que ser hacer frente a este problema. Ello implicará, seguramente, detener todas las dinámicas de tu vida y descansar tanto como necesites para recuperarte y recargarte.

Dormir bien y tener un sueño de calidad es de particular importancia para los manifestadores; con este fin, tienen que acostarse antes de que se presente la fatiga. Leer, ver una película, meditar —básicamente, estar en una posición horizontal— libera la energía del día y ayuda al cuerpo a descargar cualquier exceso. Si es posible, los manifestadores deberían dormir solos, fuera del radio de acción del aura de otras personas o lo más lejos posible de la energía de otras personas. Si pueden hacer esto, notarán la diferencia por la mañana.

Abundancia

Los ingresos pasivos o ganar dinero a través de inversiones es importante para los manifestadores. Si eres un manifestador joven, no tardes en empezar a ahorrar e invierte tu dinero.

Tema espiritual

Los manifestadores tienen un aura poderosa y un impacto energético en quienes los rodean. Este impacto puede ser positivo y atraer a la gente o puede repelerla.

Los manifestadores lo tienen mucho mejor que los otros tipos para hacer que sucedan cosas, siempre que se mantengan fieles a su tipo. Están sintonizados con el fluir de la creación en el mundo. Son mensajeros energéticos, diseñados para emprender acciones que supongan el inicio de una corriente de inspiración divina en el planeta.

Si eres un manifestador, tienes un papel importante en la transformación del mundo. Es posible que en varios momentos de tu vida te hayas preguntado si tenías un propósito o una razón para estar aquí. Cuanto más conectado estés con tu práctica espiritual, más sintonizado con tu propósito te sentirás y mayor será el servicio que le prestes al mundo, de una manera adecuada para ti.

Declaración del propósito de vida del manifestador: Sirvo al mundo confiando en mi propio fluir creativo, el cual traduzco en acción. Mis acciones originan nuevas ideas y posibilidades y cambian el mundo.

Afirmaciones

Soy una poderosa fuerza creativa. Confío en mi sentido del momento oportuno para empezar a materializar mis intenciones creativas. Fluyo con mi creatividad e informo a las personas que podrían verse afectadas por mis actos para que puedan apoyarme y dejarme vía libre para que pueda hacer lo que necesito hacer. Reconozco mi valía y sé que cuando fluyo con mi creatividad no solo estoy trayendo algo nuevo al mundo, sino que además estoy generando nuevas posibilidades para otras personas. Valoro el papel único que solo yo puedo desempeñar. Reconozco mi poder y me comprometo a nutrir mi energía para poder actuar con gran poder en los momentos oportunos. Soy una fuerza transformadora y mis actos cambian el mundo.

Manifestadoras en acción (ejemplos)

Trabajaba en un restaurante. Era un lugar magnífico, muy artístico, creativo y liberal. Cada mes había manifestaciones artísticas nuevas. Llevaba un año trabajando allí a tiempo parcial. El lugar era genial, pero los camareros y el jefe de comedor tenían una vibración bastante baja y no eran creativos ni estaban inspirados, como si no quisieran estar allí. Estaba pensando en dejar el trabajo porque no conectaba con nadie, pero esa idea me entristecía, porque el restaurante me encantaba.

Estaba acostándome, en casa, cuando de pronto pensé: «Voy a ir allí mañana y a elevar la energía y divertirme, aunque nadie más lo haga. Se supone que hay una energía creativa viva en ese lugar». Al día siguiente entré con mucha energía; comencé a bromear con los clientes y a divertirme. Desde ese día, entré en el lugar con ánimo alegre y lúdico. En el transcurso de las semanas siguientes, el resto del personal de servicio se fue marchando para dedicarse a otras cosas. Llegaron camareros nuevos, que resultaron ser personas realmente encantadoras y creativas, que estaban felices de estar allí. Todo el ambiente cambió en ese increíble lugar. La cantidad de clientes aumentó y también lo hicieron, de forma rotunda, la diversión y la abundancia.

Llegó el día en que también se fue el jefe de comedor, y yo pasé a ocupar ese cargo. Entonces el lugar acabó de transformarse en un restaurante completamente nuevo, en el que reinaban la alegría y las risas.

Parece que promoví un cambio de vibración total en el restaurante por lo que decidí esa noche en el momento de irme a dormir. Las dinámicas creativas que fluyeron a partir de entonces fueron verdaderamente asombrosas.

Esto sucedió antes de saber que era una manifestadora. Fue una de las primeras veces en que tomé conciencia de hasta qué punto podía impactar en el campo mi energía, o la inteligencia creativa a través de mí, especialmente a través de mi tono emocional. Es como si al mantener cierta vibración pudiese generar un efecto dominó.

—Joanne

Cuando quise viajar por todo el país para entrevistar a mujeres valientes para mi libro, compartí la idea con mi equipo de la marca de estilo de vida para la que trabajaba. Me presentaron a algunas mujeres maravillosas, quienes me presentaron a más mujeres maravillosas. Tuve la idea de vivir en una camioneta durante treinta días para llevar a cabo este proyecto, y el vehículo perfecto pasó a estar a mi disposición en un concesionario local. Le pedí a un amigo que lo adaptara, y en dos días encontré un fotógrafo que me acompañó, ¡tras haberlo conocido en una cafetería, donde hablé con él durante cuarenta y cinco minutos!* Pude recaudar más de diez mil dólares en una campaña en Kickstarter para los gastos y nació un libro.

—Tara

El generador puro y el generador manifestante

Hay dos clases de generadores: los generadores puros (figura 25) y los generadores manifestantes (figura 27). Alrededor del setenta por ciento de todos nosotros somos generadores. Los generadores puros y manifestantes tienen el centro sacro definido, lo cual hace que tengan el don de realizar el trabajo que se hace en el mundo.

---

* N. del T.: A partir del original, no hay manera de saber si se trató de *un* fotógrafo o de *una* fotógrafa.

El generador puro

Enfoque: responder, trabajo correcto, familia, dominio [de un campo, de una habilidad]; está aquí para construir.

Estrategia: responder y a continuación actuar.

Tema emocional: frustración.

Tema en cuanto a la abundancia: maestría a lo largo del tiempo.

Desafíos/dificultades: encontrar el trabajo adecuado, frustración y dejar el trabajo, paciencia y espera, confiar en su propia respuesta interior.

Porcentaje de individuos que son generadores puros: 35%.

Rol: hacer el trabajo que se realiza en el mundo y ser extremadamente competente.

Generadores puros famosos: Deepak Chopra, Bill Clinton, James Dean, Albert Einstein, Greta Garbo, Jay-Z, Carl Jung, Kim Kardashian, el dalái lama, Timothy Leary, John Lennon, Madonna, Elvis Presley, Meg Ryan, Meryl Streep, Margaret Thatcher, Oprah Winfrey.

Los generadores desempeñan el papel de buscadores pacientes que están plenamente alineados con su propósito de vida cuando aprenden a responder a lo que les trae la vida, en lugar de tratar de averiguar con la mente lo que deberían estar haciendo. Los generadores tienen el potencial de hacer y de crear, y de alcanzar la maestría en aquello a lo que responden.

Los generadores saben que tienen esta energía. Si eres un generador, es muy posible que te veas frustrado al sentir que estás aquí para hacer algo con lo que expresar todo tu potencial. Como generador, el mundo te enseña a usar tu pensamiento y el poder de tu mente para establecer tu camino hacia la maestría. La verdad es que el mundo exterior les revela el camino a los generadores, que deben tener fe y saber cómo conectar correctamente con este camino para sintonizar con su destino y expresar plenamente su potencial.

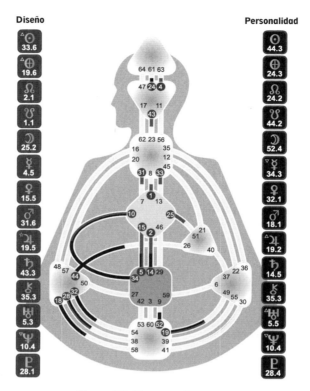

Figura 25: El generador puro.

En otras palabras: si eres un generador, no puedes limitarte a proceder según tus ideas. Debes esperar a que venga de fuera la confirmación de estas dos cuestiones:

- Tu idea es correcta para ti.
- Es el momento adecuado para poner en práctica tu idea.

Trampas y dificultades habituales

A la mayoría de los generadores se les ha enseñado a pasar por alto su sabiduría interior y a adoptar una actitud de «simplemente hazlo» en relación con lo que creen que deberían hacer. A los generadores puede costarles ir más allá del «simplemente hazlo», porque para ello tendrían que ignorar la programación y las ideas antiguas relativas al trabajo duro, el éxito y el dinero. Les puede parecer aterrador o irresponsable la idea de hacer caso a su instinto y olvidarse de la programación de la que ha sido objeto su mente.

Puesto que los generadores son seres energéticos, tienen la energía necesaria para trabajar, incluso en empleos que odian. Lamentablemente, muchos generadores no abandonan este patrón en toda su vida. Pero cuando un generador se limita a trabajar en algo a lo que no ha respondido, no logra manifestar plenamente su potencial ni conecta con la fuerza vital a la que sí accede cuando responde para asumir un trabajo con el que sintoniza. Cuando un generador responde apresuradamente, acaba por sentirse frustrado y agotado de resultas del estrés y el desgaste. Los generadores no gozan de plena energía hasta que se muestran pacientes, se abstienen de hacer lo que creen que deberían estar haciendo y dejan que el camino de su vida aparezca ante sí. En esencia, tienen que esperar a que una especie de señal les indique que es el momento de emprender la acción.

Cuando un generador espera, crea una fuerza mágica que atrae a todos, y esta energía seguirá aumentando hasta que aparezca un verdadero propósito. Todos los generadores tienen miedo de que si no hacen nada nadie les pedirá nada. Pero todo generador que tiene el valor de esperar no tarda en darse cuenta de que este temor es infundado. Cuando un generador espera y empieza a vivir plenamente su propósito y a expresar todo su potencial, conoce una vitalidad y una alegría que llevaba toda la vida aguardando.

Estrategia

La estrategia del generador es esperar para responder. Se trata de algo simple, aunque a menudo le resulta confuso. *Esperar para responder* solo significa que incluso si tienes una visión, un pensamiento o una idea increíblemente inspiradores, debes esperar a que el mundo exterior mande una confirmación antes de ponerte manos a la obra.

La confirmación por parte del mundo exterior puede ser que alguien te dice algo, una señal del universo o algún tipo de desencadenante físico que proceda de fuera de tu mente. Una vez que obtengas la señal o que aparezca algo a lo que sepas que debes responder, puedes actuar a partir de las inspiraciones que te parezcan bien y correctas.

Como generador, para encontrar tu camino debes aprender a usar tu energía correctamente. Los generadores son el único tipo que tiene definido el motor sacro, el cual es la esencia de la dirección: es una vibración no verbal e instintiva que dice qué es apropiado y qué no lo es.

Puedes experimentar la respuesta sacra como una sensación visceral y puedes conectar con ella aún más profundamente si expresas esta sensación con un sonido no verbal como *ajá* para *sí* y *ah ah* para *no*. Estos sonidos sacros son los de tu intuición, la alineación vibratoria con tu dirección correcta en la vida. Es esta dirección la que te llevará al siguiente paso en el desarrollo de tu maestría. El espacio sacro solo dice la verdad; no puede mentir.

La mayoría de los generadores producen estos sonidos de forma natural, pero se les suele decir que es una grosería o que deben usar palabras. Cuando observes a niños generadores, te darás cuenta de que gruñen, canturrean entre dientes y emiten otros sonidos.

El centro sacro aloja una energía sostenible. Todos los motores del sistema de diseño humano, excepto el sacro, tienen cualidades ondulantes e inconsistentes; pero el centro sacro no para nunca. Proporciona energía para el trabajo y la fuerza vital. Gracias a la acción del centro sacro obtenemos recursos y educación, y cuidamos de los hijos, la familia y la comunidad. El centro sacro permite sostener en el tiempo todos los tipos de trabajo.

Los generadores tienen dos áreas de interés principales en la vida: el trabajo y la familia. Cuando se sienten más satisfechos es cuando se ocupan de uno de estos dos ámbitos, o de los dos.

A los generadores les corresponde responder. No tienen que imitar la vida de nadie, sino ser pacientes y dejar que aparezca la vida que es para ellos. El objetivo de un generador es descubrir qué es lo que ama y dedicar su vida a ello.

Tema emocional

Los sonidos sacros activan el motor sacro. La sensación visceral basada en estos sonidos —el espíritu de la verdad— solo la experimentan los generadores. Debes hacerte preguntas y verificar tu respuesta instintiva con las respuestas *ajá* y *ah ah*. Cuando estés tratando de forzar la aparición de algo en lugar de responder, lo más probable será que experimentes frustración.

El centro sacro es un tremendo generador de energía que proporciona toda la necesaria. La energía sacra es suficiente para hacer todo cuando se procede según lo que dicta la sensación visceral. Los generadores que no responden a esta energía terminan profundamente frustrados. Es imperativo ser paciente y reconocer la presencia de la energía cuando aparece. El poder del centro sacro definido ilumina el camino hacia el cumplimiento del verdadero propósito de vida. Confía en tu respuesta interior. El centro sacro proporciona a los generadores una energía prácticamente inagotable.

Los generadores pueden verse confinados a un empleo que odian; entonces viven la monotonía de la rutina sin alegría, perdidos en un trabajo improductivo. Sienten que falta algo; saben que pueden haber cometido un error pero desconocen cómo remediarlo y piensan que la solución sería dejar el empleo. Acabarán sufriendo el síndrome del trabajador quemado o vivirán la vida en el nivel del compromiso, lo cual los llevará a sentirse frustrados o desesperados.

El generador está sujeto a experimentar otro tipo de frustración también. El proceso de aprendizaje de los generadores es escalonado. Cuando un generador ha respondido a una nueva oportunidad, enseguida se muestra competente. Se siente bien haciendo o aprendiendo algo nuevo, y los generadores aprenden rápido. Pero todos ellos llegan a una fase de estancamiento.

Es normal que un generador experimente este tipo de estancamiento; es un período de aprendizaje, integración de la energía y crecimiento. Pero esta fase puede ser peligrosa para el generador que no comprende cómo funciona su energía. Muchos generadores abandonan cuando se encuentran en esta etapa, al no reconocer que es una fase dentro de un proceso mayor.

Como generador, tienes que saber que es crucial que esperes lo siguiente a lo que responder cuando te encuentres en la fase de estancamiento. Debes permanecer presente y estar listo para cuando aparezca lo siguiente en tu camino de crecimiento y adquisición de maestría. La frustración solo es indicativa de que te estás preparando para algo nuevo. Pero si abandonas en lugar de esperar, como hacen

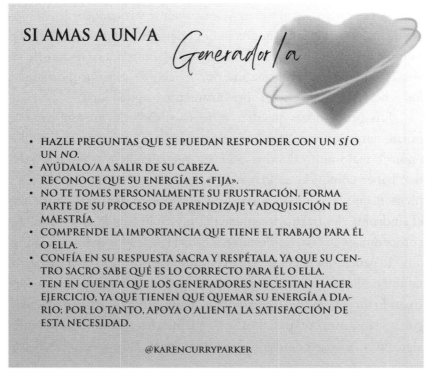

SI AMAS A UN/A *Generador/a*

- HAZLE PREGUNTAS QUE SE PUEDAN RESPONDER CON UN *SÍ* O UN *NO*.
- AYÚDALO/A A SALIR DE SU CABEZA.
- RECONOCE QUE SU ENERGÍA ES «FIJA».
- NO TE TOMES PERSONALMENTE SU FRUSTRACIÓN. FORMA PARTE DE SU PROCESO DE APRENDIZAJE Y ADQUISICIÓN DE MAESTRÍA.
- COMPRENDE LA IMPORTANCIA QUE TIENE EL TRABAJO PARA ÉL O ELLA.
- CONFÍA EN SU RESPUESTA SACRA Y RESPÉTALA, YA QUE SU CENTRO SACRO SABE QUÉ ES LO CORRECTO PARA ÉL O ELLA.
- TEN EN CUENTA QUE LOS GENERADORES NECESITAN HACER EJERCICIO, YA QUE TIENEN QUE QUEMAR SU ENERGÍA A DIARIO; POR LO TANTO, APOYA O ALIENTA LA SATISFACCIÓN DE ESTA NECESIDAD.

@KARENCURRYPARKER

Figura 26: Amar a un/a generador/a.

muchos generadores, te puedes perder la próxima oportunidad real. Entonces te pasas la vida iniciando etapas y abandonando, y nunca llegas a dominar aquello que has venido a hacer realmente.

Relaciones

La relación con un generador te debe inspirar confianza. Dale tiempo; déjalo que espere a que le llegue aquello a lo que deberá responder. El generador también necesita libertad para dar su respuesta y proceder en consecuencia, aunque la respuesta que dé no parezca muy lógica.

La forma más respetuosa y útil de interactuar con un generador es hacerle preguntas que pueda responder con un *sí* o un *no*. Así, su centro sacro tendrá la oportunidad de responder y brindarle orientación.

No te tomes como algo personal la frustración, el enojo o la impaciencia del generador. Reconoce que estas reacciones son parte de su proceso. Si ayudas al generador a ser fiel a su naturaleza, contribuirás a que haya muchas menos cosas que lo distraigan a él y te confundan a ti. Debes comprender que es correcto que espere el mensaje de su guía interna antes de actuar.

Cuando comprendáis y respetéis verdaderamente la forma que tienen de operar vuestras energías respectivas, los dos seréis más felices (consulta la figura 26). Sobre todo, ¡disfrutad el viaje!

Los niños generadores puros

Los niños generadores tienen que saber cómo funcionan su brújula interna y su energía sacra. Es vital que aprendan a responder. Los juegos de preguntas que se responden con un *sí* o un *no* por medio de los sonidos sacros son divertidos, estimulantes y vitales para ayudar a los niños generadores a permanecer conectados con su propia verdad interior. Estos niños necesitan:

- Explorar actividades y participar en ellas.
- Aprender en un entorno que favorezca que lo hagan a su propio ritmo.

- Hacer ejercicio y realizar actividades físicas todos los días.
- Aprender a confiar en su respuesta sacra; para ello, se les debe permitir responder apropiadamente.

Los niños generadores tienen que moverse y realizar actividades divertidas que impliquen movimiento. Necesitan mucha actividad física para acabar muy cansados y dormir bien todos los días. Si están demasiado tiempo sentados y no se mueven lo suficiente, pueden tener problemas de sueño e incluso de salud. Apaga los ordenadores, no te excedas con los deberes y las actividades extraescolares, y fomenta que tu hijo generador se mueva; ¡toda la familia saldrá ganando!

Trabajo

Los generadores son los grandes trabajadores del mundo. A menudo se dedican incansablemente a algo que detestan; toleran toda una vida de trabajo mientras esperan que la energía sacra les revele el objetivo de su vida.

El único y verdadero propósito de los generadores es ser pacientes y confiar en su tremenda energía y su gran poder para cumplir el propósito de encontrar el «trabajo correcto» y ser muy buenos en él. Cuando los generadores están haciendo el «trabajo correcto» —aquel que les parece interesante y les brinda satisfacciones—, no solo se sienten bien, sino que además están contribuyendo a la completitud y la abundancia en el mundo.

Satisfacción es una palabra clave para los generadores; se trata de que le hagan caso a su energía sacra, que les dará acceso a la satisfacción en los ámbitos laboral y familiar. Su respuesta sacra los llevará adonde puedan experimentar la mayor satisfacción y adonde puedan sentirse más vitales y alegres.

Salud

Si eres un generador, seguramente tu cerebro trabajará duro para encontrar las respuestas correctas, pero no deberías basar tus decisiones y elecciones en lo que te diga. Aportar esta información le corresponde a tu centro sacro. Los generadores que no han llegado a sintonizar nunca con su motor sacro están expuestos a sufrir agotamiento por estrés y desgaste. El hecho de no ser fiel a tu energía y de intentar hacer algo que no te satisface puede dejarte exhausto.

Los generadores pueden perder energía o desgastarse por estos motivos, entre otros:

- No aman su trabajo o no les gusta su entorno.
- Eligen un estilo de vida sedentario.
- No hacen caso de su centro sacro.
- Se esfuerzan demasiado y no reponen su energía.
- Se sienten frustrados e impacientes al no conseguir resultados con rapidez.

Los generadores tienen incorporado un sistema para orientarse, el centro sacro, que puede decirles lo que deben hacer para gozar de salud y bienestar. Tienen que responder a lo que les reportará salud. Antes de comprometerse con una rutina de salud y bienestar, deben sentir que es correcta para ellos desde el centro sacro.

Como seres energéticos que son, los generadores tienen que moverse mucho y hacer mucho ejercicio para quemar la energía sobrante. A los generadores que tienen insomnio o que no duermen bien les será útil realizar más actividad física.

Abundancia

En el caso de los generadores, la clave de la abundancia es llegar a ser muy buenos en aquello a lo que deben responder. Pero a los generadores les cuesta mucho llegar a reconocer cuándo deben responder y cuándo deben permanecer inactivos.

La mayoría de los generadores se frustran cuando llegan a la fase de estancamiento, en la que impera la inercia, por lo que muchos abandonan antes de alcanzar la maestría. Debido a ello, no tienen la oportunidad de hacer lo que han venido a hacer a este mundo en el terreno laboral o profesional. Para sintonizar con la verdadera abundancia, los generadores tienen que aprender a esperar y a gestionar su frustración de una forma saludable y dinámica para estar listos para cumplir de la mejor manera su propósito de vida.

Los generadores pueden trabajar, incluso trabajar duro, para ganar dinero, siempre que el trabajo que están realizando sea algo a lo que hayan respondido positivamente con el motor sacro. Cuanto más aman su trabajo y su magistral contribución, más sencillo les resulta adquirir riqueza y mantenerla. Pero es fácil que los generadores frustrados y quemados gasten en exceso para tratar de compensar su frustración.

La paciencia y la pasión son las claves de la generación de la verdadera abundancia para el generador.

Tema espiritual

El generador esperará para responder en un mundo en el que se nos ha enseñado a buscar oportunidades arbitrarias. En este contexto, es imperativo que los generadores sean pacientes y esperen a ver qué les ofrece el universo. Solo entonces, cuando aparece lo correcto —es decir, aquello que sienten que es lo apropiado para ellos—, hacen caso de este sentimiento, responden y emprenden la acción correcta.

El objetivo del generador es lograr el dominio o maestría. Pero los generadores no pueden alcanzar la maestría si emprenden caminos que no sienten que sean los adecuados debido al miedo a confiar en el despliegue natural de su vida y en la abundancia del universo.

El generador tiene que tomar la inspiración y darle forma a través del trabajo creativo. Los generadores construyen la forma manifestada del orden cósmico y cuando hacen caso de sus impulsos sacros, son conducidos al lugar apropiado para ellos y a su destino correcto en el mundo.

El desafío espiritual del generador es confiar en el despliegue del orden divino y en el lugar que ocupa en él haciendo caso a la sabiduría interior de su impulso sacro.

Declaración del propósito de vida del generador: Sirvo al mundo encontrando y realizando el trabajo que me brinda una profunda satisfacción. Mi trabajo transforma las ideas en realidad. Soy un constructor del mundo.

Afirmaciones

La vida me da un campo dentro del cual explorarme a mí mismo e indagar quién soy. Dejo que mi sintonía interior con mi verdad, y con lo que siento que es apropiado y me hace sentir bien, me guíe y me revele el próximo paso correcto. Fortalezco mi seguridad en mí mismo y mi coraje para poder seguir mi camino con confianza. Uso el poder de mi mente para inspirarme y dejar que el camino de mi vida se despliegue con suavidad. Confío en los ciclos de crecimiento de mi vida, sabiendo que mi destino es realizarme. Escucho la señal que me transmite la frustración, sabiendo que esta me informa de que se avecina un cambio.

Generadora pura en acción (ejemplo)

Hace cuatro años, al recibir el diagnóstico de que un viejo latigazo cervical había dejado secuelas, decidí llorar por todo lo que ya no iba a poder hacer, como saltar en un trampolín, subirme a una montaña rusa, etc.

Al responder, al entregarme a la realidad del estado físico de mi cuerpo, puse en marcha la energía sanadora de lo que es posible cuando se respetan los finales, para mi gran satisfacción. Solté todos los pensamientos sobre lo que no podía hacer y comencé a ver todo lo que sí podía hacer; hice espacio para lo nuevo en mi mente.

Me liberé de las creencias y los condicionamientos limitantes y me abrí al potencial y las posibilidades asociados a una salud y una vitalidad radiantes, que actualmente disfruto; no tomo medicamentos y no siento dolor ni confusión mental.

—Marina

El generador manifestante

Enfoque: atajos para alcanzar la maestría, responder, trabajo correcto, familia; está aquí para construir.

Estrategia: responder; después, visualizar e informar; finalmente, actuar.

Tema emocional: frustración e ira.

Tema en cuanto a la abundancia: maestría a lo largo del tiempo.

Desafíos/dificultades: encontrar el trabajo adecuado, frustración y dejar el trabajo, paciencia y espera, confiar en la respuesta interior (sacra).

Porcentaje de individuos que son generadores manifestantes: 35%.

Rol: hacer el trabajo que se realiza en el mundo y ser extremadamente competente.

Generadores manifestantes famosos: María Antonieta, Frédéric Chopin, Hillary Clinton, Marie Curie, Clint Eastwood, Sigmund Freud, Gandhi, Steffi Graf, Mijaíl Gorbachov, Jimi Hendrix, el papa Juan Pablo II, Janis Joplin, Martin Luther King Jr., Nicki Minaj, Friedrich Nietzsche, Richard Nixon, Jacqueline Onassis, Yoko Ono, Prince, Vincent van Gogh, Malala Yousafzai.

Nota: Si eres un generador manifestante, eres un híbrido del manifestador y el generador. Lee los apartados dedicados al manifestador y al generador para obtener más información sobre tu forma de operar.

Los generadores manifestantes tienen una profunda conciencia de lo que es correcto para ellos, pero aguardan la señal que les indique que ha llegado el momento de actuar. Una fuerte intuición activada por impulsos viscerales pone a los generadores manifestantes en el

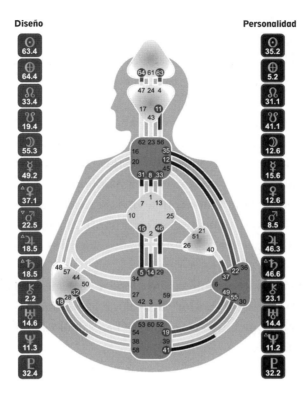

Figura 27: El generador manifestante.

lugar oportuno, los conduce a realizar el trabajo correcto y los lleva a tener el impacto apropiado.

Trampas y dificultades habituales

¿Qué caracteriza al generador manifestante?

- El centro sacro definido es el motor más poderoso del cuerpo y se ocupa de la energía de la fuerza vital y la fuerza de trabajo. Esto significa que los generadores manifestantes tienen la capacidad de ocuparse de varias cosas a la vez tanto en el ámbito laboral como en el familiar.

- Una energía motorizada se conecta a la garganta a través de un canal. Esto significa que los generadores manifestantes pueden iniciar conversaciones, si bien deben actuar como generadores en otras parcelas de su vida (tienen que esperar para responder).

- Es importante encontrar el trabajo adecuado y la pareja adecuada; el generador manifestante aborda estos ámbitos buscando la forma más rápida de alcanzar estos objetivos.

- La paciencia es extremadamente importante cuando hay que esperar a responder con la energía sacra. Para el generador manifestante tiene que ser prioritario informar de sus planes a todos quienes se verán afectados por ellos.

Los generadores manifestantes determinan la forma más rápida de realizar las tareas, lo cual los puede llevar a omitir pasos. Si después se encuentran con que los pasos que se han saltado son importantes, se ocupan de ellos.

Los generadores manifestantes son el tipo más atareado. Se les da muy bien la multitarea; tienen una energía muy activa que les hace sentir que nada avanza lo bastante rápido. Cuando son presa de la fatiga, se toman el tiempo que necesitan para recargarse y vuelven a empezar.

Estrategia

Los generadores manifestantes tienen dos centros de interés principales en la vida: el trabajo y la familia.

Muchas veces, son emprendedores en serie. Necesitan y adoran hacer más de una cosa a la vez; consideran que es algo normal y saludable para ellos. A menudo se apresuran a crear lo que sea que se les ocurra. No tienen que finalizar estos proyectos, sino que deben seguir el devenir de los proyectos que les parezcan apropiados mientras se desarrollen de manera satisfactoria.

Este proceso de probar muchas cosas simultáneamente suele hacer que otras personas juzguen al generador manifestante por comprometerse demasiado o por no centrarse en algo, pero esta forma de proceder es una parte importante de su proceso creativo, ya que debe contar con la libertad de poder probar muchas cosas a la vez.

Los generadores manifestantes están diseñados para descubrir los atajos, es decir, la forma más rápida y fácil de hacer las cosas.

Cuando inicien un proyecto, obtendrán los mejores resultados si incluyen a la familia, al equipo, al personal o a los compañeros, ya que estas personas también se verán afectadas por sus acciones. Como los manifestadores, los generadores manifestantes deben informar a estos grupos sobre sus acciones *antes* de proceder.

Los generadores manifestantes (y los generadores puros) reconocen que lo más importante en la vida es encontrar el trabajo adecuado. Si un generador manifestante no trabaja en algo que le encante, acabará por experimentar el síndrome del trabajador quemado; si no halla la satisfacción, la frustración y la infelicidad se instalarán en él. Por el contrario, si trabaja en lo apropiado, el centro sacro le proporcionará un aliento energético prácticamente inagotable.

Los generadores manifestantes responden bastante rápido a las situaciones debido al motor de la garganta, por lo que es difícil saber si están respondiendo o iniciando. Una vez que ha dado una respuesta, el generador manifestante debería detenerse y visualizar su próxima decisión. Le irá bien si imagina el resultado antes de aplicar sus ideas; de todos modos, debe esperar antes de ponerse en marcha.

Tema emocional

Los generadores manifestantes experimentan una profunda frustración al iniciar algo. Por supuesto, esperar puede ser muy difícil. Puede parecer antinatural, en nuestra cultura sobre todo, en la que se nos dice que todo lo que tenemos que hacer es salir y actuar, hacer que las cosas sucedan. Si eres un generador manifestante, experimenta con la espera, aunque solo sea unos cuantos días. ¡A ver qué pasa!

Cuando los generadores manifestantes esperan, siempre les llega lo que les tiene que llegar en el momento apropiado y de la manera oportuna. Su campo energético le comunica al mundo que necesitan algo a lo que responder. Los generadores manifestantes tienen características energéticas similares a las de los manifestadores y tienden a responder más rápidamente a las situaciones que los generadores puros.

Podría parecer que los generadores manifestantes cambian de opinión constantemente. Lo que ocurre es que la necesidad que tienen de comprobar internamente las respuestas por el método del ensayo y error les confirma (o no) si lo que empezaron les sigue sirviendo. De algún modo, esperan una señal que les indique que es el momento adecuado antes de emprender la acción. Tienen un instinto visceral que siempre los coloca en el lugar correcto en el momento adecuado si le hacen el debido caso.

Los generadores manifestantes son capaces de obtener más logros que la mayoría, y durante un período más largo. Pero los que no responden corren el riesgo de estar muy ocupados pero sin lograr nada.

Los temas emocionales del generador manifestante son la ira (en relación con su lado manifestante) y la frustración (en relación con su lado generador). Los generadores manifestantes también deben informar, como los manifestadores, para estabilizar la energía a su alrededor. Pueden moverse tan rápido que pueden tener la impresión de que el hecho de informar los ralentiza, pero lo que hará este comportamiento será mitigar las resistencias de los demás.

Al igual que los generadores puros, los generadores manifestantes tienden a pasar por fases de estancamiento antes de experimentar avances importantes. Es habitual que abandonen y tomen una dirección diferente justo antes de un gran avance. En parte, esto se debe a que tienen que hacer lo que aman. Si no aman su trabajo, les resulta difícil seguir con él. Si eres un generador manifestante y te sientes estancado, podría ser bueno que te plantees si realmente te gusta tu ocupación. Como generador manifestante, tu pasión es la parte más rentable de tu negocio. Si no sientes pasión, no habrá beneficios.

A veces, los generadores manifestantes se desequilibran. Aman tanto su trabajo que pueden olvidarse de salir a tomar el aire. Se mueven muy rápido y, como los manifestadores, a menudo lo pasan mal trabajando en equipo. Puede costarles delegar y soltar; a menudo necesitan ayuda para evaluar su tiempo y su energía y asegurarse de que no están haciendo todo por el solo hecho de que pueden hacerlo.

Relaciones

Los generadores manifestantes que utilizan bien su energía inherente y hacen caso a la guía que les proporciona su respuesta sacra son una fuerza dinámica y poderosa. Benefician al mundo en los ámbitos del trabajo y las relaciones, y es magnífico verlos en acción.

Los generadores manifestantes pueden ser compañeros comprometidos y estables si están en la relación correcta. Pero cuando están enfrascados en algo prefieren que los dejen solos, lo cual puede ser problemático en algunas relaciones. En ocasiones, pueden abrumar a su pareja o a sus compañeros por su velocidad y por el empeño que ponen en terminar el trabajo.

Además, todos los generadores manifestantes se olvidan ocasionalmente de informar a su pareja sobre sus proyectos, lo cual la deja confundida, enojada o estresada por lo que podría estar pasando en la relación. La creatividad del generador manifestante puede parecer frenética vista desde fuera, lo cual puede hacer que sus seres queridos se sientan abrumados por esta energía. El hecho de informarlos puede suavizar la intensidad, pero la combinación de la chispa creativa y la sostenibilidad de la energía sacra puede parecer demasiado en varios momentos.

Como generador manifestante, si no estás esperando a que la vida llegue a ti y respondiendo a ella, no sabrás lo que es realmente correcto y lo que merece que le dediques tu energía y tu competencia, que son considerables. ¿Te has estado precipitando al dar respuestas y te has dispersado en un montón de direcciones diferentes? El problema que presenta esta forma de proceder es que no es apropiada para ti. Por lo tanto, irás en muchas direcciones equivocadas, lo cual suscitará en ti frustración, ira e impaciencia.

Lamentablemente, las personas más cercanas suelen ser las más afectadas por este tipo de reacciones. Cuando esperes y le hagas caso a tu guía interna, estarás menos frustrado, y esto se notará en tu trato con los demás. El hecho de reconocer que la frustración y la ira son energía te ayudará a reducir al mínimo su impacto negativo en otras personas. De todos modos, la frustración es parte de tu proceso de aprendizaje, por lo que no la evitarás totalmente. Se necesita coraje para esperar, confiar y proceder según la respuesta sacra, pero todos los ámbitos de tu vida, incluido el de las relaciones, resultarán beneficiados cuando lo hagas.

Las relaciones se te darán mejor cuando te esfuerces por ser lo más respetuoso posible con los demás, estés atento a las luchas de poder y aprendas a comprometerte. Además, no te olvides de informar de tus planes a las personas pertinentes antes de actuar. Y no debe preocuparte saltarte pasos, moverte rápido y hacer varias cosas a la vez; ¡estás diseñado para esto!

Mantente físicamente activo durante el día para llegar cansado a la noche y dormir bien. Cada mañana te despertarás con el depósito lleno de gasolina una vez más. (Esto es especialmente aplicable a los niños generadores manifestantes: a muchos se les diagnostica TDA o TDAH sin que sufran estos trastornos en realidad).

Si no eres un generador manifestante pero tienes una relación con uno, sigue las pautas siguientes (consulta, además, la figura 28):

- Acepta que se mueve rápido y que a veces puede dejarte atrás. No trates de mantener su ritmo, o te desgastarás y agotarás. Cuando comprendáis y respetéis esta diferencia en vuestras energías respectivas, seréis más felices.
- Comprende que un generador manifestante debe esperar a recibir indicaciones por parte de su guía interna antes de

actuar. Déjalo responder según esta guía, incluso si estas respuestas parecen desprovistas de lógica.

- La forma más respetuosa y útil de interactuar con un generador manifestante es hacerle preguntas que puedan responderse con un *sí* o un *no*. Esto le da la oportunidad al centro sacro de responder y brindar orientación.
- No te tomes de forma personal la frustración, la ira y la impaciencia de un generador manifestante. Reconoce que estas reacciones forman parte de su proceso; cuando lo ayudes a ser fiel a su naturaleza, lo estarás ayudando a mitigarlas al máximo.

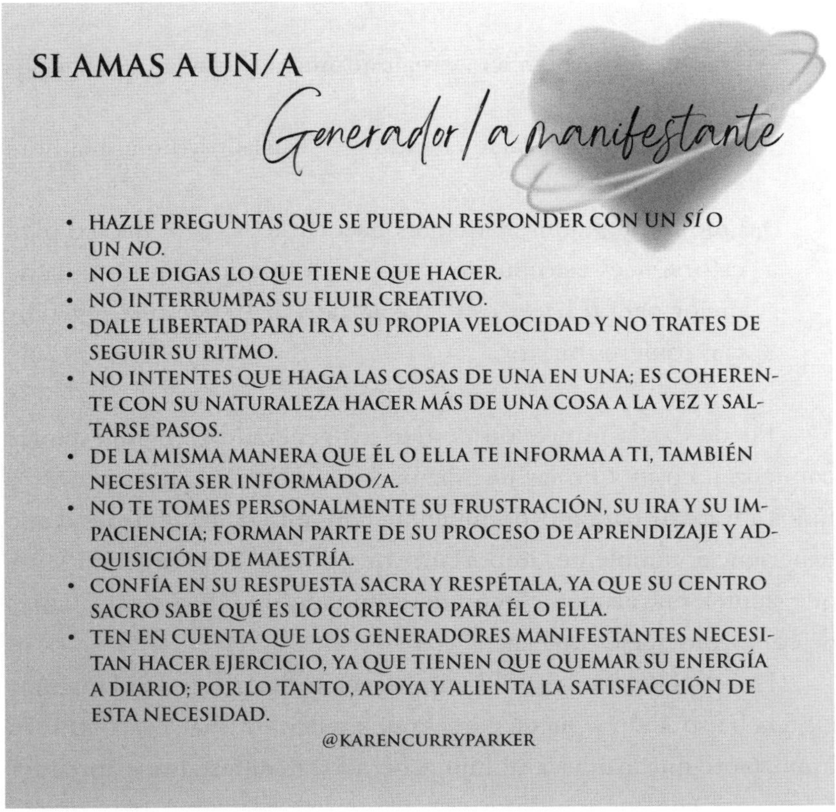

SI AMAS A UN/A
Generador/a manifestante

- HAZLE PREGUNTAS QUE SE PUEDAN RESPONDER CON UN *SÍ* O UN *NO*.
- NO LE DIGAS LO QUE TIENE QUE HACER.
- NO INTERRUMPAS SU FLUIR CREATIVO.
- DALE LIBERTAD PARA IR A SU PROPIA VELOCIDAD Y NO TRATES DE SEGUIR SU RITMO.
- NO INTENTES QUE HAGA LAS COSAS DE UNA EN UNA; ES COHERENTE CON SU NATURALEZA HACER MÁS DE UNA COSA A LA VEZ Y SALTARSE PASOS.
- DE LA MISMA MANERA QUE ÉL O ELLA TE INFORMA A TI, TAMBIÉN NECESITA SER INFORMADO/A.
- NO TE TOMES PERSONALMENTE SU FRUSTRACIÓN, SU IRA Y SU IMPACIENCIA; FORMAN PARTE DE SU PROCESO DE APRENDIZAJE Y ADQUISICIÓN DE MAESTRÍA.
- CONFÍA EN SU RESPUESTA SACRA Y RESPÉTALA, YA QUE SU CENTRO SACRO SABE QUÉ ES LO CORRECTO PARA ÉL O ELLA.
- TEN EN CUENTA QUE LOS GENERADORES MANIFESTANTES NECESITAN HACER EJERCICIO, YA QUE TIENEN QUE QUEMAR SU ENERGÍA A DIARIO; POR LO TANTO, APOYA Y ALIENTA LA SATISFACCIÓN DE ESTA NECESIDAD.

@KARENCURRYPARKER

Figura 28: Amar a un/a generador/a manifestante.

Los niños generadores manifestantes

El niño generador manifestante necesita, como el niño generador, que se le planteen opciones excluyentes, tales como «¿quieres ponerte la camisa verde o prefieres llevar la azul?».

Cuanto más se les dé la oportunidad de elegir a los niños generadores manifestantes, más se mantendrán conectados con la autoridad y la brújula internas que los llevarán a los lugares y las oportunidades correctos en la vida. Un niño generador manifestante necesita:

- Explorar y realizar actividades que despierten su interés y su pasión.
- Aprender en un entorno en el que pueda seguir su propio ritmo.
- Hacer mucho ejercicio y realizar mucha actividad física todos los días.
- Descansar o acostarse cuando esté cansado y no a una hora establecida.
- Que le pregunten «¿quieres hacer esto?», «¿te parece bien esto?», «¿es esto bueno para ti en este momento?», «¿sería mejor para ti hacer esto más tarde?» o «tengo una sugerencia; ¿quieres oírla?».

Puede dar la impresión de que los generadores manifestantes comienzan cosas y no las terminan. Si bien hay que alentar a estos niños a trabajar para que dominen un conjunto de habilidades o una experiencia, también es importante que puedan experimentar y ver qué sienten en relación con un determinado tipo de actividad antes de comprometerse con ella.

Los generadores manifestantes suelen tener una baja tolerancia a la frustración y puede parecer que saltan de una cosa a otra. Es importante que ayudes a tu hijo generador manifestante a aprender a conectar con sus sonidos sacros y a percibir las opciones correctas. Asegúrate de que no abandone a menos que esta sea la respuesta apropiada. Enséñale formas de manejar sus emociones abrumadoras, incluida la frustración; haz que asuma la responsabilidad de descubrir cómo incrementar su dominio. (Como padres, a veces nos resulta más fácil asumir lo que debería hacer nuestro hijo o resolver las circunstancias que le están provocando la frustración, pero si es un generador manifestante y hacemos esto, estamos evitando que tenga unas experiencias de aprendizaje importantes).

Trabajo

El cerebro del generador manifestante suele trabajar duro para encontrar las respuestas correctas, pero no es a la mente adonde tiene que acudir este tipo para tomar sus decisiones y efectuar sus elecciones, sino que debe escuchar las respuestas que le brinda el centro sacro. Los generadores manifestantes tienen que esperar algo a lo que puedan responder antes de entrar en acción. De algún modo, han de aguardar una señal que les indique que ha llegado el momento de actuar.

Los generadores manifestantes tienen una conciencia interior profunda que se activa o desactiva. Si obedecen estos fuertes impulsos viscerales, estarán en el lugar correcto, haciendo el trabajo apropiado y teniendo el impacto oportuno. Además, a los generadores manifestantes se les da muy bien hacer más de una tarea a la vez. Un generador manifestante es capaz de hacer más cosas que la mayoría y durante mucho tiempo.

En comparación con el generador puro, que sigue un proceso mucho más reflexivo, si los dos tipos comienzan un trabajo al mismo tiempo, parecerá que el generador manifestante es más rápido y aprende más deprisa. Sin embargo, seis meses después, el generador lo habrá alcanzado y ambos estarán al mismo nivel.

Salud

Los generadores manifestantes tienen una energía vital y una capacidad de trabajo sostenibles, que les permite permanecer activos. Al igual que los generadores, están diseñados para empezar con el depósito lleno todas las mañanas y llegar con el depósito vacío a la hora de acostarse. También están diseñados para procesar con rapidez (más deprisa que los otros tipos), para estar muy ocupados y para afrontar bien la multitarea. Es posible que se salten pasos en su afán por ir rápido, pero no pasa nada; en su caso, esta forma de proceder es apropiada.

Aunque su energía es rápida y duradera, no es inagotable, aunque es habitual que piensen que sí lo es. Los generadores manifestantes pueden perder energía, estresarse o desgastarse por estos motivos, entre otros:

• No les gusta su trabajo o su entorno.
• Llevan una vida sedentaria.
• No hacen caso de su guía sacra.
• Se esfuerzan demasiado y no reponen la energía.
• Se sienten frustrados, enojados e impacientes cuando no obtienen los resultados apetecidos.

Abundancia

Como el generador, el generador manifestante tiene como objetivo alcanzar el dominio o maestría, pero, también como el primero, no puede llegar a este punto si va saltando de una cosa a otra debido a la frustración.

La respuesta sacra es la verdad del generador manifestante; no puede ser incorrecta y se activa con dos sonidos: *ajá* y *ah ah*. Cuando se emiten estos sonidos, la respuesta sacra puede encontrar su verdad. El sacro está lejos de la cabeza. Por lo tanto, si se trata de operar a partir de la energía rudimentaria que es la fuerza vital y el generador manifestante se ve obligado a detenerse para usar palabras, su energía estará muy lejos de su sacro.

Si eres un generador manifestante, tu sacro es tu brújula en la vida. Te orienta en lo relativo a adónde debes ir, cuándo debes hacer algo y qué debes lograr. Alberga la energía de la fuerza vital, que es tu verdad. Si te enfocas en dominar estos conceptos, la abundancia será la consecuencia.

Tema espiritual

El papel espiritual del generador manifestante es acortar la cantidad de tiempo necesaria desde la idea hasta su plasmación. Los generadores manifestantes están aquí para recordarnos que la creación puede tener lugar instantáneamente si prescindimos de nuestras limitaciones y nos mantenemos en sintonía con la expresión del plan divino.

Los generadores manifestantes tienen una forma única de controlar y usar el tiempo. Observa a los generadores manifestantes que hay en tu vida y descubrirás nuevas formas de utilizar el tiempo y fluir.

Declaración del propósito de vida del generador manifestante: Sirvo al mundo encontrando y realizando el trabajo que me produce una profunda satisfacción. A través de la experimentación y la exploración, encuentro la forma más rápida y efectiva de convertir las ideas en realidad. Soy un constructor del mundo.

Afirmaciones

Me muevo más rápido que la mayoría de la gente. Mi velocidad y mi capacidad de hacer mucho a la vez me dan una perspectiva única sobre cómo hacer las tareas. Como tengo mucha energía, necesito moverme mucho para mantenerme fuerte y sano. Es saludable para mí realizar varias cosas a la vez; es algo que necesito hacer para dinamizar mi energía. Pero no todo lo que hago dará lugar al resultado que imagino. El propósito de la multitarea es quemar mi energía extra. Aquello que me corresponde hacer y traer al mundo se alineará con mi sentido interno del momento oportuno casado con la acción. Tengo cuidado de que las personas que me rodean sepan lo que estoy haciendo para que puedan hacerse a un lado y dejarme crear a mi propio ritmo.

Generadora manifestante en acción (ejemplo)

Cuando comencé a aprender el diseño humano en 1999, mi primer impulso fue impartir una clase sobre el tema. Reservé una sala de conferencias en un hotel, distribuí folletos por todo el barrio, publiqué un anuncio en el periódico local y cuando llegó el gran día me preparé con entusiasmo para dar la bienvenida a los alumnos. Pero no vino nadie y me quedó muy claro que no estaba respondiendo cuando decidí poner en práctica la idea de impartir una clase.

Tres semanas después, estaba hablando con una amiga y me sugirió que impartiera una clase sobre el diseño humano. Sentí como si una campana sonara dentro de mi cuerpo y decidí hacer un experimento: haría exactamente lo mismo que había hecho en la ocasión anterior para impartir la clase con la que había soñado. Alquilé la misma sala, hice imprimir el mismo folleto cambiando la fecha y volví a enviar el anuncio al periódico. Vinieron treinta y dos personas y gané más dinero con esa clase del que había ganado nunca hasta ese momento. ¿La única diferencia? *Emprendí* la primera clase, que fracasó, y *respondí* a la segunda, que fue un éxito rotundo.

El proyector

Enfoque: orientación, sabiduría, intuición, sensibilidad, compartir.

Estrategia: esperar a ser invitado.

Tema emocional: amargura.

Tema en cuanto a la abundancia: autodominio al recibir invitación.

Desafíos/dificultades: esperar a recibir la invitación adecuada, regalar la propiedad intelectual.

Porcentaje de individuos que son proyectores: 21%.

Rol: orientar y dirigir a otros.

Proyectores famosos: Woody Allen, Lance Armstrong, Chris Brown, Fidel Castro, Leonardo da Vinci, la reina Isabel II, Hugh Hefner,

Mick Jagger, James Joyce, John F. Kennedy, Abraham Lincoln, Shirley MacLaine, Nelson Mandela, Karl Marx, Marilyn Monroe, Barack Obama, Osho, Brad Pitt, Ringo Starr, Barbra Streisand, Taylor Swift, Elizabeth Taylor, Kanye West.

Si eres un proyector, no estás aquí para trabajar; estás aquí para conocer a los demás, reconocerlos y dirigirlos y guiarlos. Pero solo podrás hacerlo si se dan dos condiciones. La primera es que te reconozcan. La segunda es que te inviten a hacerlo.

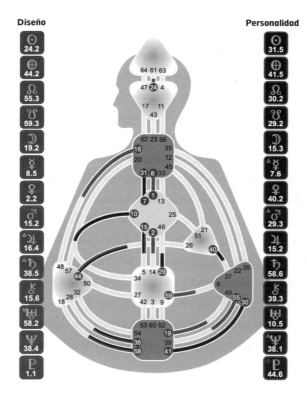

Figura 29: El proyector.

Los proyectores pueden convertirse en los administradores y líderes naturales del mundo. No tienen energía en su propio campo personal, sino que absorben las energías de los demás y las gestionan. Deben esperar a que se los reconozca e invite a los principales eventos de la vida, como las relaciones amorosas, la carrera profesional y el lugar correcto.

Trampas y dificultades habituales

La mayor dificultad para los proyectores es la energía. No tienen mucha para trabajar de la forma tradicional. Necesitan estructurar su actividad para que contenga ciclos significativos de descanso y restablecimiento. Como el trabajo duro no sirve al propósito del proyector, para él es importante aprender a sacar el máximo partido del conocimiento.

Los proyectores tienen una profunda necesidad de reconocimiento. A menudo comprometen sus valores para ser vistos y reconocidos. Para muchos de ellos, ser vistos y reconocidos, aunque sea por las razones equivocadas, es mejor que estar esperando a que los demás adviertan el valor que tienen.

Los proyectores deben valorarse lo suficiente como para asegurarse de que les paguen por sus ideas, conocimientos y consejos. Es fácil que no cuiden su propiedad intelectual y regalen contenidos, y algunos tienen el problema de que no los escuchan o de que les roban las ideas. Aunque parezca contrario al sentido común, aprender a esperar hasta que alguien le pregunte o pida algo suele ser la estrategia más rentable para el proyector; en su caso, esta es una forma interesante de hacer negocios y de ir por la vida.

Cuando las cosas no salen según lo planeado o el reconocimiento tarda en llegar, el proyector puede experimentar amargura. Es crucial que gestione esta amargura, porque si no la controla, puede repeler a las personas en lugar de atraerlas. Esto requiere mucho autodominio, paciencia y confianza en la abundancia del universo.

Si una invitación le parece bien a un proyector y la acepta, canaliza una enorme cantidad de energía y poder hacia esa situación, que puede usar para dirigir a los demás y al mundo entero. El desafío para él es confiar en que llegarán las invitaciones correctas y esperar a que lleguen. A veces, los proyectores esperan meses o incluso años antes de recibir la invitación adecuada. Para influir en la cantidad de tiempo que han de esperar a este respecto, necesitan dos cosas: por una parte, deben tener la energía que les permita ejecutar aquello a lo que se los invite. Por otra parte, deben tener la autoestima necesaria para esperar una invitación que realmente esté a la altura de sus dones y talentos. Hacer concesiones en estos dos factores puede llevarlos al agotamiento por estrés y desgaste y a la amargura.

A pesar de toda la sabiduría que albergan, la vida de los proyectores puede ser frustrante y enervante si intentan forzarse a iniciar la acción. Sencillamente, un proyector no tiene la energía necesaria para ponerse manos a la obra sin más. Si intenta poner en marcha algo como los manifestadores o trabajar constantemente como los generadores, se agotará muy rápidamente.

Los proyectores no están aquí para trabajar de manera constante como los tipos generadores; en consecuencia, pueden ser objeto de muchos juicios por parte de los demás. Se los puede ver como perezosos, cuando en realidad no es sano para ellos iniciar cualquier tipo de acción o trabajar en un empleo equivocado con constancia. Por lo general, no pueden sostener el fluir de la energía por sí mismos.

Los proyectores están aquí para comprender profundamente a los demás y pueden constituir grandes recursos si se los reconoce y si se canalizan correctamente sus aptitudes. Solo con observar a otro de los tipos energéticos del diseño humano, el proyector puede saber, intuitivamente, cómo puede sacar el máximo partido de su energía y su potencial esa persona. Esta aptitud hace que los proyectores sean *coaches* y mentores naturales. Los proyectores están aquí para que otras personas los reconozcan e inviten.

Estrategia

Si eres un proyector, tu estrategia debe ser esperar a que te inviten en los ámbitos importantes de la vida. Si tu autoridad dice que sí, puedes compartir tus dones y ofrecer orientación sin problemas. Recibir una invitación significa que te ven y reconocen por tus valores. Si no esperas una invitación o la energía de la invitación, encontrarás resistencias.

«Incorporas» profundamente a los demás a través de tus centros abiertos. Tu aura se enfoca en el centro mismo de su ser, y ves claramente cómo son. Pero si tratas de dirigir u orientar a otras personas sin que te inviten a hacerlo, encontrarás resistencias o sentirás que nadie te presta atención realmente. De ahí surgirá un profundo sentimiento de amargura, probablemente entremezclado con una sensación de agotamiento.

Los proyectores temen no ser invitados. Pero seguir la estrategia de esperar la invitación cambia la frecuencia del aura. Cuanto más en sintonía con su diseño esté el proyector, más invitaciones recibirá. El resultado será un gran éxito. Cuando ha sido invitado, no tiene necesidad de esperar más ofertas. Basta con que sea fiel a su autoridad al actuar y con que no sea el iniciador.

La clave es la invitación, la entrada correcta. Como proyector, ¿sientes que te están reconociendo, valorando, escuchando y prestando atención? Si es así, excelente. Si no, puedes dejar de hablar en mitad de la oración y ahorrarte una decepción más (la decepción derivada de ser un incomprendido).

La apertura del proyector puede dejarlo sin energía, por lo que es importante que disponga de su propio espacio para relajarse. Al tener indefinido el centro sacro, le resultará beneficioso irse a la cama tan pronto como empiece a sentirse cansado, y lo ideal es que duerma solo.

Si bien el rol natural y el instinto del proyector es orientar y dirigir a otras personas, solo podrá hacerlo de manera efectiva si estas personas quieren que las orienten y las dirijan. Los proyectores son los eternos estudiantes de la humanidad y los maestros del sistema. Sin embargo, a la mayoría de la gente no le gusta que le den consejos o que le digan qué tiene que hacer si no han pedido consejo u orientación. Los proyectores que no emplean bien su energía y su sabiduría inherente suelen ser percibidos como agresivos, mandones, entrometidos, molestos o amargados, o se los ignora agresivamente. En cambio, los proyectores que usan su energía correctamente son respetados y buscados por sus conocimientos, por su talento y por la orientación que pueden proporcionar.

Tema emocional

Lo mejor que puede hacer el proyector es esperar a que se le pregunte o se lo invite antes de dar su consejo, opinión u orientación. Cuando alguien pregunta, ello es indicativo de que quiere obtener orientación y claridad por parte del proyector. (Incluso si ignora totalmente que le está preguntando a un proyector, esa persona está reaccionando a la configuración energética del proyector, sin darse cuenta). Esa persona escuchará y apreciará el valor de la información proporcionada por el proyector, al estar abierta a recibirla.

La segunda mejor opción para el proyector es esperar un grado de reconocimiento y una apertura. Si eres un proyector, establece contacto visual y espera la oportunidad de hablar, sin interrumpir la conversación. Prueba a decir algo como lo siguiente:

- «Tengo cierta experiencia con esto, que puede serte útil. Si te parece bien, puedo compartirla contigo».
- «Tengo algunas ideas sobre esta cuestión. ¿Puedo hablarte de ellas?».
- «Tal vez podría ser de ayuda. ¿Te importaría si lo intento?».

Aperturas suaves como estas facilitarán que tu poderosa sabiduría llegue al mundo.

Relaciones

Los proyectores necesitan reconocimiento y atención en el contexto de las relaciones. Para empezar, deben ser invitados a la relación para que se dé la corriente energética oportuna. Una vez que ha sido invitado, el proyector puede disfrutar la relación. La energía iniciadora correcta establece el tono correcto de la relación.

Si eres un proyector enamorado, necesitas estar con tu pareja, pero también necesitas tiempo a solas para mantener tu energía. Tal vez descubras que te sientes mejor cuando duermes solo, con tu propia aura. Debido a que, como proyector, experimentas la energía sexual desde fuera de ti mismo y, a menudo, de manera variable, es posible que sientas que tu pareja controla o limita este aspecto de la relación. También puede ser que a veces no tengas energía para el sexo o para tener intimidad con la otra persona. Por lo general, esto no se debe a nada personal ni indica que haya un problema en la relación; solo es una señal de que necesitas un tiempo a solas para regenerarte y reactivarte.

Si eres el destinatario del uso incorrecto de la energía y la sabiduría de un proyector, es fácil que te sientas irritado, apartado e incluso rechazado. Esto es normal; ¡incluso los proyectores pueden sentirse rechazados por otros proyectores! Sin embargo, te perderás una sabiduría y unos consejos que podrían ser muy beneficiosos para ti. Amar y apoyar a un proyector significa darle el espacio que necesita para sentirse seguro (consulta la figura 30).

El propósito de vida de los proyectores es dirigir y orientar a otras personas en su proceso de creación. Los proyectores son intuitivos y sabios acerca de los demás; pueden ver a los manifestadores, los generadores y los generadores manifestantes y saber enseguida qué deben hacer para tener un impacto más efectivo con mayor facilidad. Esta es una parte natural de la personalidad del proyector. Si observamos a niños pequeños proyectores, vemos que manejan a sus padres y a sus compañeros con gran conciencia y claridad. Es fácil que este tipo de comportamiento haga que los proyectores se ganen la reputación de ser mandones, controladores o unos sabelotodo. La razón por la que se malinterpreta constantemente la sabiduría inherente del proyector es que, colectivamente, no sabemos cómo aprovechar al máximo la energía de este tipo.

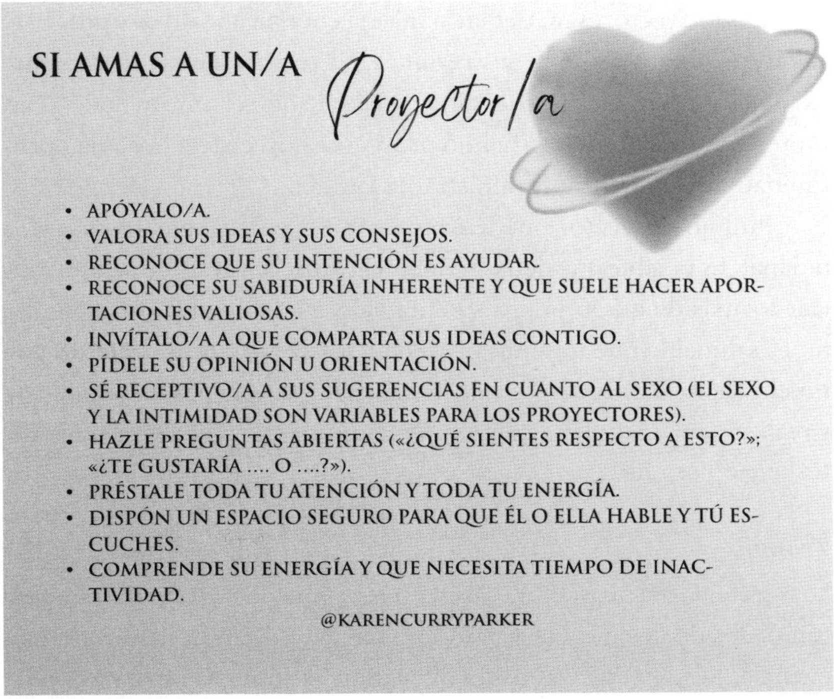

SI AMAS A UN/A *Proyector/a*

- APÓYALO/A.
- VALORA SUS IDEAS Y SUS CONSEJOS.
- RECONOCE QUE SU INTENCIÓN ES AYUDAR.
- RECONOCE SU SABIDURÍA INHERENTE Y QUE SUELE HACER APORTACIONES VALIOSAS.
- INVÍTALO/A A QUE COMPARTA SUS IDEAS CONTIGO.
- PÍDELE SU OPINIÓN U ORIENTACIÓN.
- SÉ RECEPTIVO/A A SUS SUGERENCIAS EN CUANTO AL SEXO (EL SEXO Y LA INTIMIDAD SON VARIABLES PARA LOS PROYECTORES).
- HAZLE PREGUNTAS ABIERTAS («¿QUÉ SIENTES RESPECTO A ESTO?»; «¿TE GUSTARÍA .... O ....?»).
- PRÉSTALE TODA TU ATENCIÓN Y TODA TU ENERGÍA.
- DISPÓN UN ESPACIO SEGURO PARA QUE ÉL O ELLA HABLE Y TÚ ESCUCHES.
- COMPRENDE SU ENERGÍA Y QUE NECESITA TIEMPO DE INACTIVIDAD.

@KARENCURRYPARKER

Figura 30: Amar a un/a proyector/a.

Los niños proyectores

El mayor regalo que puedes hacerle a tu hijo proyector es reconocer su sabiduría y su valor inherente. Los niños proyectores necesitan mostrar su valía una y otra vez, pero se les tiene que enseñar a esperar el reconocimiento. Estos niños también tienen que aprender a esperar; deben confiar en que cuando aparezcan las personas adecuadas que realmente los valoren, podrán compartir libremente lo que saben y lo que tienen para ofrecer.

Los niños proyectores necesitan recibir invitaciones y, como padre, es posible que debas facilitárselas a tu hijo proyector. Puede que incluso tengas que ayudarlo a encontrar trabajo y oportunidades, ya que a los proyectores puede costarles mucho salir a buscar trabajo, además de que no es lo suyo.

Los proyectores no tienen la misma energía que otros tipos. Esto significa que no siempre les resulta fácil realizar tareas físicamente exigentes. Encuentra formas alternativas de que el niño ayude, coherentes con su naturaleza. Tu hijo proyector florecerá si le das la oportunidad de organizar y administrar la familia.

Tu hijo proyector puede encontrar exigente y agotadora la vida normal. Es posible que debas reducir el ritmo de vuestra vida y encontrar formas de que reponga su energía semanalmente. Por ejemplo, no es saludable que un niño proyector esté muy comprometido con muchas actividades después de la escuela. Debería practicar deporte y realizar actividad física con moderación, ya que podría cansarse antes que otros niños.

Trabajo

La estrategia del proyector es esperar a ser invitado a las grandes oportunidades de la vida. Estas grandes invitaciones llegan con poca frecuencia, tal vez cada dos o tres años. Son ejemplos de grandes oportunidades un nuevo amor, el matrimonio, mudarse o conseguir un nuevo trabajo. Los proyectores no tienen que esperar por cuestiones menores, como ir al cine o salir a comer, pero sí tienen que esperar las grandes invitaciones; es importante para que encuentren el lugar en la vida en el que ser valorados y amados tal como son.

Los proyectores no están aquí para dirigir y orientar a todos. Tienen su propio grupo de personas al que administrar. Para encontrar a su gente, deben ser reconocidos o se los ha de invitar a compartir su sabiduría.

En una sociedad en la que se nos enseña a exponernos y ser proactivos, esperar a que otras personas nos reconozcan y nos inviten puede parecer un proceso lento y doloroso. Debido a que se ha enseñado a los proyectores a actuar de una manera que no es afín a su verdadera naturaleza, pueden estar muy ocupados presionando a otros para que los vean y los reconozcan. A menudo se pierden las verdaderas invitaciones que se les presentan porque están demasiado ocupados con comportamientos que otros les han inculcado.

Salud

Presionar y forzar nunca llevará a nada bueno a los proyectores. De hecho, siempre los conducirá al agotamiento por estrés y desgaste. Cuanto más intenta luchar para que lo vean o reconozcan, más invisible se vuelve el proyector.

No solo eso: los proyectores tienen una cantidad de energía muy limitada y no están diseñados para trabajar según el concepto tradicional del trabajo. Si se ven empujados a una situación en la que no se reconocen sus dones intuitivos inherentes o que implica un trabajo físico duro, se desgastarán hasta el agotamiento.

Los proyectores no pueden hacer que la vida les vaya bien si siguen las recomendaciones convencionales en cuanto a lo que hay que hacer para tener éxito en la vida, aunque pueden llegar a ser personas poderosas y tener un gran éxito. (Los presidentes Obama y Kennedy son proyectores).

Cuando los proyectores presionan o fuerzan, también terminan alejando a las personas en lugar de atraerlas. Y como trabajar duro no es una opción para ellos por más que lo intenten, debido a su energía limitada, pueden sentir que la vida no es justa y amargarse.

Los proyectores deben irse a la cama y relajarse antes de sentirse cansados. Descargar toda la energía almacenada durante el día lleva tiempo, y solo cuando se hayan librado de ella podrán adormecerse.

Además, como a muy pocos proyectores se les enseña cómo acceder adecuadamente a su energía, pueden ser el tipo que tenga más dificultades con la abundancia.

Abundancia

El proyector debe tener en cuenta dos factores clave para poder generar abundancia. En primer lugar, lo más importante que debe dominar es su sentido de la autoestima. El proyector tiene que esperar a que lo reconozcan las personas correctas, es decir, aquellas que lo valoren y le presten atención por los dones que alberga. Si un proyector no permanece sentado esperando a las personas adecuadas porque cuestiona su propia valía, acabará amargado y desperdiciando su sabiduría y su energía con gente incapaz de apreciar sus contribuciones.

Los proyectores que se valoran lo suficiente como para esperar a que las personas adecuadas los inviten son poderosamente convincentes y con frecuencia rechazan invitaciones. Un proyector que se valora a sí mismo es un imán para la abundancia.

En segundo lugar, cuando un proyector aprende a confiar en la abundante trayectoria del universo y puede esperar cómodamente a que llegue la invitación correcta, conserva su preciosa energía y se siente radiante, vital y listo para las invitaciones cuando se manifiesten. Los proyectores desgastados, por otro lado, pueden rechazar buenas invitaciones si han desperdiciado su energía con algo inadecuado para ellos.

Cuando un proyector está viviendo bien el aspecto de la abundancia, es como una comadrona para el mundo. Guía, entrena y nutre a otros individuos para que cumplan sus roles como iniciadores y constructores. Los proyectores se ocupan de la base de la evolución del mundo en todos los aspectos. Cuando ponen en práctica esta capacidad, son una gran bendición para el mundo que los rodea. Entonces atraen oportunidades de recibir abundancia.

Cuando los proyectores descubren que su estrategia natural es esperar a ser invitados, a menudo tienen que efectuar cambios drásticos en su vida. Pero a veces deben conservar el empleo que tienen, porque necesitan el dinero. Puede ser complicado mantener el flujo de ingresos de siempre y al mismo tiempo pasar a esperar a que llegue lo correcto.

Es importante que los proyectores hagan todo lo posible para que no los invada la amargura, que es su tema emocional. Mientras esperan, tienen que permanecer alegres y confiar en que todo va a ir bien. No es inusual que los proyectores que se sumergen profundamente en lo que les brinda alegría se encuentren con que la siguiente invitación que reciben tiene que ver totalmente con eso.

Los proyectores tienen el don de conocer a los demás, pero no se les da tan bien conocerse a sí mismos. A veces, les va bien tener un buen amigo con el que poder hablar, no porque necesiten consejo, sino porque tienen que ver sus decisiones en el contexto de otra persona para saber qué es lo mejor para ellos. Hablar ayuda a los proyectores a verse a sí mismos y puede ser crucial para ellos para obtener claridad antes de tomar decisiones importantes.

Cuidar de sí mismos, descansar, recuperarse y trabajar en la autoestima son los comportamientos más importantes que pueden tener los proyectores para empezar a atraer la abundancia. Cuando se sienten con energía y valiosos, no solo transforman a sus seres queridos y se transforman a sí mismos, sino que también cambian el mundo que los rodea. La verdad es que los proyectores necesitan más atención y energía por parte de otras personas que cualquiera de los otros tipos.

Tema espiritual

Los proyectores tienen un profundo sentimiento interno de lo que es posible para el mundo y saben cómo dirigir la energía necesaria para dar forma a lo intangible. Son magos de la energía y están, en un nivel inconsciente, rearmonizando y administrando constantemente el fluir de la energía del mundo. Esta tarea va mucho más allá del trabajo físico tangible del generador y el manifestador. Estamos hablando de energía. El proyector mantiene en su lugar la rejilla energética de la creación.

Los proyectores suelen decir que están cansados, incluso cuando no hacen «nada». Pero nunca están haciendo «nada». Están manteniendo unida la red energética todo el tiempo. Como conocen tan bien la energía, a menudo los encontramos en profesiones del campo de la sanación energética y basadas en servicios, en las que manifiestan sus capacidades sanadoras y auxiliadoras.

Muchos proyectores tienen un magnetismo y un carisma que los llevan a recibir unas invitaciones increíbles.

Declaración del propósito de vida del proyector: Estoy aquí para orientar, guiar y dirigir a otros hacia la expresión de su potencial. Instintivamente sé lo que hay que hacer para hacer del mundo un lugar mejor.

Afirmaciones

Soy un recurso poderoso para el mundo. Mi intuición, mis ideas, mi conciencia y mi conocimiento ayudan a administrar y guiar la energía del mundo y la próxima fase de crecimiento y evolución en el planeta. Lo que tengo para ofrecer al mundo es tan poderoso, necesario y valioso que reconozco que llevo las semillas de la evolución dentro de mi ser. Espero las oportunidades adecuadas que reflejen el valor de lo que tengo para ofrecer. Cuando la oportunidad es correcta y se me valora, comparto mi conocimiento y mi sabiduría y facilito el trabajo necesario para la construcción de la siguiente fase de la historia humana. Entre las distintas oportunidades, descanso y me recargo energéticamente para estar listo para servir cuando me vuelvan a llamar.

Proyectoras en acción (ejemplos)

La mejor invitación que he recibido nunca la recibí hace poco. Mi hermana, mi hermano y yo hemos tenido una relación tumultuosa con nuestra madre. Actualmente no están en contacto con ella, y yo no hablo con ella a menudo. Recientemente reconoció un estado de paz en mí y me pidió que le dijera qué he estado haciendo para llegar a este espacio de mayor serenidad. Aún no hace un mes que pasó esto, y diría que por primera vez me está escuchando de verdad; no para responder, sino que me escucha sin más. He hablado con mi madre varias veces desde entonces, y he disfrutado las conversaciones que hemos tenido. Nunca antes había experimentado eso con ella. No paro de decirme cuánto la he ayudado a entender cosas desde una perspectiva diferente y que ahora confía mucho más en el universo.

También me ha dicho que el simple hecho de comprender su autoridad emocional la ha ayudado enormemente. He trabajado para sanar muchas heridas en torno a esta relación y creo que de no haberlo hecho no hubiera sido capaz de tener estas conversaciones.

Eso, en combinación con el uso que hago del diseño humano (tanto para mí, al esperar a ser invitada, como para ella, al aportarle información que le puede ir bien), parece haber catalizado algo. Es como si estuviera presenciando una metamorfosis que nunca imaginé que fuera posible.

—Andrea

La mejor invitación fue la que me llevó a un matrimonio que ha durado (hasta ahora) casi treinta y cuatro años. No acepté la invitación de inmediato (a causa de mis tiempos y mi definición emocional), pero una vez que estuve lista, le pregunté si quería casarse conmigo (le di a mi futuro esposo generador algo a lo que responder).

—Theresa

La siguiente es mi historia favorita relativa a un proyector, con diferencia:

Mi exmarido se fue a vivir con su madre después de divorciarnos. Estuvo con ella durante unos años para ayudarla con su marido, que tenía demencia. A pesar de que lo presionaron mucho para que fuese a buscar trabajo, él sentía intuitivamente que tenía que esperar la invitación adecuada.

Mi exmarido tenía pasión por la actuación y quería trabajar en el campo de la comedia. Durante el día, se pasaba mucho tiempo viendo Turner Network* y estudiando películas antiguas.

---

* N. del T.: Turner Network es un canal de televisión por cable estadounidense, que empezó centrado en la emisión de películas clásicas y algunas series; desde el año 2001

Un día, una mujer joven y atractiva llamó a la puerta de la casa de su madre. Vendía libros de cupones a domicilio. Mi exmarido abrió la puerta y entablaron una conversación. Ella le dijo que era un hombre superdivertido y que debería hacer una audición para The Comedy Club ('el club de la comedia'), ubicado en el centro de Houston.

Ella trabajaba allí por las tardes y organizó la audición para el día siguiente. Él acudió y enseguida consiguió un puesto como comediante improvisador: ¡ese era su sueño!

A veces, los proyectores piensan que si no hacen nada no pasará nada. Esta historia es un hermoso ejemplo del tipo de magia que pueden experimentar si se toman el tiempo que necesitan entre grandes invitaciones para descansar y prepararse para la próxima.

El reflector

Enfoque: espejo, comunidad, lugar correcto, tiempo adecuado, sensibilidad.

Estrategia: esperar antes de tomar decisiones, prestar atención (esperar veintinueve días).

Tema emocional: decepción.

Tema en cuanto a la abundancia: vivir en comunidades prósperas.

Desafíos/dificultades: confiar en que la certeza, la verdad y las soluciones son más importantes que cualquier otra cosa.

Porcentaje de individuos que son reflectores: menos del 1%.

Rol: reflejar el estado de salud y el grado de armonía de las personas que tiene alrededor.

Reflectores famosos: Sandra Bullock, Rosalynn Carter, Uri Geller.

---

está enfocado en la emisión de series de televisión dramáticas, películas y algunos eventos deportivos.

Los reflectores tienen todos los centros abiertos y su gráfico está casi vacío. Estas personas están totalmente abiertas al mundo y a los demás. Ya que, por su diseño, no tienen centros definidos, incorporan la energía de todos los demás y ven el mundo a través de los ojos de estos; toman su frecuencia energética y se la reflejan.

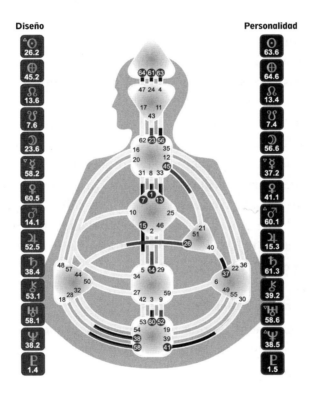

Figura 31: El reflector.

Los reflectores son como espejos, y el reflejo de otras personas cambia continuamente su percepción. En un instante dado pueden sentirse extremadamente emocionales, mientras que al momento siguiente ya no sienten ninguna de esas emociones. O pueden incorporar un montón de ideas y tener muy claro hacia dónde se dirigen en la vida, para volver a estar perdidos un momento después. Y así sucesivamente. Por eso es esencial que los reflectores elijan cuidadosamente a sus amigos y compañeros, ya que estos tendrán un gran impacto en sus emociones y en la experiencia de sí mismos.

Los reflectores tienen unas experiencias de vida considerablemente diferentes de las que tienen todos los otros tipos, por lo que pueden sentirse solos e incomprendidos. También pueden sufrir una profunda decepción cuando tienen que esperar y vivir a través de la energía de otros.

Debido a sus emociones, requieren más atención que la mayoría de los demás tipos y personas. A veces, pueden sentir que no dan la talla y pensar que no encajan en ningún lado.

Lo que más incomoda a los reflectores es la presión; detestan especialmente que los presionen para que tomen decisiones. Para ellos, es lo más antinatural, porque no necesariamente las toman. Experimentan una elección o decisión a lo largo de un ciclo lunar (veintinueve días). Esto no es lo mismo que decidir con la mente. Los reflectores deben experimentar su elección dentro de sí mismos a lo largo del tiempo. El hecho de pasar por todo el ciclo los capacita para ver soluciones y las elecciones correctas.

Trampas y dificultades habituales

Al estar abiertos e incorporar la definición de los demás, los reflectores tienen que esperar veintinueve días antes de tomar cualquier decisión importante, por más seguros que se sientan acerca de algo en el momento.

Deben estar en la ubicación geográfica correcta (en el lugar que perciban apropiado y en el que se sientan como en casa) para sentir que su vida va bien. Cuando están en el lugar correcto, conocen a las personas apropiadas, son parte de la comunidad adecuada y sienten que su vida está en orden. En estas circunstancias, les puede resultar más fácil y satisfactorio tomar decisiones.

La apertura total puede hacer que el reflector sea casi invisible para los demás. Si no conoce la mecánica de su diseño, puede sentirse profundamente decepcionado en la vida. Pero esa misma apertura le otorga el potencial de albergar una gran sabiduría y comprensión con respecto a la humanidad y en lo que a él mismo se refiere si aprende a trabajar con dicha apertura de la manera apropiada.

Los reflectores a menudo tienen la dificultad de que se funden con el otro en sus relaciones personales si no comprenden la naturaleza de su apertura y la capacidad que tienen de experimentar una empatía profunda. A veces, su vida puede ser «secuestrada» por la energía de las personas que los rodean y pueden perder el rumbo.

La estabilidad es vital para el reflector. Los reflectores necesitan tener en su vida a personas cuya aura conozcan. Es habitual que tengan amigos para toda la vida e incluso que tengan problemas para separarse de la energía de sus padres, por el solo hecho de que experimentan muchas formas de inestabilidad. La estabilidad de las personas que conocen les hace sentir seguros.

Debido al tiempo que les lleva tener claridad, los reflectores no pasan rápidamente por las transiciones y necesitan tiempo para afrontar los cambios importantes de la vida, como irse de casa, mudarse, empezar a trabajar en algo nuevo y casarse.

Estrategia

Lo que los reflectores deben saber y entender lógicamente es que cualquier tipo de presión que experimenten es perjudicial para su salud. Al darse el tiempo necesario para tomar decisiones importantes y al saber que el tiempo que dedican a pensar en sus opciones es lo que los llevará el éxito, se darán cuenta de lo vital que es para ellos no dejar que nadie los presione.

Los reflectores son seres lunares, vinculados al ciclo lunar, por lo que su estrategia, y a veces su dificultad, es esperar veintinueve días antes de tomar decisiones importantes. Durante esos veintinueve días, deben hablar con varias personas sobre sus opciones. Como reflector, necesitas tener a gente en tu vida que te escuche, no porque necesites consejos (no los necesitas), sino porque tienes que oírte hablar sobre lo que sientes acerca de tus opciones.

Para ti, la vida es una experiencia objetiva. A medida que avanzas por la vida descubriendo repetidamente la verdad de que ese que está pensando o sintiendo no eres tú, tu apertura puede dejarte exhausto, por lo que es importante que dispongas de tu propio espacio en el que relajarte. Lo mismo es aplicable al descanso y el sueño. El reflector tiene indefinido el centro sacro, lo que significa que lo mejor para él es acostarse tan pronto como empiece a sentirse cansado, y dormir solo.

Que los centros sean abiertos no significa que presenten defectos o que estén vacíos. Si eres un reflector, es fácil que tu mente juzgue tus características como malas o equivocadas; pero los reflectores pueden llegar a conocer las posibilidades de la humanidad como ningún otro tipo. Esto puede ser hermoso.

Tema emocional

Los reflectores tienen la capacidad de percibir, sentir y conocer todo el potencial de las personas y comunidades que los rodean. Su apertura les otorga una profunda conciencia y sabiduría en cuanto a lo que es posible para el mundo. Al reflector le resulta decepcionante saber lo que es posible y ver que el mundo no está expresando todo su potencial. Otro motivo de decepción para él es la falta de sincronía que puede producirse entre la velocidad del mundo y la necesidad que tiene de contar con el tiempo suficiente para ver claramente cuál es la mejor decisión que puede tomar.

Cuando el reflector no se da tiempo para decidir y le cuesta encontrar su propia energía en medio de la energía que recibe de los demás, es fácil que se sienta presionado a decidir rápidamente. (Por supuesto, la sociedad en general tiene poca paciencia con las personas que necesitan tiempo para obtener claridad). En consecuencia, los reflectores pueden precipitarse al tomar decisiones y sentirse decepcionados con las consecuencias a largo plazo.

Debido a la profunda capacidad que tiene el reflector de conocer a las personas que ama y conectar con ellas, prefiere rodearse de la gente con la que lleva mucho tiempo. Muchos reflectores prefieren también la compañía de los niños, porque la pureza de su energía es reconfortante para ellos, ya que a menudo se sienten decepcionados con la humanidad.

Relaciones

Los reflectores necesitan a los demás porque no son seres energéticos y dependen de la conexión energética que otros les brindan. Pero también necesitan tiempo a solas para poder soltar la energía que han absorbido a través de sus nueve centros abiertos.

Hay ciertas cosas que debes tener en cuenta si mantienes una relación con un reflector, ya que este tipo descarga la energía de otras personas del sistema de estas (consulta la figura 32):

- Ámalo o ámala tal como es; no trates de cambiarlo o cambiarla, y valora el papel que tiene en la humanidad, que es muy importante.
- Los reflectores necesitan espacio, así que dale el espacio y el tiempo que precisa para ser él mismo o ella misma.
- Deja que administre su energía; no ejerzas presión.
- Respeta su proceso cuando tenga que tomar una decisión.
- Deja que hable; necesita oír sus propios problemas y sentimientos al comunicártelos.
- Ayúdalo a reconocer cuándo un entorno no es saludable para él o ella.
- Entiende que él o ella puede necesitarte más de lo que tú puedes necesitarlo o necesitarla.
- Sé consciente de que verás la verdad sobre ti mismo a través de él o ella y acepta esta revelación.
- No te tomes sus decepciones como algo personal, esta es su naturaleza; la decepción es la emoción característica de este tipo.

Es fácil que los reflectores se fundan con las personas que los rodean. En las relaciones, puede muy bien ocurrir que se adapten a su pareja. Es fácil que no se den cuenta de que están renunciando a sus propias necesidades y deseos por haber perdido su conexión energética consigo mismos y con sus propias necesidades.

SI AMAS A UN/A *Reflector/a*

- DALE TIEMPO Y ESPACIO; NO EJERZAS PRESIÓN.
- ÁMALO/A TAL COMO ES; NO INTENTES CAMBIARLO/A.
- VALORA EL IMPORTANTÍSIMO PAPEL QUE TIENE EN LA HUMANIDAD.
- COMPRENDE SU ENERGÍA Y LA NECESIDAD QUE TIENE DE PERÍODOS DE INACTIVIDAD.
- PERMÍTELE GESTIONAR SU ENERGÍA SIN AÑADIR PRESIÓN.
- RESPETA SU NECESIDAD DE TOMAR DECISIONES EN EL TRANSCURSO DE CICLOS LARGOS.
- DEJA QUE HABLE CON LIBERTAD MIENTRAS TE LIMITAS A ESCUCHAR.
- SÉ CONSCIENTE DE QUE PUEDE SER QUE TE NECESITE MÁS A TI (ENERGÉTICAMENTE) QUE TÚ A ÉL O ELLA.
- PERMANECE ABIERTO A SU SEXUALIDAD. (PARA ESTE TIPO, EL SEXO Y LA INTIMIDAD SON ALGO VARIABLE).
- SÉ CONSCIENTE DE QUE VERÁS LA VERDAD SOBRE TI REFLEJADA EN ÉL O ELLA Y ACEPTA ESTA REVELACIÓN.
- ALIENTA Y APOYA PRÁCTICAS DIARIAS DE LIMPIEZA ENERGÉTICA.

@KARENCURRYPARKER

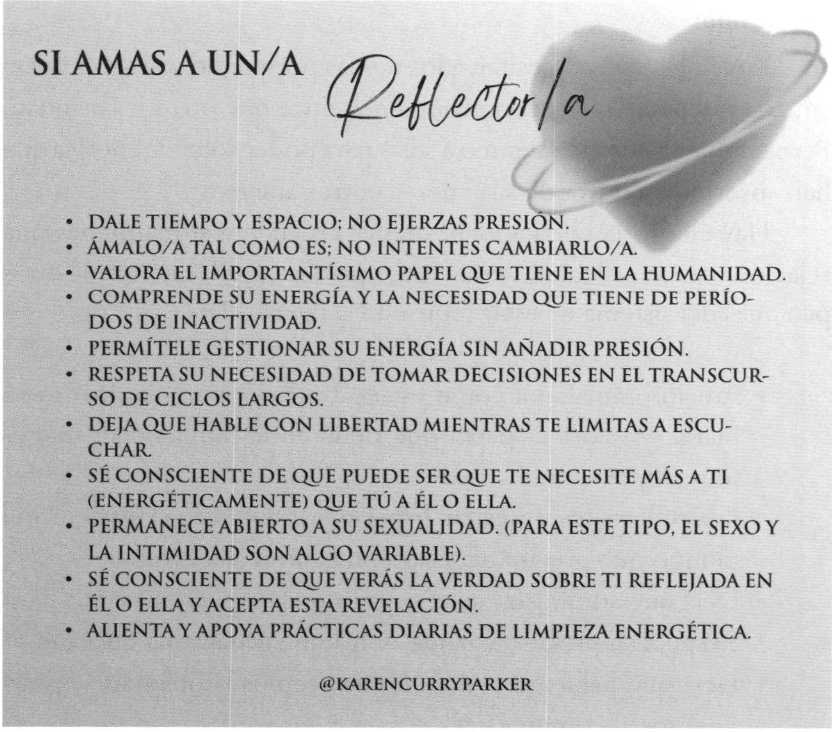

Figura 32: Amar a un/a reflector/a.

Los niños reflectores

Los niños reflectores plantean un conjunto de retos único para los padres. Criar a un niño reflector requiere paciencia, amor y la conciencia de que este hijo puede necesitar más atención y energía que sus hermanos.

Lo primero que requieren los niños reflectores es estabilidad. Como gran parte de la experiencia del reflector es variable, para él es vital que el aura de sus amigos, sus seres queridos y sus cuidadores sea consistente. Estos niños necesitan saber en quién pueden confiar y quién permanecerá constante e inmutable mientras ellos tienen experiencias energéticas cambiantes.

Esta necesidad de estabilidad puede hacer que el niño reflector parezca dependiente o necesitado. A los niños reflectores les hace falta que siempre los cuiden las mismas personas y que haya muy pocos cambios importantes en su vida, especialmente cuando aún son pequeños. Los cambios cataclísmicos como un divorcio pueden dejar a un niño reflector aturdido durante mucho tiempo. Los niños reflectores son muy sensibles en el plano emocional y pueden reaccionar ante los grandes eventos que suceden en el planeta. Uno al que conozco que vivía en Boston sufrió un colapso emocional el día antes del atentado con bomba en el maratón de Boston y estuvo desconsolado durante más de una semana. A veces, al niño reflector le va bien contar con el apoyo de un terapeuta cualificado que lo ayude a desprenderse de la energía que ha acumulado en el cuerpo.

Al niño reflector le resulta más fácil lidiar con el cambio si tú, como padre o madre, te muestras paciente y comprensivo. Además, haz todo lo que puedas para establecer una nueva base en su vida lo antes posible. Si tienes dificultades con la constancia y la rutina, ello puede afectar profundamente a tu hijo reflector. El hecho de establecer rutinas y atenerse a ellas lo ayuda a sentirse seguro y a mantener la estabilidad.

Los niños reflectores necesitan sentirse bien en su espacio. Una vez que tienen siete años o más, cuando el aura está madura, les sienta bien dormir en su propia habitación, lejos de otras personas. Esto le da tiempo a su campo energético para descomprimirse y librarse de la energía de los demás.

Como los reflectores tienen abierto el centro sacro, algunos niños reflectores presentan dificultades con las tareas físicas exigentes.

La mejor manera de ayudarlos es realizar estas tareas con ellos. Esto puede ser aplicable, a veces, a los deberes escolares y otro tipo de actividades.

Finalmente, los niños reflectores hablan mucho. Necesitan hablar para saber qué están pensando y sintiendo. Si tienes un hijo reflector, debes darle libertad para que descargue sus pensamientos y resistir la tentación de darle consejos u orientación a menos que te los pida. No te está pidiendo consejo; solo está hablando para aclararse. Si le brindas orientación sin que te lo haya pedido, ello activará su tendencia a sentirse poco capaz o se sentirá controlado.

Trabajo

Como los tipos proyector y manifestador, los reflectores no tienen una energía duradera. Solo los generadores y los generadores manifestantes tienen este tipo de energía. Por lo tanto, los reflectores no están configurados para trabajar en un empleo típico de manera sostenible, lo que puede ser un problema en el campo de las relaciones y en el terreno laboral.

Si bien los reflectores pueden amplificar una gran cantidad de energía y tener, aparentemente, una energía intensa y abundante, no pueden mantenerla en el tiempo. Necesitan ciclos de descanso y recuperación, como todos los tipos que tienen abierto el centro sacro.

Su necesidad de hablar y de darse tiempo para tomar buenas decisiones puede causarles problemas en el lugar de trabajo. Una vez que son reconocidos por su empatía y la conciencia que aportan al lugar de trabajo, pueden asumir su papel: reflejar la salud de la empresa y hacer de barómetro. En el ámbito laboral, los reflectores pueden ser visionarios y pueden expresar el potencial de la empresa, ya que su campo energético alberga la conciencia de lo que es posible.

Salud

Si eres un reflector, debes tener en cuenta tres factores, principalmente, para mantenerte sano.

En primer lugar, debes estar en un entorno en el que te sientas bien y quienes te rodean tienen que ser personas sanas. Como eres tan sensible a los demás y a las experiencias de los demás, si te encuentras en un entorno en el que no se están tomando decisiones saludables, eso te afectará profundamente.

En segundo lugar, necesitas dormir bien y descansar. Como todos los tipos que no tienen definido el centro sacro, los reflectores duermen mejor solos y necesitan estar con la energía de su propia aura por la noche para mantenerse vitales. Los reflectores deben estar en la cama antes de llegar a sentirse cansados y permanecer tendidos en la posición decúbito prono (en la que el cuerpo yace sobre el pecho y el vientre) hasta quedarse dormidos.

En tercer lugar, tienes que darte tiempo para tomar las decisiones adecuadas para ti. Si te sientes presionado a decidir antes de estar listo, puedes acabar eligiendo la opción equivocada, y la presión y el conflicto interno que experimentarás por tratar de sentirte «bien» con respecto a la decisión podrían tener un gran impacto en tu salud física y emocional.

Abundancia

Como en el caso de la salud, gran parte de la experiencia que tiene el reflector con la abundancia depende de su entorno. Su capacidad para generar riqueza y situarse en el fluir de la abundancia estará profundamente influenciada por las personas con las que se asocie y con el lugar en el que viva. Lo ideal es que el entorno ofrezca una gran cantidad de energía de abundancia.

Un reflector puede ganar más dinero y establecer una base sólida en el terreno económico si se da tiempo para tomar buenas decisiones. Los planes acelerados para ganar dinero no siempre funcionan bien para él, porque necesita tiempo para tomar buenas decisiones. Como reflector, tómatelo con calma e invierte solamente en aquellas oportunidades en las que tengas tiempo para ver todo claro.

Al no tener definido el centro sacro, los reflectores deben ahorrar conscientemente y crear un colchón financiero a modo de apoyo para cuando necesiten vivir un ciclo de descanso. Lo mejor para el reflector es poner en práctica una potente estrategia de ahorro desde la juventud.

Tema espiritual

Los reflectores están aquí para ser nuestros espejos kármicos. Su experiencia de vida y el reflejo que nos ofrecen revelan dónde nos encontramos en nuestro proceso evolutivo. Los reflectores que hay en nuestra vida nos muestran lo cerca o lejos que estamos de expresar nuestro potencial y nos hacen saber qué grado de madurez emocional y coherencia estamos experimentando al vivirlo y mostrarlo en su propia experiencia reflejada.

El corazón del reflector aloja el potencial de nuestra evolución óptima y la historia de lo que es posible para la humanidad.

Declaración del propósito de vida del reflector: Estoy aquí para hacer de barómetro del mundo. Con mis emociones, experiencias y actos, incorporo la energía de quienes me rodean y les reflejo hasta qué punto están en sintonía con la expresión de su potencial.

Afirmaciones

Soy un espejo kármico. A través de mi experiencia y mi expresión de la energía que me rodea, reflejo el potencial y el grado de armonía de los demás. A través de mi reflejo, los demás pueden ver qué es lo que necesitan para volver a estar en sintonía con su propósito. Entiendo la profundidad del potencial de la humanidad. Sé que no es mi trabajo arreglar el mundo, sino reflejar las energías que hay. Confío en los plazos divinos y sé que con el tiempo se expresará el potencial del mundo. Soy paciente y me respeto. Me doy el tiempo que necesito para tomar las decisiones acertadas y ubicarme en el lugar correcto con las personas adecuadas. Confío en la sensación interna de sentirme como en casa para saber que estoy en el lugar al que pertenezco y me mantengo en armonía con el lugar en el que me siento más a gusto.

Reflectora en acción (ejemplo)

Es difícil para mí vivir como reflectora, pero vale la pena, aunque a veces tengo que mentir. Cuando me aceptaron en la escuela de posgrado, me sentí muy presionada a decir que sí rápidamente. Sabía que necesitaba tiempo para aclararme, pero dije que sí sin estar segura. Me di permiso para retractarme de mi decisión en caso de ser necesario, aunque me sentí culpable por mentir. Después de un par de meses, sentí que había tomado la decisión acertada y pude relajarme y prepararme.

Aprender a esperar me ha ahorrado muchos dolores de cabeza, aunque a veces los demás se frustran conmigo por no ser muy rápida o por no parecer resolutiva.

—Sarah Parker

Trabaja con tu tipo de personalidad

Ahora que conoces los detalles de cada tipo y has identificado, a través de tu carta, qué tipo eres, puedes comenzar a explorarlo personalmente con mayor profundidad. En este apartado te guiaré por una serie de reflexiones que culminarán en la plasmación por escrito de la primera parte de tu declaración personal, que te permitirá integrar las lecciones de tu carta en forma de historia.

Reflexiones sobre tu tipo

1. ¿Cuál es tu tipo?

_____

_____

2. ¿Cuál es la estrategia correspondiente a tu tipo? ¿Cómo la estás reflejando en tu vida en estos momentos? ¿De qué maneras podrías ponerla en práctica más a menudo?

_____

_____

3. ¿Cuáles son algunas dificultades con las que suele encontrarse tu tipo? ¿Has experimentado alguna de ellas? ¿Qué puedes hacer para superar estas dificultades?

_____

_____

4. ¿Qué necesitas en tus relaciones interpersonales y en las que mantienes en el terreno laboral? ¿Qué cambios en tus relaciones actuales te ayudarían a satisfacer tus necesidades? ¿Cómo crees que afecta tu tipo a la forma en que te relacionas?

_____

_____

5. ¿Cuál es tu estilo creativo? ¿Refleja tu vida actual el estilo creativo de tu tipo? ¿Qué cambios podrías realizar para actuar más según el estilo creativo de tu tipo?

_____

_____

6. ¿Cuál es el tema espiritual de tu tipo? ¿Cómo puedes mejorar tu sintonía con tu propósito espiritual?

_____

_____

Tu historia

Tu historia es la primera parte de tu declaración personal. Rellena los siguientes espacios en blanco con la información que has obtenido de tu carta de diseño humano y este capítulo. Cuando lleguemos al final del libro, juntarás varias de estas declaraciones para formular tu declaración del propósito de vida (consulta la página 309).

Una vez que hayas rellenado los espacios en blanco, te recomiendo que te tomes un tiempo para reflexionar sobre lo que has escrito

antes de pasar al próximo capítulo. Percibe si surgen emociones, recuerdos o pensamientos. También podrías meditar sobre todo ello
(en caso de que medites) para integrar este conocimiento en tu ser.

Yo, _____ (nombre), un/a _____
(tu tipo del diseño humano), estoy aquí para servir al mundo por
medio de _____ (el propósito de vida de tu tipo del
diseño humano).

Capítulo 3

PERFILES

M ientras que el tipo nos aporta una visión general de nuestros puntos fuertes clave y la estrategia que debemos seguir para perseguir nuestros sueños y participar en la vida de la mejor manera posible, el perfil nos brinda información sobre los principales temas con los que nos encontramos a medida que vivimos nuestra vida. De esta forma, los perfiles muestran aspectos algo diferentes del modo en que nuestra personalidad interactúa con el río de la vida. Dicho de otra manera, se puede considerar que el tipo es nuestro carácter y el perfil es el papel que desempeñamos. Conocer nuestro perfil puede ayudarnos a avanzar hacia el cumplimiento de nuestro propósito de vida.

El perfil nos ayuda a comprender nuestro estilo de aprendizaje, lo que necesitamos para sentirnos seguros a la hora de tomar decisiones, cómo nos relacionamos con nosotros mismos y los demás y cómo compartimos nuestros dones con el mundo.

Hay doce perfiles de personalidad diferentes en el sistema de diseño humano.

El perfil es una de las informaciones que constan en la carta del diseño humano (figura 33). Cada número representa unos temas arquetípicos específicos que influyen en la experiencia que tenemos del mundo. Estos números nos informan sobre lo que necesitamos para sentirnos seguros y fuertes a la hora de tomar buenas decisiones y tener una vida maravillosa.

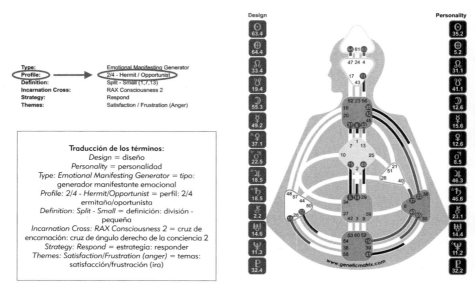

Figura 33: El perfil en la carta del diseño humano.

El primer número representa cómo compartimos nuestros dones con el mundo. El segundo representa lo que necesitamos para sentirnos seguros y enraizados antes de poder compartir nuestros dones. Estos dos números operan conjuntamente. Es necesario que satisfagamos las necesidades de los dos temas arquetípicos del perfil para sentirnos en paz con nuestra vida y nuestras elecciones.

El diseño humano nos muestra que el crecimiento a menudo implica superar dificultades y encontrar formas de armonizar las distintas partes de uno mismo. Muchos de los temas arquetípicos expresados por las dos líneas del perfil (representadas por los dos números que se acaban de mencionar) parecen estar en desacuerdo entre sí, lo cual plantea retos. Tenemos que encontrar formas de trabajar con estos dos temas en nuestra vida para alcanzar un autodominio, una resiliencia y una autoaceptación mayores.

Cuando vivas la máxima expresión de las dos líneas de tu perfil, verás que ambos arquetipos pueden complementarse y apoyarte en el cumplimiento de tu propósito de vida.

Las seis líneas de perfil

Los doce perfiles constituyen combinaciones variadas de las seis líneas de perfil, que son el investigador, el ermitaño, el experimentador, el oportunista, el enseñante y el modelo a seguir (figura 34).* Repasemos las características básicas de cada línea de perfil.

Línea 1: el investigador necesita información y se siente seguro cuando tiene suficientes datos.

Línea 2: el ermitaño precisa tiempo a solas para procesar experiencias y restablecer su energía. Los perfiles que contienen la línea 2 necesitan espacio para sentirse bien y enraizados. Una vez que el ermitaño se ha alejado durante un tiempo, los demás perciben energéticamente que pueden invitarlo a volver a integrarse en la comunidad.

Línea 3: el experimentador debe experimentar con sus ideas y se le debe permitir cometer errores sin juzgarlo por ellos.

Línea 4: el oportunista construye una base de amistades y necesita establecer conexiones y compartir. Tiene que saber qué le espera y estar preparado para sentirse seguro.

Línea 5: el enseñante enseña lo que sea que haya experimentado en la vida. Es un espejo kármico y a menudo ve lo mejor de los demás y el potencial que albergan. Precisamente a través de la relación

---

* N. del T.: En tu carta, fíjate en los números (.../...) para saber cuál es tu perfil. Cada uno de los números corresponde a lo que se llama una *línea* de perfil. Algunas denominaciones alternativas a las que ofrece la autora en la figura 34 son: *mártir* en lugar de *experimentador* o *hereje* en lugar de *enseñante*. Ten en cuenta, además, que *experimentador* es una traducción simplificada de *experiential learner*, que significa más específicamente 'el/la que aprende a través de la experiencia'.

con las personas que tienen la línea 5 en su perfil los demás descubren qué es lo que más necesitan sanar y cómo pueden expresar todo su potencial. Los enseñantes tienen que confiar en que los demás verán la verdad sobre ellos para sentirse seguros, y a veces ocultan su verdad muy profundamente cuando se los conoce por primera vez.

Figura 34: Los doce perfiles con las seis líneas de perfil.

Línea 6: el modelo a seguir literalmente modela para los demás lo que han venido a compartir en el mundo. Necesita sentir que aquello en lo que está participando merece su esfuerzo para tener energía y encontrar que su vida tiene sentido. El modelo a seguir pasa por tres etapas en la vida: la primera es una fase juvenil de experimentación y aprendizaje a través de la experiencia. La segunda es un largo ciclo de sanación, crecimiento y estudio. La fase final es un ciclo en el que vive lo aprendido.

Ahora, examinemos con mayor profundidad cada uno de estos arquetipos.

Línea 1: el investigador

Las siguientes son las características presentes en los perfiles que contienen la línea 1.

Propósito: ser una fuente de conocimiento, datos e información para otras personas.

Necesidad: tener suficiente información para tomar buenas decisiones.

Impulso: curiosidad.

Miedos: no saber lo suficiente o miedo a lo desconocido.

Desafíos: no dejar que el miedo a lo desconocido impida el crecimiento o la evolución personal; aprender a confiar en que el conocimiento llegará en el momento oportuno.

Habilidades por dominar o expresar: ceder a la curiosidad e investigar información, construyendo, así, una base de conocimiento que se pueda compartir con los demás.

Cuando falta equilibrio: es posible que la persona no avance en la toma de decisiones, atrapada en la investigación de información. Puede dejar que el miedo a lo desconocido paralice su impulso hacia delante.

La energía de la línea 1 tiene que ver con saber lo suficiente para sentir que se tiene la información necesaria para avanzar con confianza. Si tienes la línea 1 en tu perfil, tienes curiosidad. Internet se hizo para ti, y lo que más te gusta hacer es investigar.

El investigador cuestiona todo. Quiere saber quién, cómo y por qué. Tiene que disponer de toda la información posible antes de tomar una decisión. Si se va a ir de viaje, por ejemplo, le gusta tener un plan y tal vez varias guías sobre el lugar de destino (las cuales lee varias veces).

El conocimiento equivale a seguridad para los perfiles que contienen la línea 1. Si tienes esta línea, cuanto más sabes, más capaz te sientes de adaptarte a lo que tienes delante, sea lo que sea. Si debes afrontar grandes cambios en tu vida, como mudarte a un lugar nuevo o comprar una casa, tienes que creer que has investigado todos los aspectos de la decisión para sentir que sabes qué es lo que te espera.

En última instancia, el propósito de tu naturaleza curiosa es saber lo suficiente para poder compartir con los demás lo que has aprendido. Eres un recurso para tus amigos y familiares porque has investigado todas las opciones.

Los perfiles que contienen la línea 1 temen no saber lo suficiente y también lo desconocido. Si tienes esta línea, tu necesidad de información puede dificultarte ser espontáneo o tomar una decisión rápida en el momento. Si crees que no tienes suficiente información, puedes sentirte extremadamente incómodo.

Es poco probable que confíes en tu instinto si no tienes la información primero. Es importante que comprendas que necesitar información no es un rasgo defectuoso; así es como el investigador se mueve por la vida y toma buenas decisiones. Ser espontáneo no es necesariamente saludable si no se cuenta con una buena base de información.

Para reflexionar

- ¿Cómo gestionas el miedo a lo desconocido?
- ¿Estás permitiendo que tus miedos te impidan avanzar?

Afirmación

Soy una fuente de información para los demás. Todos mis conocimientos y los resultados de mis investigaciones me hacen confiar en que seré capaz de concebir soluciones para las dificultades que se me presenten. Me doy suficiente tiempo para saciar mi curiosidad y recopilar la información que necesito para tomar decisiones bien fundamentadas. Confío en que la profundidad de mi comprensión me ayudará a saber lo que necesite saber cuando tenga que saberlo, y me relajo y confío en mi base de datos interna.

Línea 2: el ermitaño

Las siguientes características están presentes en los perfiles que contienen la línea 2.

Propósito: integrar conocimientos, energía y sabiduría, y esperar a que otras personas le pidan compartir esta sabiduría.

Necesidad: pasar tiempo a solas para descansar, procesar experiencias y regenerarse, para estar listo cuando sea el momento de compartir.

Impulso: dominar el equilibrio entre el tiempo a solas y la presencia en el mundo.

Miedos: desaparecer y estar aislado.

Desafío: equilibrar la necesidad de autorregeneración con la necesidad de servir al mundo.

Habilidades por dominar o expresar: integrar la necesidad de estar tiempo a solas e integrarse, por un lado, y saber cuándo responder a las necesidades de los demás, por otro lado; encontrar un equilibrio entre el aislamiento y la respuesta al mundo.

Cuando falta equilibrio: la persona se aísla demasiado de la vida o se agota debido al estrés y el desgaste.

La energía de la línea 2 tiene que ver con la necesidad de estar suficiente tiempo a solas para procesar lo que vendrá a continuación en la vida y prepararse para ello, sea lo que sea. Prescindir de este comportamiento puede hacer que la persona se sienta abrumada y sobreestimulada.

La energía presente en los perfiles que contienen la línea 2 hace que sean muy sensibles. Si tienes esta línea en tu perfil, estás diseñado para responder a las necesidades de los demás. Tu energía te mantiene consciente de la energía de los demás para que estés listo para darles lo que necesitan cuando lo pidan. Este estado de conexión constante con las necesidades de otras personas requiere que estés el tiempo que te haga falta a solas para reponer la energía y estar listo para lo siguiente.

Tu desafío es no aislarte demasiado. Puede ser que anheles profundamente irte a una ermita, lejos de los demás, y que fantasees con ello. Pero se produce una paradoja en relación con esto, porque tan pronto como te sientes lo suficientemente descansado, es casi como si tu aura le indicara al mundo que estás listo para lo próximo. Los demás lo perciben y te llaman para que regreses al mundo y sigas sirviendo. Esta llamada puede implicar que te sientas obligado a dar a los demás, lo cual puede ocasionar que no te tomes el tiempo a solas que necesitas en ocasiones, siendo el resultado el agotamiento por estrés y desgaste y el resentimiento. El truco para dominar la línea 2 de tu perfil es que encuentres el equilibrio adecuado entre el cuidado personal, la recuperación y estar en el mundo ejerciendo un impacto. Debes aprender a hacer todo ello.

Para reflexionar

- ¿Cuál es tu estrategia para regenerarte? ¿Qué necesitas para tener tiempo para ti?
- ¿Te estás escondiendo? ¿Estás evitando cumplir tu propósito? ¿Hay alguna medida audaz que debas adoptar para realizar tu aportación al mundo?

Afirmación

Estoy especialmente diseñado para responder a las necesidades de los demás. Percibo y siento lo que necesitan otras personas, y doy y comparto libremente. Para poder servir al mundo de la mejor manera, necesito tiempo a solas para recargarme e integrarme. Cuido de mí mismo, pues es esencial para que sea más capaz de dar a otras personas. Confío en que cuando me haya aislado para cuidar de mí mismo los demás me llamarán cuando sea el momento de servir nuevamente. Cuando me llamen, dispondré de los recursos que tenga que compartir con el mundo, porque me habré recuperado.

Línea 3: el experimentador

Las siguientes características están presentes en los perfiles que contienen la línea 3.

Propósito: explorar y experimentar posibilidades y compartir estas experiencias con otras personas con el fin de protegerlas y servirlas.

Necesidad: experimentar y probar cosas.

Impulsos: probar opciones para ver qué funciona y qué no; descubrir cómo mejorar las cosas a partir de la experiencia.

Miedo: fracasar.

Desafíos: permitirse experimentar y explorar para descubrir qué funciona y qué no; superar cualquier miedo a fallar.

Habilidades por dominar o expresar: experimentar y explorar sin miedo con el fin de descubrir qué funciona mejor; tomar conciencia de que los errores no son más que una parte del proceso de aprendizaje y de que se llega a la perfección a través de la experimentación.

Cuando falta equilibrio: la persona no prueba a hacer algo nuevo por miedo al fracaso o se juzga a sí misma por cometer demasiados errores.

El mantra de los perfiles que contienen la línea 3 es *probarlo todo*. Si tienes esta línea en tu perfil, tu energía te exige experimentar lo que sea que te interese antes de poder entenderlo realmente.

Las personas que tienen la línea 3 en su perfil aprenden a través de la experiencia; por medio de ella descubren qué es lo que funciona y qué es lo que no. Su energía es un gran recurso para el mundo, ya que comparten lo que han llegado a saber a partir de sus propias pruebas y exploraciones.

Si tienes esta línea, tu desafío es no juzgar tus experiencias y exploraciones como fracasos. En un mundo que espera la perfección, es fácil que sientas que siempre estás metiendo la pata. De niño, posiblemente tuviste muchas experiencias que no estuvieron a la altura de las expectativas de éxito de otras personas. El miedo a no cumplir con tales expectativas podría hacer que te abstuvieses de probar lo nuevo y desconectases de tu necesidad de explorar. Sin embargo, si permites que el miedo al fracaso te detenga, estarás bloqueando una parte vital de tu personalidad.

Estás aquí para experimentar, explorar y ampliar los límites de lo que es posible. No siempre vas a hacerlo bien la primera vez. Pero a base de explorar y experimentar puedes convertirte en un experto; puedes entender cómo solucionar problemas y encontrar las mejores formas de hacer que las cosas funcionen.

Tu experiencia te proporciona sabiduría y conocimientos para compartir. Tus exploraciones les brindan a otras personas la información que necesitan para tomar decisiones efectivas sobre una buena base. ¡Además, no tendrán que solucionar los problemas porque ya lo habrás hecho por ellas!

Para reflexionar

- ¿Te permites probar cosas nuevas? ¿Cómo te sientes cuando fallas la primera vez? ¿Te juzgas o te permites continuar trabajando para encontrar la solución?
- ¿Qué reacciones obtuviste frente a tus procesos creativos en el pasado? ¿Te estás reprimiendo a la hora de probar algo nuevo a causa de los juicios pasados de otras personas?
- ¿Cómo sería tu vida si te permitieras saciar tu implacable curiosidad y tu constante necesidad de explorar?

Afirmación

Soy un explorador. Mi curiosidad me inspira a probar todo tipo de cosas. Mis experiencias me enseñan lo que funciona y lo que no. Soy un experto que sabe mucho gracias a la experimentación y la exploración. Nunca he cometido un error en mi vida; todos mis experimentos fallidos son oportunidades de descubrir cómo hacer que un proceso sea más eficaz y eficiente. Soy una fuente de conocimiento para los demás. Me sirvo de mis experiencias para ayudar a otras personas a saber qué hacer.

Línea 4: el oportunista

Los perfiles que contienen la línea 4 presentan las siguientes características.

Propósito: construir y ser parte de una comunidad para preparar el camino para compartir y difundir ideas.

Necesidades: estabilidad y consistencia.

Impulsos: establecer el apoyo y las oportunidades necesarios para estar preparado para cualquier situación que pueda presentarse; tener siempre un plan de contingencia listo por si acaso.

Miedos: a la pérdida y a la incertidumbre.

Desafíos: aprender a lidiar con lo inesperado con confianza, buen talante y tranquilidad; saber que el conocimiento se presentará cuando sea el momento oportuno.

Habilidades por dominar o expresar: saber cómo hacer un cambio; estar preparado para el futuro; usar contactos y amistades para construir una red de oportunidades para sí mismo y para otros; ser una fuente de información.

Cuando falta equilibrio: se deja que el miedo a no saber y a la pérdida se vuelvan abrumadores; se tiene miedo de realizar cambios o afrontarlos.

La energía de los perfiles que contienen la línea 4 requiere la estabilidad de saber qué va a venir a continuación para afrontar los cambios en la vida. Una de las formas de referirse a la línea 4 es como el oportunista, pero esta palabra no tiene, en este caso, la connotación negativa a la que se la suele asociar. El oportunista de la línea 4 necesita conocer los detalles de lo que ocurrirá próximamente para que el proceso de cambio y transformación le resulte fácil.

Si tienes la línea 4 en el perfil, no te gusta dejar un empleo hasta tener otro esperándote. No quieres mudarte o vender tu casa hasta saber dónde vas a vivir a continuación. Encontrarte en un estado de incertidumbre puede resultarte muy inquietante. Por eso, a las personas que tienen la línea 4 en el perfil se les suele dar muy bien crear planes de contingencia constantemente, con el fin de estar preparadas para cualquier cambio inesperado que imponga la vida.

Tu punto fuerte si tu perfil contiene la línea 4 es la estabilidad. Eres digno de confianza, tus relaciones son profundas y haces los cambios reflexivamente, tras haber planificado mucho y haber resuelto los problemas pertinentes antes de emprender la acción. Los demás confían en ti y a menudo eres la persona a la que recurren en busca de apoyo y aliento. También sueles ser una fuente de información para tus amigos y familiares, porque siempre estás preparado para la próxima oportunidad potencial (o para el próximo desastre).

Saber en qué y en qué personas confiar es fundamental para la energía de tu línea 4. Te sientes seguro y tranquilo cuando estás rodeado de gente a la que conoces y en la que confías. Tus amistades tienden a durar mucho tiempo.

Los cambios repentinos e inesperados no siempre se pueden evitar; son parte de la vida. Tu desafío si tienes la línea 4 en el perfil es aprender a lidiar con el cambio con serenidad, incluso si no sabes qué te espera a continuación. Parte de tu lección de vida es aprender a fluir con el cambio sin tener siempre las respuestas que anhelas y no temer el proceso de cambio y transformación.

Tu capacidad para estar preparado para cualquier situación, cambio y circunstancia hace que seas una persona muy adaptable y que puedas surfear el cambio con facilidad y buen talante.

Para reflexionar

- ¿Cómo afrontas el cambio? ¿Confías en el proceso? ¿Haces los cambios con buen talante? ¿Qué proceso sigues para hacer cambios en tu vida?
- ¿Qué tipos de estabilidad necesitas para sentirte seguro en tu vida? ¿Tienes la base que precisas? ¿Tendrías que fortalecer esta base?
- ¿En qué personas confías? ¿En qué confías? ¿Qué necesitas hacer para tener unas relaciones más profundas y más confianza?

Afirmación

Necesito una base sólida y estable para mi vida. Me tomo mi tiempo y me preparo para lo que viene. Mis conocimientos, mi resiliencia y la confianza que genero ayudan a que otras personas confíen en mí y acudan a mí. La confianza es esencial para que me sienta seguro y sólido en mis relaciones. Tengo experiencia con el proceso de cambio, y mi experiencia sobre saber cómo manejar el cambio hace de mí una persona adaptable, incluso si no sé qué pasará a continuación. Me preparo para el cambio haciendo planes para todas las posibilidades. Necesito contar con planes para sentirme seguro en cuanto a mi capacidad de facilitar una transición fácil. Confío en que sabré lo que necesite saber cuando tenga que saberlo y sé cómo encontrar la información y generar las oportunidades que se requieren para hacer cambios con buena disposición.

Línea 5: el enseñante

Las siguientes características están presentes en los perfiles que contienen la línea 5.

Propósitos: enseñar, guiar e inspirar.
Necesidades: ser visto, escuchado y valorado realmente por los demás.
Impulsos: experimentar y aprender de la vida; compartir conocimientos con otras personas.
Miedo: no ser o sentirse verdaderamente visto o escuchado.

Desafíos: aprender a interpretar bien a las personas; entablar relaciones que reflejen la verdad y la valía propias; no dejar que el miedo a las proyecciones de los demás impida ser un líder y maestro inspirador.

Habilidades por dominar o expresar: la capacidad de reflejar a otros su potencial; liderar, enseñar e inspirar a otros a expresar su potencial.

Cuando falta equilibrio: el individuo se toma personalmente las proyecciones y expectativas de los demás; deja que el dolor del campo de proyección frustre su papel como líder, un papel que es natural en el enseñante.

La energía de la línea 5 perteneciente a un perfil es increíblemente poderosa. Si tienes esta energía, tu aura es irresistible; la gente se siente atraída por ti. Es posible que te encuentres con que a menudo se acercan a ti personas y te preguntan si te conocen de algo. Más que una pregunta destinada a seducirte, indica que tu campo energético es atractivo y que los demás se sienten atraídos hacia él.

Probablemente no estés haciendo nada para atraer a la gente hacia ti. De hecho, la mayoría de las personas que tienen la línea 5 en el perfil no quieren llamar la atención. Pero tu campo energético tiene un gran propósito, y atraer personas hacia ti es parte de él. Eres un líder y tu campo de energía les comunica a los demás que tienes las respuestas y la información que les hace falta, incluso si no saben exactamente qué es lo que necesitan de ti.

Tu energía presenta ciertas peculiaridades que te puede resultar difícil interpretar si no comprendes la naturaleza de tu propósito como perfil que contiene la línea 5. Tu campo energético es parecido a un espejo. Las personas ven en ti, o a través de su interacción contigo, lo que necesitan sanar en sí mismas. Esto se conoce como el *campo de proyección* en el ámbito del diseño humano.

El campo de proyección te predispone a encontrarte, a veces, en relaciones en las que las personas tienen fantasías o expectativas sobre tu forma de ser o lo que creen que prometiste o que puedes hacer.

Es probable que esto te haya ocasionado sorpresas y que incluso te haya suscitado tristeza a lo largo de la vida, ya que puede haberte dejado con la sensación de que nadie te ve o te entiende de verdad. El propósito de estas proyecciones es que quienes las albergan tengan la oportunidad de ver por sí mismos lo que necesitan sanar y de asumir la responsabilidad por ello.

Es fácil que el campo de proyección haga que las personas que tienen la línea 5 acaben por retraerse. El dolor resultante de haber sido objeto de proyección al no estar con la gente adecuada puede hacer que muchos perfiles que contienen la línea 5 se muestren muy cautelosos. Este aislamiento o esta desconexión pueden acrecentar el dolor derivado de no sentirse visto ni escuchado.

Si tienes la línea 5 en el perfil, es esencial que te asegures de elegir bien a aquellos con los que te relacionas. Cuando estás con las personas adecuadas, tienes una habilidad innata para ver sus dones y ayudarlas a manifestar su potencial. Tu habilidad para ver las posibilidades de los demás te convierte en un sanador y un líder. Tu energía los atrae hacia la visión que albergas en cuanto a sus posibilidades y tu sabiduría los ayuda a hacer el trabajo necesario para expandir su potencial. Necesitas estar con personas que estén dispuestas a ver tu campo de proyección como un espejo y que no te culpen ni tengan falsas expectativas en relación con lo que puedes hacer por ellas. Si formas parte de una comunidad de individuos que albergan unas expectativas falsas respecto a ti, debes valorarte lo suficiente como para establecer los límites apropiados y cambiar el carácter de tus relaciones.

Para reflexionar

- ¿Hasta qué punto te sientes cómodo o incómodo al ser visto y escuchado? ¿Te estás escondiendo?
- ¿Estás en relaciones y en una comunidad que te valoran a ti y que valoran tu sabiduría?

- Estás aquí para inspirar y guiar a los demás a hacer cosas: ¿qué tipo de cosas? ¿Y qué necesitas hacer para conectarte más sólidamente con tu amplia visión?

Afirmación

Soy un maestro, un líder y un sanador. A través de mis interacciones con los demás, revelo el potencial de las personas y les reflejo lo que deben hacer para sanar y alinearse, así como para cumplir su destino. Sostengo el espacio para este reflejo, el cual no es mi responsabilidad. Me comunico con claridad y de forma intencionada, porque sé que mis palabras son poderosas e influyen en los demás. Procuro elegir bien a las personas que me acompañan. Me rodeo de gente que conoce su propia valía y respeta la mía.

Línea 6: el modelo a seguir

Las siguientes características están presentes en los perfiles que contienen la línea 6. Ten en cuenta que esta línea está asociada a una trayectoria vital singular, que consta de tres fases muy diferentes.

Propósitos: experimentar, observar y aprender a vivir siendo auténtico; modelar en silencio la autenticidad para otras personas.

Necesidad: vivir en sintonía con el propio propósito de vida.

Impulso: hacer del mundo un lugar mejor.

Miedo: no cumplir el propio propósito de vida.

Desafíos:

En la primera fase, permitir la experimentación y la exploración para descubrir qué funciona y qué no; superar el miedo al fracaso.

En la segunda fase, tomarse tiempo para descansar, sanar, aprender, reflexionar y procesar las experiencias de la vida.

En la tercera fase, dejar que la inteligencia de la vida revele el siguiente paso que es oportuno dar para cumplir con el propósito de vida; recordar que cómo se vive la vida es más importante que lo que se logra.

Habilidades por dominar o expresar:

En la primera fase, experimentar y explorar sin miedo para descubrir qué funciona mejor; darse cuenta de que los errores solo son parte del proceso de aprendizaje experiencial y de que la perfección se encuentra a través de la experimentación.

En la segunda fase, integrar todos los conocimientos e ideas; darse cuenta de que este ciclo es esencial para el bienestar y tomarse tiempo para descansar, sanar, aprender y explorar el plano creativo; dominar la actitud confiada hacia el despliegue de la vida y los planes de la vida y entregarse a este despliegue.

En la tercera fase, vivir como un maestro de la forma de vivir alineada y auténtica; confiar en que el hecho de modelar para los demás lo que es vivir alineado y siendo implacablemente fiel a uno mismo tiene efectos profundos; mostrarle al mundo cómo vivir predicando con el ejemplo.

Cuando falta equilibrio:

En la primera fase, se evita probar algo nuevo por miedo al fracaso; se juzgan los errores.

En la segunda fase, la persona no descansa, sana o procesa debido a la presión de tener que hacer lo siguiente en la vida; fuerza demasiado y está sumida en el ajetreo, hasta acabar sufriendo agotamiento por estrés y desgaste.

En la tercera fase, la persona emplea su voluntad, su fuerza y sus maquinaciones mentales para imponer una posición de liderazgo; cree que el fin justifica los medios y no vive con integridad; cede ante el miedo al fracaso.

Cada una de estas fases es una parte esencial de tu proceso de maduración como perfil que contiene la línea 6 y necesaria para que puedas cumplir tu propósito de vida de ser un modelo en cuanto a vivir con autenticidad.

La primera fase de la vida se prolonga desde el nacimiento hasta los treinta años aproximadamente (hasta el primer retorno de Saturno). En esta fase, estás diseñado para experimentar y explorar la vida como los perfiles que contienen la línea 3. No puede decirse que cometas errores; solo tienes experiencias que te ayudarán a descubrir qué funciona y qué no.

La segunda fase tiene lugar entre los treinta y los cincuenta años. En ella, tienes varias tareas que realizar antes de estar listo para asumir plenamente tu identidad como modelo a seguir. A este segundo ciclo se le llama *estar en el tejado* en el campo del diseño humano.

Cuando estás en el tejado, te estás recuperando de las aventuras que viviste en la primera fase de tu vida. Estás observando y aprendiendo sobre lo que hacen otras personas para tener éxito y estás acumulando energía y descansando para estar listo para lanzarte a la tercera y última fase de tu vida.

La fase del tejado es un buen período para enfocarse e ir hacia dentro. Durante esta fase, tu energía podría ser bastante diferente de la que tenías en la juventud. Podrías sentir que no tienes tanta energía como cuando estabas en la veintena. Es posible que prefieras una velada tranquila en casa con buenos amigos a salir al mundo y probar algo nuevo. Las conversaciones triviales pueden resultarte difíciles en esta etapa.

A muchas personas cuyo perfil contiene la línea 6 les preocupa que puedan estar deprimidas o que puedan haber perdido habilidades durante esta fase. Acaso te sientas impulsado a hacer algo grande y audaz, pero al mismo tiempo podrías sentir que no tienes la energía necesaria o que nada parece funcionar como habías imaginado. Si no aprendes a relajarte y no te permites aceptar esta parte de tu ciclo de maduración, será muy fácil que te agobies y te agotes por esforzarte demasiado. Ten la seguridad de que las cosas mejorarán.

Tu tercera y última fase de la vida empieza alrededor de los cincuenta años, cuando abandonas el tejado y emerges como un modelo a seguir para los demás. En esta etapa, has experimentado lo que ha funcionado y lo que no, has aprendido y sanado, y ahora estás listo para mostrarles a los demás cómo estar en sintonía con su verdadero yo y vivir fieles a sí mismos.

Como perfil que contiene la línea 6, tienes un par de desafíos. Es fácil que sientas que no estás haciendo las cosas lo bastante rápido, que tus (malas) aventuras te están costando un tiempo precioso y que estás fallando en lo relativo a tu propósito de vida.

Durante la fase del tejado, la dificultad que afrontas es la sensación de no querer conectarte con el mundo y de no tener la energía necesaria para hacer lo que sientes que debes hacer para cumplir tu propósito. Por más difícil que te pueda parecer, lo más importante que debes hacer es aprender, estudiar y encontrar maneras de ser paciente. El objetivo de esta fase es que sanes y proceses tus experiencias pasadas y que te mantengas energéticamente fuerte para afrontar las etapas posteriores de tu vida. Muchas personas cuyo perfil contiene la línea 6 sienten mucha ansiedad y presión, especialmente entre los cuarenta y cinco y los cincuenta años. Para mantenerse saludables, quienes tienen la línea 6 y están en el tejado deben aceptar que su momento se está acercando, si bien deben llegar a su destino renovados, sanados y sabios. Si quieren forzar los tiempos, corren el riesgo de agotarse y ser incapaces de hacer lo que deben hacer cuando les llega el momento de tener un impacto.

La tercera y última fase es mucho menos difícil que las dos primeras, pero si la persona siente que no ha encontrado su propósito, la misma frustración que la ha perseguido toda su vida será aún más intensa y, tal vez, desesperante en esta etapa.

Si tu perfil contiene la línea 6, tienes mucho menos margen de maniobra en cuanto a tu destino, es decir, tienes un destino más fijo que algunos de los otros perfiles. Esto te proporciona un claro sentido de propósito que te ayuda a profundizar y dedicarte a cumplir la misión de tu vida. Tu energía te dota de un empuje que muchas personas querrían tener.

Por otra parte, es fundamental que recuerdes que el juego y la diversión son una parte trascendental del cultivo de la creatividad y la alegría. Vivir tu propósito es importante, pero encontrar el equilibrio entre salvar el mundo y disfrutar de tu vida es esencial para que puedas mantenerte vital y con energía.

Para reflexionar

- ¿Cómo te sientes acerca de experimentar y equivocarte? ¿Cómo te tomas la idea o el hecho de descansar? ¿Confías en que podrás cumplir tu propósito de vida cuando llegue el momento?
- ¿Qué significa para ti la integridad? ¿Qué significa para ti predicar con el ejemplo? ¿Estás viviendo fiel a ti mismo? ¿Qué tiene que cambiar para que tu vida sea coherente?
- ¿En qué fase de la vida te encuentras? ¿Estás en sintonía con esta fase? ¿Te estás resistiendo? ¿Qué debe cambiar para que estés en armonía?
- ¿Cómo estás gestionando tu miedo a fallar en el cumplimiento de la misión de tu vida? ¿Ves indicios de que sí estás cumpliendo este propósito en algunos aspectos?

Afirmación

Soy un modelo de lo que es vivir siendo fiel a uno mismo. El propósito de mi vida es ser la expresión plena e ilimitada de mi verdadero yo. Los demás me miran para ver qué es vivir siendo auténtico y con integridad. Mi vida me ha dado experiencia y sabiduría para mostrar a los demás cómo vivir en sintonía con el momento adecuado, la autoexpresión auténtica, la honestidad, la generosidad y el servicio al mundo. No hay nada que deba hacer a menos que se me llame a hacerlo. Por el solo hecho de ser yo mismo le muestro al mundo cómo vivir.

Conclusión

Cada línea de cada perfil está diseñada para apoyar a las demás. Hay que satisfacer las necesidades de las dos líneas para que ambas cumplan su propósito en el perfil. El objetivo general es cumplir siempre con el propósito de vida.

En teoría, el primer número del perfil proporciona la base para la expresión del segundo. Por ejemplo, el perfil 1/3 (el investigador/ experimentador) necesita contar con una base de información sólida antes de poder emprender la tarea de experimentar y explorar sus ideas.

En realidad, a menudo es difícil determinar cuál de las dos necesidades está en la base y cuál se está expresando. Además, a veces da la impresión de que algunos de los temas de las líneas del perfil están en desacuerdo entre sí. La verdad es que todas las cartas de diseño humano reflejan un grado de lucha interna. Estas luchas deben ser catalizadores del crecimiento en el camino de la vida. A veces, debemos ejercer presión contra partes propias; debemos luchar para encontrar el equilibrio entre todas las facetas del diamante que somos y descubrir formas de armonizar todas las partes de nosotros mismos. Si procedemos así, estaremos demostrando madurez y sabiduría.

¿La conclusión? Asegúrate de tomarte tiempo para satisfacer las necesidades asociadas a las dos líneas de tu perfil. Ello te ayudará a tomar decisiones buenas y sólidas y a sentirte seguro y alineado, lo que contribuirá a que cumplas tu propósito de vida.

Tu historia

Rellena los siguientes espacios en blanco con la información que has obtenido de tu carta de diseño humano:

Necesito, aprendo, comparto y soy cada vez más capaz de dar al mundo a través de _____ (la línea consciente de tu perfil). Necesito _____ (la línea inconsciente de tu perfil) para poder hacer esto.

Capítulo 4

TUS CENTROS ENERGÉTICOS

L a configuración de tus centros es única. Podemos compararla, haciendo una analogía, con un plano para el cableado eléctrico de tu casa. Cuando se construyó o remodeló tu casa, los electricistas siguieron un plano para tender el cableado que debía llevar la electricidad a las habitaciones. El plano muestra cuánta electricidad fluye hacia cada ubicación específica y dónde colocar los enchufes y las tomas.

Lo que no está dibujado en el plano es lo que vas a conectar a los enchufes y cómo vas a usar la electricidad en la cocina. El electricista no tiene por qué saber si vas a enchufar una licuadora o una tostadora.

Tu carta de diseño humano es como el plano eléctrico. Los centros son como los enchufes y las tomas de corriente. En tu plano puedes ver cómo fluye la energía, pero depende de ti explorar lo que vas a conectar y cómo servirte de la carta.

Los centros definidos

Como se mencionó en el capítulo uno, tus centros energéticos pueden ser definidos o indefinidos. Los que están coloreados en tu carta de diseño humano son definidos, lo que significa que llevas y experimentas estas energías todo el tiempo. Tus centros definidos representan partes de tu historia personal que explorarás, sobre las que aprenderás y que acabarás por compartir con los demás como parte del plan de estudios de tu vida. Tus centros definidos son parte de lo que has venido a compartir con el mundo.

¿Cuáles de tus centros son definidos? Escribe aquí cuáles son; seguidamente, coloréalos en la figura 35.

_____

_____

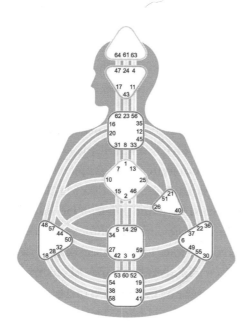

Figura 35: Gráfico corporal del diseño humano en blanco.

Los centros indefinidos

Los centros abiertos o indefinidos se muestran blancos en el gráfico del diseño humano. Absorbes la energía de los demás por ellos, y no solo eso; también la amplificas.

Debido a que experimentas la apertura de estos centros desde fuera de ti mismo, las energías que entran por ellos son siempre inconsistentes, y puedes pensar, erróneamente, que te pertenecen a ti y no a otras personas. Cuantos más centros abiertos tengas en tu gráfico, más sensible serás y más sabio te volverás en cuanto al potencial de la experiencia humana.

Los centros abiertos dan lugar a temas conductuales predecibles. Estos temas pueden hacer que adoptes patrones y hábitos contraproducentes que te impidan acceder a la sabiduría que brinda la apertura de estos centros. Estos temas también pueden hacer que actúes de maneras que no están en armonía con tu verdadero yo.

¿Cuáles de tus centros son indefinidos? Apúntalos aquí.

_____

_____

Procedamos a examinar, ahora, los distintos centros.

La energía del centro de la cabeza

El centro de la cabeza es el centro de las ideas y la inspiración. Regula esas ideas básicas, esas chispas de curiosidad y esas revelaciones que nos incitan a tratar de averiguar cómo convertir las ideas en realidad.

El propósito superior del centro de la cabeza es utilizar la inspiración para generar ideas. No tenemos que actuar a partir de nuestras reflexiones e inspiraciones, sino utilizarlas para mantenernos en un estado inspirado que nos prepare para explorar la realidad exterior con curiosidad y presencia.

Este centro está asociado al chakra de la corona, que representa la conexión entre nuestro yo humano y nuestro yo superior.

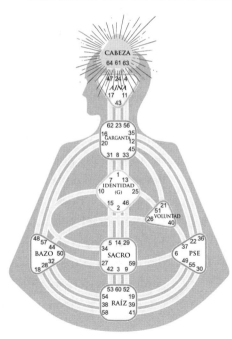

El centro de la cabeza definido

Si tienes definido el centro de la cabeza (figura 36), aparecerá en color amarillo en tu gráfico. En este caso, tu propósito de vida es, en parte, inspirar a otras personas. Esto no es algo que hagas de forma activa; sencillamente, albergas una energía que alienta a los demás.

Figura 36: El centro de la cabeza definido.

145

Dificultad

No hay dificultades asociadas al centro de la cabeza definido. Pero sé consciente de tu energía mental, debido al efecto que tiene sobre los demás.

Para reflexionar

- ¿Qué prácticas podrías cultivar para fomentar un estado mental alentador e inspirador?
- ¿Has advertido, en ocasiones, que tu presencia inspira a los demás?

Afirmación

Estoy inspirado y soy inspirador. Difundo inspiración allá adonde voy y comparto mis ideas con otras personas cuando me piden que lo haga.

Estoy aquí para hacerlo bien a la hora de inspirar a otros y compartir ideas.

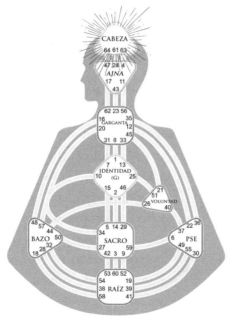

El centro de la cabeza indefinido

Si tu centro de la cabeza aparece en color blanco en tu gráfico, es que es un centro indefinido o abierto (figura 37). Este centro es uno de los dos que pueden conllevar presión en la vida si la persona los tiene abiertos (el otro es el centro raíz). El centro de la cabeza es indefinido en la mayoría de la gente. Si es tu caso, podrías estar bajo presión mental

Figura 37: El centro de la cabeza indefinido.

146

para tratar de descubrir cómo convertir en realidad las inspiraciones que estás amplificando.

El verdadero propósito del centro de la cabeza no es encontrar soluciones y respuestas, sino más bien acoger la inspiración para que nos sirvamos de ella para sentir emoción y expectación. La emoción que te despiertan tus sueños te programa para comenzar a buscar formas de cumplirlos en el mundo.

Todos los tipos del diseño humano deben esperar antes de crear lo que quieren en la vida. Los sueños que alberga tu centro de la cabeza abierto te inspiran a buscar en el mundo exterior el siguiente paso que pueda conducirte a hacer realidad tus ideas.

Desafío

Si tienes indefinido el centro de la cabeza, deberás procurar manejar con cuidado tus inspiraciones. El hecho de que tengas una idea no significa que debas trabajar para convertirla en realidad. El centro de la cabeza abierto necesita soñar y estar inspirado. Y la inspiración es una energía que requiere atención. Si tienes abierto el centro de la cabeza, lo que debes hacer es mantenerte inspirado, disfrutar y explorar tus inspiraciones, y confiar en que si tienes que materializar una inspiración aparecerá en tu vida el próximo paso apropiado, de acuerdo con la estrategia correspondiente a tu tipo.

¿La conclusión? ¡No tienes que encontrar respuestas!

Para reflexionar

- ¿Qué es lo que te inspira de verdad?
- ¿Te das tiempo para cultivar la inspiración? ¿Qué necesitas hacer para mantenerte inspirado?

Afirmación

Estoy profundamente inspirado todo el tiempo. Tengo claro qué es lo que me inspira realmente. Sigo la estrategia de mi tipo para orientarme a la hora de decidir qué debo hacer. Las preguntas que tengo en la cabeza son de otros. No tengo que responderlas todas; solo las que me emocionen de verdad. Estoy aquí para hacerlo bien a la hora de gestionar mis inspiraciones.

La energía del centro *ajna*

El centro *ajna* regula el pensamiento concreto. En él procesamos la información y la inspiración y las convertimos en posibilidades y pensamientos potencialmente ejecutables. Este centro también es el espacio en el que se almacenan la información, las creencias y los recuerdos.

Energía

Si el centro de la cabeza es aquel en el que recibimos las inspiraciones, el centro *ajna* es aquel en el que las traducimos en acción. Pero como ocurría con el centro de la cabeza, el hecho de que generemos posibilidades concretas no significa que tengamos que llevarlas a la práctica. El tiempo y la conciencia nos permiten saber cuándo podemos actuar a partir de nuestras ideas, y nuestras creencias y recuerdos influyen en cómo traducimos la inspiración en ideas.

El centro ajna *definido*

Si tienes definido el centro *ajna*, lo verás de color verde en tu gráfico (figura 38). El *ajna* definido tiene la capacidad de aferrarse a ideas y creencias fijas, y facilita que se recuerden las cosas.

El *ajna* definido puede estar asociado a una forma de pensar fija o rígida y puede ser el origen de enfrentamientos. De todos modos, el hecho de tener una forma de pensar fija y la capacidad de aferrarse a la información es, ante todo, una cualidad, ya que hace que nos resulte más fácil tener certeza en cuanto a lo que pensamos y en cuanto a nuestras ideas.

Dificultades

Si tienes definido el centro *ajna*, te cuesta ver las ideas desde distintos ángulos y necesitas ayuda para percibir nuevas perspectivas y posibilidades. Te puede resultar difícil cambiar de opinión, por lo que es esencial que te esfuerces por abrir la mente y escuchar realmente los puntos de vista de otras personas para estar más receptivo a las nuevas ideas.

También puede ser que te cueste cambiar de parecer si tienes una mentalidad negativa o creencias autolimitantes. Es posible que necesites un apoyo extra si trabajas para inculcarte nuevas creencias más saludables y que fomenten tu autoestima.

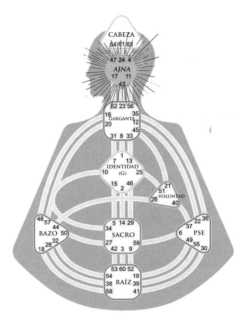

Figura 38: El centro *ajna* definido.

Para reflexionar

- ¿Te consideras una persona de mente abierta? ¿Qué puedes hacer para estar más receptivo a las nuevas ideas y a los pensamientos de los demás?
- ¿Crees que puedes gozar de abundancia, salud, felicidad y autoestima? ¿Tienes unas creencias alentadoras y reconfortantes? ¿Cómo podrías cultivar una imagen de ti mismo más amorosa y amable?

Afirmación

Soy amable con mi forma de pensar y siempre recuerdo que la información puede interpretarse de muchas maneras. Se me da muy bien albergar certezas. Escucho atentamente los pensamientos de los demás y me permito pensar sin límites, con buen talante.

Estoy aquí para manejar bien mi pensamiento y mis capacidades.

El centro ajna indefinido

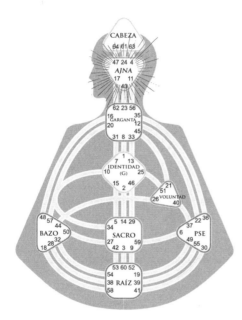

Si tienes abierto el centro *ajna*, tienes la capacidad de ver las informaciones, los sistemas de creencias y los pensamientos desde múltiples perspectivas (figura 39). Tus pensamientos e ideas pueden proporcionar un gran alivio a otras personas, ya que las ayudan a ampliar la visión de lo que es posible en su vida. (Esto es así, sobre todo, con aquellos que hay en tu vida que tienen definido el centro *ajna*).

Figura 39: El centro *ajna* indefinido.

Dificultad

Lo difícil si se tiene abierto el centro *ajna* es permitirse fluir con las perspectivas cambiantes. Estamos condicionados a usar la mente para obtener respuestas y estar seguros de lo que sabemos. Sin embargo, deberíamos tener la mente abierta. El propósito de la mente es ver *posibilidades*, no determinar verdades absolutas. Si te sientes presionado a aferrarte a una idea o creencia fija, date un poco de espacio y permite que tus pensamientos evolucionen y cambien.

Para reflexionar

- ¿Te sientes presionado a tener certezas? ¿Te resulta estresante tomar decisiones?
- ¿Te cuesta convencer a los demás (o incluso convencerte a ti mismo) de que estás seguro de algo?
- ¿Esperas para compartir tus pensamientos y opiniones?
- ¿Cómo te hace sentir el hecho de jugar con los pensamientos en tu cabeza frente a tratar de meterlos por la fuerza en una caja (metafórica)?

Afirmación

Tengo una actitud sabia frente a la información y las creencias. Tengo el don de poder ver muchos lados de las cuestiones y de tener muchas percepciones diferentes, fluidas y que cambian todo el tiempo. No tengo que decidirme. Siempre escribo aquello que quiero recordar.

Estoy aquí para manejar bien la información y las perspectivas.

La energía del centro de la garganta

El centro de la garganta alberga la energía necesaria tanto para la comunicación como para la manifestación. Para manifestar lo que queremos en el mundo, debemos poder hablar de ello. El centro de la garganta ayuda a regular la energía del resto del gráfico para que podamos hablar e iniciar la acción de una manera que nos ayude a cumplir nuestro propósito.

Las palabras generan una plantilla de posibilidad para la acción. Cuando ponemos palabras a una idea, comienza el proceso por el que puede convertirse en una realidad. Cuando le dices a tu pareja que te gustaría ir al cine, se acaba de abrir la posibilidad de que esta idea se traduzca en una tarde de entretenimiento y diversión.

Curiosamente, el centro de la garganta está asociado fisiológicamente a las glándulas tiroides y paratiroides, que desempeñan un papel clave en la regulación del crecimiento y el desarrollo. Esto significa que cuando no usamos la energía del centro de la garganta de acuerdo con nuestro diseño humano, no solo vamos en contra del fluir natural de la energía, sino que además corremos el riesgo de agotarnos debido al estrés y el desgaste.

Piensa en ello de esta forma: si tratas de llevar tus ideas al mundo de la manera incorrecta ante las personas equivocadas, te esforzarás más por obtener atención y reconocimiento. Este esfuerzo puede hacer que te pases la vida tratando de llamar la atención, cualquier tipo de atención, con el único fin de sentir que te ven y te escuchan. El uso correcto de la energía del centro de la garganta te ayuda a saber cómo y cuándo comunicar a los demás que el momento es el apropiado para ti; valoras lo suficiente lo que tienes que decir como para no decírselo a las personas equivocadas; y no desperdicias tu energía tratando de llamar la atención de gente que no te valora, de maneras equivocadas o en momentos inoportunos.

El centro de la garganta definido

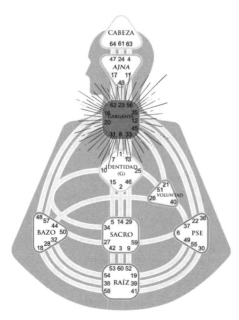

El centro de la garganta es el cuadrado superior del gráfico del torso, y se muestra de color marrón si es definido (figura 40).

Si tienes definido el centro de la garganta, te encuentras entre la gran mayoría que tiene una forma constante de comunicarse y manifestar. Las puertas o los canales con los que está conectado este centro te ayudarán a saber cómo usar mejor tu energía para hablar y crear y te dirán mucho sobre aquello de lo que

Figura 40: El centro de la garganta definido.

es pertinente que hables con los demás. Dos aspectos clave a la hora de usar el centro de la garganta definido están determinados por si este centro está conectado o no a un centro motor.

Iniciar frente a esperar

Si tu centro de la garganta está conectado a un centro motor (el sacro, la voluntad, el plexo solar emocional [PSE] o el centro raíz), eres un manifestador o un generador manifestante, y podrás iniciar conversaciones y emprender acciones (figura 41). Esto significa que puedes entablar una conversación con alguien en el supermercado o en el parque. La clave es que te asegures de usar la estrategia y la autoridad que te corresponden según tu diseño para que te ayuden a determinar cuándo es el momento oportuno y el lugar adecuado para compartir.

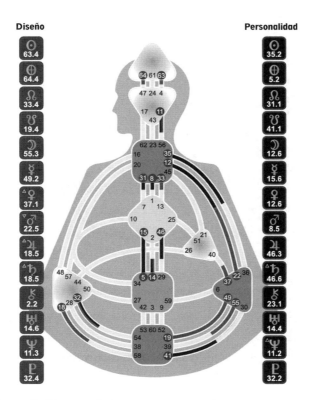

Figura 41: El centro de la gartanta conectado a un centro motor.

Si tu centro de la garganta está conectado a un centro no motor (*ajna*, el centro G o el bazo), te va mejor cuando esperas a obtener reconocimiento o una invitación para hablar (figura 42). Por lo tanto, aunque tu forma de comunicarte sea consistente, debes esperar el momento adecuado para compartir. En caso contrario, corres el riesgo de sentirte ignorado o incomprendido, o de alejar a la otra persona.

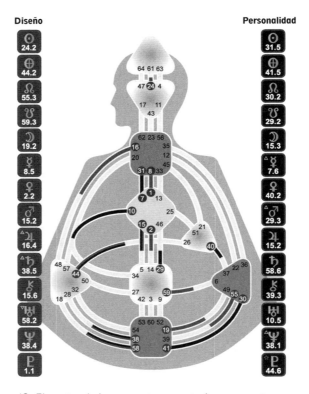

Figura 42: El centro de la garganta conectado a un centro no motor.

De qué hablar

Aquello de lo que has venido a hablar en este mundo también está determinado por la conexión que presenta tu centro de la garganta, por lo que vamos a explorar cada una de las posibilidades.

Conexión con el centro ajna*:* puedes decir lo que piensas. Pero recuerda que esta es una configuración que requiere ser reconocido o invitado. Piensa en cómo se sienten los demás cuando alguien manifiesta su opinión o sus creencias sin que nadie le haya pedido que lo haga. Tienes que asegurarte de que los demás están preparados para recibir tus ideas antes de compartirlas.

Conexión con el centro del bazo: puedes hablar de cuestiones físicas que te afecten y de tus intuiciones. Esta también es una configuración que requiere una invitación o un reconocimiento antes de compartir. Puede resultar agotador o desalentador hablar de los propios problemas físicos o de percepciones intuitivas profundas si la otra persona no está preparada para ello.

Conexión con el centro G: todo lo que dices viene directamente de lo más profundo de tu ser. Tus palabras expresan lo que eres. Esta es otra configuración en la que uno tiene que ser reconocido o invitado a hablar antes de hacerlo, porque compartir desde un lugar tan sensible requiere vulnerabilidad. Las críticas y los juicios pueden resultarte muy dolorosos y pueden hacerte perder las ganas de manifestarte tal como eres. Si te ha ocurrido esto, un *coach* de vida o una persona que te apoye podrían ayudarte a sentirte listo para compartir de nuevo.

Conexión con el centro de la voluntad: dices «yo» a menudo y hablas de ti mismo con frecuencia, ¡y eso está bien! Aunque muchas personas puedan pensar que quienes hablan de sí mismos son egocéntricos o engreídos, lo cual puede ser, también existe la posibilidad de que esta expresión esté asociada a un servicio profundo. Cuando te expresas en primera persona para servir a la comunidad, tu voz puede ser la de un líder y puede ofrecer sostén.

Conexión con el plexo solar emocional: puedes expresar fácilmente tus emociones, tanto pasadas como presentes.

Conexión con el centro raíz: puedes hablar de lo que te impulsa y motiva, es decir, de lo que vas a hacer, lo que quieres hacer o lo que podrías hacer.

Conexión con el centro sacro: puedes hablar tanto de tu trabajo como de tus relaciones. Tu comunicación y tu manifestación están directamente vinculadas a la energía de tu fuerza vital. Eres un generador manifestante.

Desafío

Saber de qué has venido a hablar a este mundo y cuándo compartirlo puede ayudarte a comunicarte y a manifestar de manera efectiva. Esto es importante, porque incluso teniendo definido el centro de la garganta puedes experimentar desgaste si no usas bien tu energía. Si fuerzas cuando deberías esperar o si esperas cuando deberías actuar, corres el riesgo de estresar y desgastar tus glándulas tiroides y paratiroides. Por lo tanto, asegúrate de cuidar tu voz. Es demasiado preciosa para usarla sin conciencia.

Para reflexionar

* ¿De qué deberías hablar con los demás?
* ¿Te sientes cómodo esperando el momento adecuado para hablar?

Afirmación

Hablo con gran responsabilidad y conozco la verdadera esencia de mis palabras. Dejo que las otras personas tengan voz y uso mis palabras para invitar a otros a compartir.

Estoy aquí para manejarme bien con la esencia de las palabras.

El centro de la garganta indefinido

Si tu centro de la garganta es indefinido, tienes la capacidad natural de satisfacer las necesidades de las personas con las que hablas a través de la comunicación (figura 43). El hecho de tener abierto este centro te proporciona adaptabilidad y fluidez. La experiencia personal que tienes con todas las formas en que los demás hablan y comparten información te aporta una profunda sabiduría en cuanto a las maneras de comunicarte mejor. También te otorga la capacidad innata de cambiar tu forma de comunicarte, según con quién estés.

Oprah Winfrey constituye un gran ejemplo de esta energía en acción. Su centro de la garganta es indefinido y esto le sirve, en las entrevistas, para satisfacer las necesidades del entrevistado, y cuando está en el escenario se convierte en la voz de la sala. Los individuos que tienen abierto el centro de la garganta también pueden ser excelentes oradores, cantantes, estudiantes de idiomas extranjeros e imitadores o ventrílocuos.

Si tienes el centro de la garganta abierto y eres un líder o un maestro, tienes la capacidad de ser la voz de tu grupo u organización.

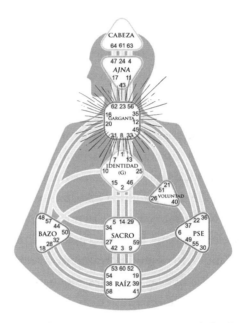

Dificultad

A menudo, las personas que tienen abierto el centro de la garganta tienen problemas para ser escuchadas. En su esfuerzo por obtener reconocimiento y atención, pueden hablar repetidamente sin que nadie las escuche realmente. Cuando están en un

Figura 43: El centro de la garganta indefinido.

entorno grupal, pueden sentirse presionadas a hablar y hacerlo sin saber qué están diciendo. O pueden sentirse presionadas a hacer alguna otra cosa para obtener atención. Si has experimentado algo de esto, la comunicación podría resultarte extremadamente dolorosa. A veces podrías sentirte invisible, como si nadie te estuviera escuchando; o podrías sentir que los demás interpretan mal lo que estás diciendo.

Aunque pueda parecer contradictorio, la energía del centro de la garganta abierto se expresa mejor cuando la persona está en silencio y espera a que alguien la reconozca o la invite a hablar. Para manifestarte y comunicarte correctamente, necesitas que otras personas promuevan la comunicación. Se requiere confianza en uno mismo y en que llegará el momento adecuado para esperar en silencio a que alguien nos pida que compartamos algo. Esto es especialmente aplicable en la sociedad occidental, en la que se nos enseña a expresar nuestra opinión y pronunciarnos.

Cuando esperas en silencio, estás cultivando una sabiduría especial. Una vez que obtienes reconocimiento o recibes una invitación, sabes que estás con personas a las que podrás apoyar con lo que digas y con tu forma de decirlo. A menudo te comentarán que lo que acabas de decir era justamente lo que necesitaban oír.

Si te has estado forzando a hablar o iniciar conversaciones sin haber obtenido reconocimiento, es posible que te enfrentes a los problemas de tiroides o paratiroides mencionados anteriormente. También podrías encontrarte con que tu voz se vuelve ronca después de usarla de esta manera. O podrías sentir que nadie te escucha o que no puedes comunicarte de forma tan efectiva como otras personas. Pero lo cierto es que tienes la capacidad de influir mucho en los demás y de apoyarlos significativamente a través de tu comunicación cuando esperas a que las personas adecuadas reconozcan tu brillantez. Por lo tanto, comienza a practicar el silencio y aguarda a ver qué se manifiesta.

Para reflexionar

- ¿Tratas de llamar la atención, quizá de maneras inapropiadas, para que te escuchen?
- ¿Cómo te hace sentir el hecho de estar en silencio? ¿Estás dispuesto a confiar y valorarte lo suficiente como para esperar hasta que los demás estén listos para compartir tus pensamientos?

Afirmación

Mis palabras se escuchan mejor cuando me invitan a hablar. Guardo mis palabras para quienes realmente desean escuchar mis puntos de vista y mis ideas. Espero a que las personas adecuadas me pregunten y valoren mis palabras. Estoy aquí para manejar bien la comunicación y la acción.

La energía del centro G

El centro G contiene la energía para el amor, la dirección y el yo. Todo el mundo entiende lo que significa amar y ser amado, según las puertas del centro G. (Esto es aplicable independientemente de que el centro G sea definido o indefinido). Tu sintonía con el amor afina la dirección de tu vida y la expresión de ti mismo.

Atraes las oportunidades y experiencias que se convierten en el rumbo que toma tu vida según la energía presente en tu centro G. Además, puedes influir en la dirección de tu vida y en tu sentido del yo cultivando un mayor amor hacia ti mismo y los demás.

El centro G definido

La forma de diamante que se encuentra en el medio del gráfico es el centro G. Si es definido, se muestra en color amarillo (figura 44).

Si tienes definido el centro G, como el cincuenta por ciento de la población aproximadamente, te sientes a ti mismo y sientes tu dirección en la vida como relativamente fijos. Aunque creces y evolucionas, tu identidad central se mantiene constante. Tanto si estás con

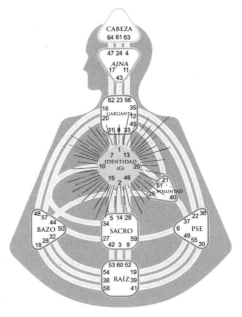

Figura 44: El centro G definido.

tu mejor amigo como con tu jefe, tanto si estás en casa como de vacaciones o tanto si Mercurio está retrógrado como si no, eres quien eres. Ciertamente, puedes recibir la influencia de otras personas en tu vida, pero no asumes su identidad.

Tu dirección en la vida también es fija, de algún modo. Esto no significa que no tengas opciones; las tienes. Significa que estás aquí para experimentar la vida de una determinada manera y que habrá pocas variaciones a este respecto. Puedes experimentar con experiencias, pero la esencia de quién eres y la dirección en la que vas seguirán siendo las mismas. Piensa en ello de esta manera: si la vida es un gran bufé y tu centro G es definido, es como si solo pudieras pedir el menú.

A menudo, las personas que tienen el centro G definido se sienten muy cómodas y felices haciendo una cosa (o una versión de esa cosa) toda su vida, y eso está perfectamente bien. La conciencia de que uno está esencialmente en su camino puede ser bastante liberadora; así, uno puede aceptar las experiencias que se le presenten sabiendo que lo están haciendo avanzar en la dirección en la que debe ir su vida.

Dificultad

Como tu sentido del yo es consistente y fijo, te puede costar sentirte amado y aceptado tal como eres, sobre todo si tienes dificultades para amarte y aceptarte a ti mismo. Te será difícil no ser auténtico, por lo que es importante que te valores y ames tal como eres. Trabajar con un especialista en diseño humano u otra persona que pueda brindarte apoyo podrá ayudarte a cambiar tu relación contigo mismo si tienes dificultades con la autoestima o la autoaceptación.

Si construyes una relación profunda y amorosa contigo mismo, tu sentido de la identidad estará más alineado y la dirección de tu vida se desplegará en consonancia con ello.

Para reflexionar

- ¿Te amas y aceptas? ¿Qué es lo que más te gusta de ti?
- ¿Qué te han enseñado sobre ti mismo las experiencias de la vida?

Afirmación

Soy quien soy. Me expreso en todo lo que hago. Celebro la magnificencia de lo que soy.

Estoy aquí para manejar bien la expresión del yo.

El centro G indefinido

Si tienes abierto el centro G, tus experiencias del amor, la dirección y la autoidentidad son maleables y variables (figura 45). Tomas estas energías de otras personas (sus experiencias de vida, sus heridas y dolores, su sentido del yo, lo dignas de amor y merecedoras que son) y las amplificas. ¡Eres increíblemente sensible a los demás!

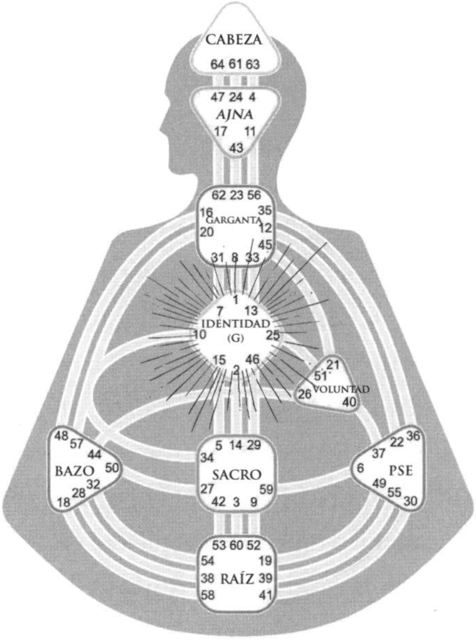

Figura 45: El centro G indefinido.

Dificultades

Tu sensibilidad puede llevarte a cuestionar que seas digno de amor y tu autenticidad. Podrías sentir que los demás no te entienden o que no eres auténtico porque actúas de maneras diferentes según la persona con la que estás. Te podría resultar difícil saber qué identidad es la tuya entre las muchas que encuentras a lo largo de tu vida.

161

También podrías sentir que te fusionas con aquellos con los que tienes una relación, porque los experimentas muy profundamente. Esto es especialmente complicado porque te resulta fácil ver el potencial de los demás y te enamoras de casi cualquier persona a la que conoces. Es importante que establezcas unos buenos límites y que elijas tus relaciones en función de lo que alguien hace realmente en comparación con el potencial que ves en ese individuo.

En cuanto a la dirección de tu vida, puedes sentirte abrumado y experimentar que te falta claridad porque el camino de tu vida es cambiante. Las personas que tienen abierto el centro G suelen sentir que no pueden encontrar su propósito de vida o tienen dificultades para saber qué camino tomar. Lo importante que se debe recordar es que no es tan relevante la dirección que tomes como lo que aprendas de cualquier dirección que elijas. La libertad está disponible en la abundancia de opciones.

Si tienes abierto el centro G, aprendes sobre la vida y tu camino en la vida probando muchas opciones diferentes. Precisamente a través de las experiencias vas descubriendo lo que te gusta y lo que te resuena. Cuando sabes lo que te gusta, comienzas a definir por ti mismo lo que significa estar en paz con tu forma de ser.

Uno de los aspectos cruciales para que puedas gestionar estas sensibilidades es encontrar el entorno apropiado y las personas adecuadas para ti. Si estás en el entorno equivocado, podrías experimentar tensiones en todas las parcelas de tu vida. Podrías sentir que tienes citas con las personas equivocadas, que las oportunidades de crecimiento son escasas o que tu ímpetu se ha detenido. Estas sensaciones son tu brújula interior. Si te sientes estancado, asegúrate de que tu entorno físico sea el apropiado; y cuando digo «entorno» me refiero a todo, desde el lugar en el que está ubicada tu cama en tu habitación hasta la ciudad y el país donde vives.

Si no te sientes bien en tu entorno, el lugar en el que te encuentras se te ha quedado pequeño y es hora de afrontar un cambio. Al cambiar tu lugar de residencia, la ubicación de tu escritorio o las personas de las que te rodeas, ajustas la dirección de tu vida y tu sentido del yo. Hacer un gran cambio en tu entorno físico, de acuerdo con tu tipo y tu estrategia, puede cambiar las reglas del juego, porque te abrirá a oportunidades, experiencias y personas que te apoyarán en tu trayectoria vital.

Si estás en el entorno adecuado, puedes expresar con mayor facilidad tu sabiduría relativa al amor, la identidad y la dirección, porque estás amplificando los valores coherentes y la integridad que te rodean. Cuando aprendes a amarte a ti mismo, independientemente de cómo te muestres ese día, estás viviendo la máxima expresión de esta energía. Cuando aprendas las lecciones relativas a sentirte muy a gusto contigo mismo y a amarte (lo cual incluye amar las partes de ti que parecen fluidas y cambiantes), podrás ofrecer el regalo invaluable de la autoestima y la autoaceptación a los demás; los ayudarás a sentirse vistos y amados por lo que realmente son.

Para reflexionar

- ¿Te hace sentir bien y te motiva tu entorno actual o es hora de hacer un cambio?
- ¿Sientes que las personas con las que estás te quieren y te prestan atención? ¿Reflejan los mismos valores que tienes tú estas personas?

Afirmación

La forma en que me experimento a mí mismo cambia en función de las personas que tengo alrededor. Por eso, elijo rodearme de gente que me haga sentir bien. El lugar es muy importante para mí y creo un entorno agradable. Cuando estoy en el lugar correcto, se me presentan las oportunidades adecuadas.

Estoy aquí para manejar bien el amor, la autenticidad y la dirección.

La energía del centro de la voluntad

El centro de la voluntad es el espacio en el que experimentamos la manifestación física de la conversión del valor en forma. Este es el centro que regula la energía del dinero, las posesiones, los recursos y los intercambios comerciales. Es un centro energético muy material que se presta a medir el valor en función de las cosas y los números. Bajo el influjo de esta energía, determinamos nuestro valor según la cantidad de dinero o posesiones que tenemos.

Una forma de entender estas energías y cómo trabajan juntas es a través del concepto de resistencia. Para seguir generando recursos y bienes materiales, necesitamos estar imbuidos de una energía duradera, que podamos mantener. Para tener una energía sostenible, debemos descansar. Para poder descansar, debemos creer que nuestra contribución al mundo es tan valiosa que somos dignos de descansar lo suficiente para mantenerla. Si hay algo que no esté bien en este ciclo, nos forzamos a seguir adelante con una energía insuficiente, y puede muy bien ser que suframos un estrés y un desgaste que nos lleven al agotamiento.

Algo que vale la pena resaltar en cuanto al centro de la voluntad es que opera a través de ciclos. Por lo tanto, aunque podamos manifestar en el plano físico, no tendremos la energía para seguir haciéndolo si no nos detenemos regularmente y nos recuperamos parando y haciendo algo que nos sirva para relajarnos y descansar.

Curiosamente, este centro también tiene un lado místico, lo que nos ayuda a comprender mejor el ego. Cada uno de nosotros tenemos un ego (o yo humano) diferenciado; en virtud de esta diferenciación, cada uno somos una pieza del mismo puzle y tenemos que hacer muy bien nuestra parte para estar al servicio del bien común. Nos corresponde rendir nuestro ego y partir de nuestra singularidad para contribuir al bienestar de los demás. Formas de hacerlo pueden ser apoyar a otras personas en los aspectos económico y material, y de otras maneras, como pueden ser impartir conocimientos o suministrar agua y aire limpios. Cuando ponemos las energías del centro de la voluntad (como el dinero, las cosas de valor, el ego, la fuerza de voluntad, etc.) al servicio de algo superior a nosotros mismos, hacemos que nuestra vida individual sirva para mejorar la de los demás.

El centro de la voluntad definido

El centro de la voluntad es· el triángulo pequeño situado justo a la derecha del centro G, que tiene forma de diamante (figura 46). El centro de la voluntad se muestra de color rojo si es definido. Solo unas pocas personas, alrededor del doce por ciento de la población, tienen definido este centro.

Si tienes definido el centro de la voluntad, puedes acceder a la fuerza de voluntad en todo momento y, en consecuencia, debes aprender a «hacer el esfuerzo de descansar». Para usar esta energía de una manera inteligente y poder mantenerla, debes estar atento a la necesidad que tienes de pasar por ciclos de descanso. Como la fuerza de voluntad está siempre a tu disposición, puedes sortear el deseo de tomarte descansos; ahora bien, si no atiendes a este deseo repetidamente, acabarás agotado, y tus sistemas inmunitario o digestivo podrían sufrir daños.

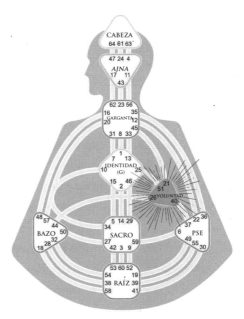

Figura 46: El centro de la voluntad definido.

Estás aquí para empoderar a los demás. Puedes hacerlo impartiendo conocimientos o compartiendo recursos, o hablando de tu experiencia o manifestando tu opinión. Es muy posible que tengas la tendencia de hablar en primera persona, lo cual tiene que ver con el aspecto egoico del centro de la voluntad: estás diseñado para hablar de ti mismo. Este comportamiento no tiene por qué ser egoísta; al hablar desde tu ego personal, estás prestando un servicio a los demás de alguna manera, siempre que sepas escuchar y tengas una actitud desinteresada.

Estás aquí para traer cosas al plano material. Puede tratarse de dinero, sí, pero también de otros recursos valiosos, como alimentos, vivienda o información. Es posible que estés muy conectado a las cosas materiales y que cuides bien de lo que posees; incluso puede ser que ames tus cosas. Muchas personas que se encuentran en un camino espiritual pueden sentirse incómodas manteniendo este tipo de relación con la energía que tiene que ver con el ego, el dinero y las posesiones materiales.

Dificultad

Lo primero que les pregunto siempre a las personas que tienen definido el centro de la voluntad es si descansan lo suficiente. Es importante tener en cuenta que este descanso debe consistir en desconectar realmente; no se trata de relajarse en una hamaca escuchando libros de autoayuda o revisando mentalmente el estado de nuestra economía. Aunque tengas definido el centro de la voluntad, estás diseñado para descansar y, por lo tanto, debes descansar de verdad. Si no estás descansando lo suficiente, averigua a qué se debe. Para descansar de verdad, debes creer que lo mereces.

Cuando recuerdes que estás aquí para servir a los demás con tu expresión humana única, será natural para ti emplear tu vida y tus recursos para empoderar a otras personas.

Para reflexionar

- ¿Estás descansando lo necesario? ¿Te valoras lo suficiente como para tomarte tiempo libre y recargar las pilas?
- ¿De qué maneras estás sirviendo a los demás?

Afirmación

Para mí es importante descansar. El descanso me permite reponer mi fuerza de voluntad. Cumplo las promesas que hago y entiendo que los demás esperen que las cumpla. No soy excesivamente exigente con los demás. No todo el mundo puede hacer lo que yo hago.

Estoy aquí para hacerlo bien a la hora de medir el valor y empoderar a los demás.

El centro de la voluntad indefinido

Si tienes abierto el centro de la voluntad, estás aquí para adquirir sabiduría en cuanto a lo que es verdaderamente valioso en la vida (figura 47). ¡Descubrirás que no tiene nada que ver con las cuestiones materiales!

Dificultades

El tema más importante para las personas que tienen abierto el centro de la voluntad es el cuestionamiento de su propia valía. La autoestima se aloja en esta parte del gráfico, y po-

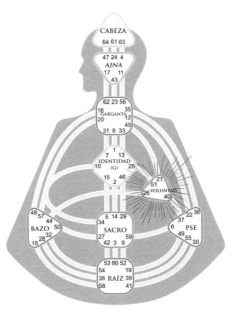

Figura 47: El centro de la voluntad indefinido.

drías tener el impulso de demostrarte algo a este respecto. Podría aterrorizarte la idea de no tener valía o podrías sentir que no se te valora en una relación o en algún otro ámbito. También podría ser que subestimases contribuciones concretas que efectúas o incluso la totalidad de tu trabajo. Por ejemplo, las personas que trabajan en el sector de los servicios suelen subestimar el valor de lo que ofrecen y creen que no cobran lo que deberían.

También podría ser que tuvieses tendencia a ignorar tu necesidad de descansar. Vivimos en una sociedad que está obsesionada con trabajar más duro para lograr mejores resultados, a pesar de que la mayoría de nosotros no tenemos la capacidad de mantener este ritmo frenético. Puedes quedarte atrapado en la idea de que si no dejas de trabajar acabarás por demostrar lo bueno, fuerte, capaz, inteligente o valioso que eres. Pero lo cierto es que eres un ser valioso y digno por naturaleza. Cuando vives desde esta convicción, reconoces tu necesidad de descanso y te valoras lo suficiente como para detenerte. Cuando descansas, tu capacidad de ofrecer tu valor a los demás aumenta.

De hecho, eres tan valioso que debes cuidarte para poder contribuir a la expansión, el desarrollo y la evolución del mundo con mayor eficacia. Mereces tener una cuenta de ahorro, cobrar lo suficiente por tus servicios y restablecer tu energía, porque eres una versión mejor de ti mismo cuando te permites todo ello.

Para reflexionar

- ¿Hay algo que estés tratando de demostrar?
- ¿Crees que eres valioso y merecedor por naturaleza?
- ¿Descansas lo suficiente?

Afirmación

A la hora de llegar a acuerdos, me baso en mi estrategia del diseño humano. Cuando prometo algo o me comprometo con algo, lo hago a conciencia. No tengo nada que probar y me valoro profundamente. Pido, sin miedo, que me paguen lo que merezco. Estoy aquí para llevar bien la autoestima y el sentimiento de valía.

La energía del plexo solar emocional

Como probablemente habrás adivinado, este centro tiene que ver con las emociones, que son frecuencias energéticas que fluyen de manera natural. En este centro albergamos la energía que nos hace humanos. Ningún otro animal tiene la capacidad de crear intencionadamente de la manera en que lo hacen los humanos. Este centro es responsable de todos los arquetipos que asociamos con la creatividad, como el romanticismo, la pasión, la poesía, el sexo, la dicha espiritual, la intimidad, la imaginación, la relación con la naturaleza y el orden divino, y la capacidad de tener nuevas experiencias humanas. En el lado oscuro, este centro también es responsable de la guerra, el caos y la melancolía.

Por su propia naturaleza, las emociones van y vienen. Por fortuna, tienes la capacidad de cambiar estas frecuencias energéticas utilizando la concentración y la atención. Lo más importante que debes entender es que tienes la capacidad de influir en tu energía emocional y de trabajar con ella utilizando el poder de tu mente.

Cuando aprendes a permitir, aceptar y acoger tanto las luces como las sombras de esta ola de

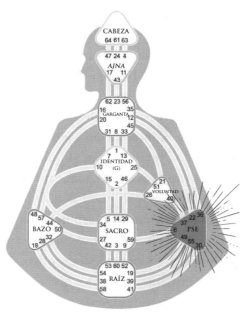

Figura 48: El plexo solar emocional definido.

energía inherente a ti, puedes elegir crear con un propósito. El curso que seguirá este proceso dependerá de dónde pongas la atención.

Por ejemplo, si estás triste, podrías preguntarte qué está mal en ti y pensar que no vales nada porque has cometido un gran error o centrarte en lo mal que te sientes. Cada uno de estos procesos de pensamiento lleva tu atención a vibraciones más bajas, con el resultado de que te sientes aún más triste durante períodos más largos. Por otro lado, si sientes una tristeza profunda y reconoces este estado como una señal de que debes cuidar de ti, profundizar y confiar en la abundancia y la bondad inherentes a la vida, te encontrarás con que estás triste menos tiempo.

Saber cómo está configurado este centro en tu gráfico puede ayudarte a regular la energía emocional y a utilizarla de una manera más intencionada y proactiva en lugar de limitarte a reaccionar.

El plexo solar emocional definido

El centro *plexo solar emocional* (PSE) es el triángulo que se encuentra en el extremo derecho del gráfico (figura 48). Si es definido, se muestra en color marrón. La mitad de la población tiene definido el PSE.

Si tienes definido el plexo solar emocional, forma parte de tu naturaleza experimentar la vida, en el aspecto emocional, a través de ciclos u olas. Estás diseñado para experimentar etapas internas de reflexión, integración y expresión creativa (a menudo, estas experiencias corresponden al punto bajo de la ola), así como etapas de creatividad externas, más expresivas, en las que compartes lo que sabes y expresas lo que has sentido o experimentado (a menudo, estas experiencias corresponden al punto alto de la ola). Hay períodos en los que te sientes bien, inspirado, alegre y esperanzado, y períodos en los que puedes sentirte melancólico e introspectivo. Es importante que recuerdes que ninguna energía emocional es buena o mala, aunque algunas pueden ser bastante desagradables. Cada una juega un papel en tu experiencia de la vida y en la expresión de la persona que eres.

Tu energía emocional no opera de manera diferente a como lo hace cualquier otro ritmo fisiológico, como el ritmo circadiano o el ciclo menstrual. Tus emociones siguen el patrón de una ola porque así debe ser, según tu naturaleza. Por lo tanto, el mejor modo de trabajar con esta energía es respetar su presencia, de la misma manera que conviene respetar la necesidad de descanso.

Lo mejor que puedes hacer cuando te encuentras en el extremo inferior de la ola es advertirlo y aceptarlo, teniendo en cuenta que este estado no será permanente. Así evitarás sentirte atrapado en la expresión baja de tu energía emocional.

Dificultad

Recuerda que tu ola emocional es consustancial a ti y que no hay nada en tu entorno o en tu mente que haga que te encuentres en su extremo inferior o superior. Dejar que la melancolía esté ahí te permitirá usar esta energía con fines creativos, para cuidar mejor de ti mismo y para abrirte a nuevas posibilidades de avance. Los períodos de melancolía son para ir hacia dentro, descansar y renovarse. Es importante que te permitas ir más despacio para poder disfrutar de momentos de reflexión o pensamiento creativo cuando estés en la parte baja de la ola.

Mi marido es arquitecto y tiene muy definido el centro emocional. Es una persona tremendamente creativa. Cuando experimenta el extremo inferior de su ola, saborea la melancolía. La melancolía es un estado profundamente creativo para él. Cuando está melancólico, le gusta escuchar *blues*, quedarse despierto hasta tarde después de que todos se hayan acostado y pasarse horas dibujando a mano y escribiendo notas en su cuaderno relacionadas con el diseño y el futuro del mundo. Esto lo ayuda a procesar sus inspiraciones creativas y a presentarlas mejor a sus alumnos de diseño o a sus colegas.

No eres una víctima de tu ola emocional. Siempre tendrás energía emocional, y puedes usarla para respaldar tu creatividad, tu autocuidado y tu autoexpresión.

Si estás interesado en comprender mejor tu ola, te recomiendo encarecidamente que efectúes un seguimiento diario de tu ola emocional durante unos tres meses y que a continuación busques patrones en ella. Algunas personas descubren que sus emociones son bastante predecibles y rítmicas, mientras que otras no ven tanto un patrón pero pueden conectar más con su estado interno con esta práctica. En cualquier caso, te animo a experimentar como primer paso en un uso más consciente de tu energía emocional creativa.

Para reflexionar

- ¿Cómo te tratas cuando estás en la parte baja de la ola emocional?
- ¿Tienes formas de cuidar de ti mismo que te permitan acceder a tu creatividad cuando estás con el ánimo bajo? ¿Cuáles son tus medios de expresión creativa?

Afirmación

Me lo tomo con calma a la hora de tomar decisiones y sé que encuentro la claridad con el tiempo. Estoy aquí para ser reflexivo, no espontáneo.

Estoy aquí para manejar bien los ciclos y las olas emocionales.

El plexo solar emocional indefinido

Si tienes abierto el plexo solar emocional, eres una persona empática y estás aquí para manejar bien la energía emocional (figura 49). Sientes profundamente la energía emocional de las otras personas, a menudo más profundamente que ellas mismas, porque la absorbes y la amplificas.

Dificultades

Debido a que todo el mundo tiende a juzgar las emociones y puede ser una experiencia intensa sentir emociones amplificadas, es posible que trates de evitarlas por completo. Esto puede resultar en una tendencia a poner buena cara o a no buscar conflictos con las personas que hay en tu vida. Es posible que

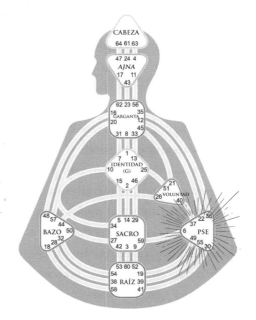

Figura 49: El plexo solar emocional indefinido.

172

te resulte difícil hablar en tu favor o expresar tus ideas, por no querer ofender a nadie. O, por el contrario, puedes tener una especie de adicción a la energía dramática, sobre todo si creciste en una familia en la que predominaba claramente la definición emocional.

Por supuesto, si aprendes a ser agradable, a complacer a quienes te rodean y a evitar los conflictos o las conversaciones difíciles, te encontrarás, inevitablemente, con que los demás cruzan tus límites (suponiendo que los hayas establecido).

La estrategia más efectiva que les recomiendo a aquellos que tienen abierto el plexo solar emocional es que se alejen de las personas o las situaciones cuando la energía emocional se vuelva demasiado intensa. Cuando empieces a sentirte abrumado, es hora de que salgas del campo energético que compartes con la otra persona o las otras personas y te vayas a un lugar donde puedas estar solo. En unos quince minutos, empezarás a sentirte aliviado.

También te puede ser útil recordar la naturaleza de la ola emocional. Así podrás empezar a dejar de vivir como algo personal tu experiencia amplificada de las emociones de los demás y podrás aceptar decir lo que piensas o poner un límite, incluso si las emociones están exacerbadas. Aprender a estar en medio de una situación muy emocional sin reaccionar a la energía es el mayor desafío en el cultivo de la sabiduría asociada a este centro abierto.

En esencia, si tienes abierto el plexo solar emocional, tienes que aprender a ser una pantalla emocional. Tienes que dejar que la experiencia de las emociones de otras personas fluya a través de ti, en lugar de ser una esponja que absorbe las emociones de los demás y de sentirte responsable de estas emociones o identificarte con ellas. En el momento en que aprendas a ver lo que está ocurriendo y dejes de identificarte con las emociones de los demás y de reaccionar ante ellas, comenzarás a romper el viejo patrón de tratar de cuidar de otras personas a costa de tu propio estado emocional.

Recuerda esto: experimentas emociones y sentimientos, pero no son lo que eres. Cuando te identificas con la energía emocional, te aferras a ella e incluso es posible que sientas que te corresponde a ti arreglarla. Muchas personas se pasan la vida aferrándose a la energía emocional de otras, al no conocer la mecánica de las emociones. Me encanta decirle esto a la gente: «Sé una pantalla y no una esponja». En otras palabras: permite que la energía emocional fluya a través de ti; aprovecha para incrementar tu empatía, tu compasión y tu creatividad, y después observa cómo esa energía pasa sin más. Si has estado acogiendo las emociones de los demás toda la vida, podrías tener dificultades con esto, por lo que te animo a que busques apoyo para procesarlas. En mi propio trabajo, he visto los tremendos beneficios de la terapia enfocada en las emociones (EFT, por sus siglas en inglés) y el Quantum Alignment System™ ('sistema de alineación cuántica'), pero hay muchas otras posibilidades. (Para obtener más información, visita https://karencurryparker.teachable.com). Sea cual sea la opción por la que optes, espero que te hagas el regalo de soltar la energía emocional con la que nunca debiste cargar.

Para reflexionar

- ¿Estás evitando la verdad y el conflicto?
- ¿Estás tratando de mantener felices a todos?

Afirmación

Puedo tomar decisiones en el momento. Presto atención al carácter de mis emociones y dejo que otros experimenten las suyas sin hacer mía su experiencia. Soy muy sensible y confío en lo que percibo de los sentimientos y emociones de los demás. Tomo descansos frecuentes cuando la energía emocional es demasiado intensa. Estoy aquí para manejar bien las emociones.

La energía del centro sacro

El centro sacro contiene la energía más poderosa del gráfico: la de la fuerza vital y la fuerza de trabajo. Lo que quiero decir con *energía de la fuerza vital y la fuerza de trabajo* es todo lo que se requiere para traer a una persona al mundo, criarla hasta la edad adulta y cuidar de la familia y la comunidad. Esto incluye el sexo, la energía para cuidar y alimentar a un bebé, aportar recursos para un niño, trabajar para mantenerse a sí mismo y a la familia, y transmitir los valores de la familia y la comunidad a sus miembros.

Recordarás que en el capítulo dos decía que la definición o falta de definición del centro sacro es un factor importante en la determinación del tipo del diseño humano. Por este motivo, obtendrás una comprensión más amplia de este centro si comparas lo que se exponía allí con lo que voy a exponer ahora.

La clave para entender cómo funciona la energía de este centro la aporta el concepto de sostenibilidad. Cuando el centro sacro es definido, no para de producir energía para nutrir la fuerza vital y la fuerza de trabajo. Hay, por supuesto, formas de mantener la sostenibilidad y el fluir de la energía correcta tanto si este centro se presenta definido como si se presenta abierto, tal como veremos próximamente.

El centro sacro definido

El centro sacro es el cuadrado que se encuentra en el medio del gráfico (figura 50). Si el tuyo es definido, lo verás de color rojo. Alrededor del setenta por ciento de las personas tienen definido el centro sacro.

Mucho de lo que tienes que saber acerca de tener definido el centro sacro se encuentra en la descripción que se hace de tu tipo en el capítulo dos.

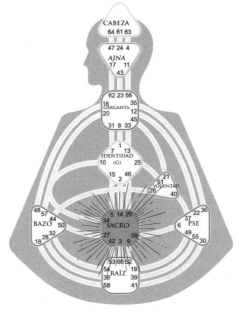

Figura 50: El centro sacro definido.

En este capítulo, quiero ahondar en la importancia que tiene responder al trabajo correcto y en la forma en que puedes sacar el mejor partido de tu energía en relación con este centro.

Para utilizar el poder de tu centro sacro de la manera óptima, es crucial que respondas al trabajo correcto y a las relaciones correctas. Como vimos en el capítulo dos, la forma de acceder al conocimiento de ti mismo disponible en el centro sacro es a través de los sonidos sacros.

Al responder a los sonidos sacros *ajá* y *ah ah*, accedes a un tesoro oculto en todo lo relacionado con la energía de la fuerza vital y la fuerza de trabajo. Al ser sostenible esta energía, podrías necesitar menos tiempo de sueño. Ten en cuenta, en cualquier caso, que puede ser difícil detener esta energía una vez que se ha activado, porque es muy agradable sentirla.

Dificultad

El hecho de que la energía del centro sacro sea sostenible no significa que no puedas experimentar agotamiento por estrés y desgaste u otros tipos de agotamiento. Por ejemplo, si odias tu empleo, puedes ir a trabajar todos los días a pesar de ello, al tener siempre disponible la energía de la fuerza de trabajo. En este caso, tu energía tiene la cualidad de la sostenibilidad, sí, pero acabarás por experimentar el síndrome del trabajador quemado de todos modos, al no estar realizando el trabajo adecuado para ti. Probablemente, si dejas un empleo que no se corresponda con tu tipo y tu estrategia y tomas otro que sí esté en armonía con ello, tu energía se restablecerá con bastante rapidez. Si utilizas tu respuesta sacra, te mantendrás conectado con el trabajo correcto y las relaciones correctas y podrás aprovechar tu energía para hacer el trabajo que esté en sintonía con tu propósito.

Para reflexionar

- ¿Estás haciendo el trabajo que te corresponde?

- ¿Estás utilizando tu energía sostenible para seguir en un empleo o en una relación que no te conviene?

Afirmación

Espero con paciencia y buen talante, sabiendo que se me presentarán las oportunidades adecuadas. Todo lo que tengo que hacer es responder a la vida; así haré el trabajo correcto, imbuido de alegría, y estaré con las personas correctas. Respondo sin temor, pues sé que mi guía interior me conduce a estar en el lugar oportuno en el momento adecuado, haciendo el trabajo apropiado.
Estoy aquí para manejarme bien con las respuestas.

El centro sacro indefinido

Si tienes abierto el centro sacro, lo más importante que debes saber es que la energía de tu fuerza vital y de tu fuerza de trabajo no es sostenible (figura 51). Esto significa que incluso el hecho de criar a un hijo o de hacer una jornada laboral de ocho horas te dejará exhausto si no te tomas el tiempo de inactividad que necesitas o si no obtienes el apoyo suficiente.

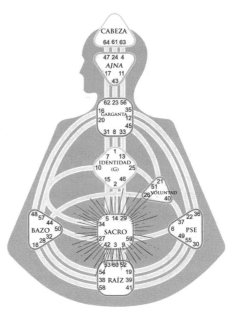

Figura 51: El centro sacro indefinido.

Dificultades

Si tu centro sacro es indefinido, a corto plazo podría parecer que tienes mucha más energía que la mayoría de las personas. Es probable que puedas pensar en momentos de tu vida en los que trabajaste más duro e hiciste más que otras personas o en los que usaste tu energía de maneras inaccesibles a los demás. Esto se debe a que tomaste prestada la energía del centro sacro definido de alguien a través del proceso de la amplificación. Es crucial que reconozcas que esta energía no es tuya y que no la puedes mantener. Estás diseñado para estar lleno de energía y tener acceso a ella a corto plazo, pero debes permitirte descansar, restablecerte y reponer tu energía con regularidad.

Como resultado de esta dinámica energética, es probable que no sepas cuándo es suficiente. Si estás trabajando treinta veces más que los demás (y probablemente recibas elogios por ello) pero no te das cuenta de que estás utilizando una energía que no es tuya, es posible que sigas esforzándote a pesar de que el cuerpo, la mente y el alma traten de decirte que ya has tenido suficiente. También puede ser que temas que te vean como un vago, lo cual compensas trabajando más que nadie. Si sigues forzando, llegará el momento en que te colapsarás y te vendrás abajo, y acaso te preguntarás adónde se fue toda tu energía y cuál es tu problema.

Esto es lo que les suele ocurrir en el trabajo a las personas que tienen el centro sacro abierto, pero es algo que puede darse en el campo de las relaciones también, en forma de atención o entrega excesivas al otro o al desatender las propias necesidades. Lamentablemente, el desgaste derivado de forzar con esta energía prestada durante demasiado tiempo puede dar lugar a un agotamiento físico grave, del que puede llevar mucho tiempo recuperarse.

La otra cara de esta cuestión es una profunda sabiduría sobre la energía que estos individuos aplican en el trabajo y en su vida personal. A menudo, a quienes tienen abierto el centro sacro se les dan bien los trabajos en los que pueden ayudar a otros a administrar su energía de manera efectiva (gerentes, *coaches*, terapeutas...). Tienen un sentido innato que les dice cómo utilizan la energía de su fuerza vital los demás y pueden ayudar a otras personas a dirigir y administrar esta energía en función de cuáles sean su tipo y su estrategia del diseño humano.

Es necesario un componente de confianza para trabajar con esta energía en su máxima expresión, porque la naturaleza de esta contradice las ideas que tenemos en cuanto a lo que debemos hacer para tener éxito en el trabajo y en la vida. Cuando te concedas el descanso que necesitas y comiences a proceder según tu tipo y tu estrategia, descubrirás que tu sabiduría y tu valía tienen un gran alcance y son mucho más sostenibles que el trabajo forzado que has intentado mantener. A medida que trabajes para salir del patrón condicionado de esforzarte con una energía que no es tuya y te relajes en el fluir de energía que está ahí para ti, acabarás por descubrir que puedes aprovechar intencionadamente tu energía sacra y usarla en tu beneficio en cortos períodos.

Para reflexionar

- ¿Sabes cuándo tienes que parar?
- ¿Gozas de suficiente tiempo de inactividad, descansas lo necesario y recibes el apoyo pertinente?

Afirmación

No estoy aquí para trabajar de la manera tradicional. Puedo trabajar duro durante períodos cortos, y luego necesito tiempo a solas para descargar la energía extra que llevo. Reconozco que mi energía es mutable, y me cuido y me olvido de las expectativas de los demás. Soy muy poderoso cuando uso mi energía correctamente. Estoy aquí para manejar bien la energía de la fuerza vital y la fuerza de trabajo.

La energía del centro del bazo

El centro del bazo proporciona impulsos intuitivos que nos ayudan a saber cuándo es el momento de actuar. También nos induce sensaciones acerca de lo que debemos hacer para preservar la salud y el bienestar. Tal vez te preguntes qué relación guardan entre sí cada uno de estos temas aparentemente diferentes. Podría ser útil empezar por el concepto de instinto, que es esencial para la supervivencia. Cuando oímos un sonido que no nos hace sentir seguros, cuando entramos en un callejón oscuro por la noche o incluso cuando decidimos tirar

comida de la nevera que parece haberse deteriorado, estamos accediendo a nuestro sentido instintivo, cuya única finalidad es ayudarnos
a mantenernos con vida.

Tenemos una capacidad energética instintiva que puede considerarse un impulso de supervivencia. Es una respuesta directa y reac-
tiva en el momento a una situación o circunstancia. En ese instante,
tomamos medidas (luchamos o huimos) para mantenernos con vida.
La salud es otro aspecto clave de la supervivencia; instintivamente,
nos vemos impulsados a preservar nuestra salud para seguir vivos. En
resumidas cuentas, actuamos cuando estamos en peligro y tenemos
que llevar a cabo una determinada elección en el momento para protegernos.

Todos tenemos este instinto de supervivencia, y es importante
para mantenernos a salvo cuando surge un peligro real. Sin embargo,
estoy seguro de que te resultaría fácil pensar en algunas situaciones
en tu vida en las que sentiste mucho miedo a pesar de que la situación
era poco peligrosa. Esto se debe a que somos seres complejos que albergamos una conciencia, unas emociones, inspiraciones, sensaciones en cuanto a si somos dignos de ser amados o merecedores, etc.
En consecuencia, en lugar de sentir miedo cuando nuestra seguridad
se ve amenazada solamente, también tenemos miedo de mudarnos a
una nueva ciudad, de escribir un libro, de decir «te quiero» en una
relación romántica o incluso de cambiar de profesión.

Podemos experimentar estos miedos tanto si tenemos definido
el centro del bazo como si lo tenemos abierto. La buena noticia es
que la solución para trabajar con ellos es simple: se trata de sentir el
miedo y actuar de todos modos. No siempre es fácil, porque la experiencia del miedo está integrada en nuestro cerebro. Por ejemplo,
podríamos sentir que estamos a punto de morir, literalmente, antes
de dar un gran discurso si tenemos un miedo profundo e indiscutido
a no dar la talla y fracasar. Puede parecer completamente antinatural
subir al escenario en estado de terror, pero hay que recordar que esta
energía es limitada. Emprender la acción nos permitirá atravesar este

miedo y, cuando lleguemos al otro lado, nos daremos cuenta de que nos resulta muy difícil volver a conectar con ese miedo. Estaremos creando un nuevo relato, más valiente, y nuestras redes neuronales comenzarán a reconfigurarse.

El centro del bazo definido

El centro del bazo se encuentra en el extremo izquierdo del gráfico del diseño humano (figura 52). Tiene forma de triángulo y se muestra de color marrón si es definido.

Si tienes definido el centro del bazo, tu experiencia del tiempo, la intuición, la salud y la supervivencia es consistente. Tu sentido interno del tiempo es profundo y es posible que sepas qué hora es sin mirar el reloj. Es probable que tu experiencia

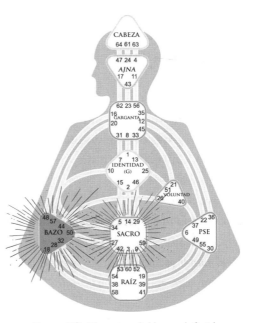

Figura 52: El centro del bazo definido.

de la intuición sea consistente también. Hay muchas formas de experimentar la intuición, como la clariaudiencia (oír), la clarividencia (ver), la claricognición (saber), la clarisentencia (sentir), el clariolfato (oler) y los sueños. Sea cual sea la manera en que obtienes información extrasensorial, es probable que esa sea la forma sistemática en que accedes a tu intuición.

También tienes un sistema inmunitario fijo e insensible. Esto significa que para cuando te das cuenta de que te ocurre algo, ya estás bastante enfermo y es posible que necesites acudir a la medicina occidental para recuperarte. Por lo tanto, asegúrate de cuidar bien el cuerpo físico y obtén apoyo tan pronto como empieces a sentirte mal.

Dificultades

En cuanto a los miedos asociados al centro del bazo, probablemente te encuentres anclado en uno o más de ellos. Podrías sentir que has perdido ímpetu y entusiasmo. Al tener definido este centro, verás que si atraviesas estos miedos emprendiendo la acción de manera intencionada dejarán de tenerte preso y adquirirás valentía.

Para reflexionar

- ¿Qué miedos te impiden actuar en tu vida?
- ¿Te estás ocupando bien de tu cuerpo físico?
- ¿Confías en tu intuición?

Afirmación

Confío en mi intuición. Escucho mi instinto y actúo a partir de ahí . Escucho mi cuerpo. Descanso y me cuido. Reconozco mi sentido del tiempo. Recuerdo que no todo el mundo es tan rápido como yo y fluyo con el tiempo universal. Estoy aquí para confiar en mi instinto.

El centro del bazo indefinido

Si tienes abierto el centro del bazo, tu sentido del tiempo, el momento oportuno, la intuición, la salud y la supervivencia es fluido (figura 53). Tu relación con el continuo espacio-tiempo es flexible, lo que significa que puedes perder la conexión con el tiempo lineal. Es posible que compenses en exceso esta circunstancia estando muy alerta con el hecho de llegar temprano o siempre tarde a las citas. En su máxima expresión, puedes experimentar tu falta de conexión con el tiempo como una implicación con el fluir de la vida cuando prestas atención dentro del momento presente.

Aunque muchas personas que tienen abierto el centro del bazo dicen que no creen ser muy intuitivas, esto no es así, ni mucho menos.

Si tu centro del bazo es indefinido, tienes la posibilidad de gozar de una capacidad intuitiva amplificada y sujeta a una variabilidad inherente. Esto significa que puedes experimentar tu intuición a través de la clarividencia, señales auditivas, sensaciones sentidas y olores, y también a través de tus sueños, todo ello en función del lugar en el que te encuentres, la persona o las personas con las que estés y el clima cósmico del momento. La clave

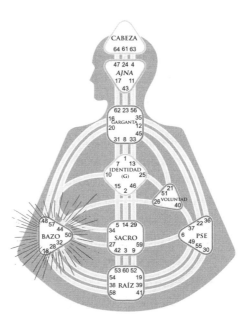

Figura 53: El centro del bazo indefinido.

es que debes confiar en tus diversas fuentes de conocimiento: ¡tienes un don!

Además de tu sentido intuitivo, tu sistema inmunitario también es bastante sensible. Probablemente hayas advertido que puedes saber cuándo estás enfermando antes de que los síntomas habituales comiencen a manifestarse. Estás en profunda sintonía con lo que sucede en tu cuerpo físico, por lo que notas los cambios. Puede ser que captes el estado de salud y bienestar de otras personas e incluso que lo experimentes en tu propio cuerpo. Muchos individuos que tienen abierto el centro del bazo son empáticos o intuitivos en lo que a la salud se refiere; de resultas de esta sensibilidad, les va mejor con métodos de curación y remedios alternativos, menos agresivos.

Dificultad

En cuanto a la salud y la supervivencia, el centro del bazo abierto conlleva el deseo de aferrarse a diversos elementos para mantenerse a salvo, feliz y protegido. Estos elementos pueden ser cualquier cosa: el empleo, las relaciones, el poema del primer novio o viejas historias o emociones. Hay un impulso energético inconsciente que dice: «Mejor agárrate a esto; ¡podrías necesitarlo para sobrevivir!».

Entonces, si te sientes infeliz con tu empleo, en tu relación o con muchas cosas, ya sean físicas o energéticas, prueba a preguntarte: «¿Me estoy aferrando a esto más tiempo del que debería?». Si la respuesta es afirmativa, recuerda que, aunque sentirás los miedos de este centro con mayor intensidad, la pauta que daba antes es igual de potente y eficaz: intenta identificar los miedos que te mantienen bloqueado y después emprende la acción de todos modos (o deshazte de eso que te está reteniendo).

Para reflexionar

- ¿Hasta qué punto cuidas bien tu cuerpo físico?
- ¿Confías en tu intuición incluso si se manifiesta de diferentes maneras?
- ¿Te aferras a cosas, a personas o al dolor más tiempo del que te conviene? Si es así, ¿sabes lo que tienes miedo de perder?

Afirmación

Me resulta fácil soltar todo aquello que no apoya mi mayor bien. Respeto mi cuerpo y los mensajes que me envía. Cuando me siento mal, descanso. Respeto mi propio sentido del tiempo y sé que el momento en el que llego es perfecto. Respeto el sentido del tiempo de los demás y siempre llevo reloj. Confío en mi intuición y sé que recibo percepciones intuitivas de muchas maneras.
Estoy aquí para manejarme bien con la intuición y los momentos oportunos.

La energía del centro raíz

El centro raíz es el de la adrenalina, una sustancia que nos ayuda a actuar. Este centro nos proporciona el impulso que necesitamos para hacer lo que tenemos que hacer para autorrealizarnos, emprender la acción o crear. Es un centro de presión, como el de la cabeza, y, como tal, alberga cierta cantidad de energía de estrés. Cuando tenemos alta la adrenalina y nos sentimos presionados para hacer las cosas, podemos experimentar cierto grado de estrés.

El centro raíz definido

El centro raíz es el cuadrado ubicado en la parte inferior del gráfico del diseño humano (figura 54). Si es definido, se muestra de color marrón. Cerca de la mitad de la población tiene definido el centro raíz.

Si tu centro raíz es definido, te sentirás presionado a actuar. Sin embargo, es posible que no siempre te sientas activado y listo para trabajar en tu próximo proyecto, porque esta energía opera según una pulsación que se activa y se desactiva.

Sabrás que tu energía está activada cuando las cosas o el momento te parezcan apropiados o

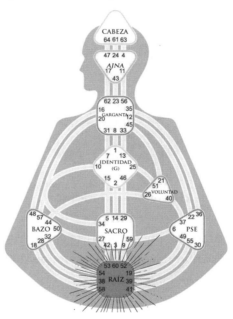

Figura 54: El centro raíz definido.

cuando sea la hora de actuar. Si cualquiera de esos tres componentes está fuera de sintonía, tu energía ejecutora se desactivará.

Si tienes definido el centro raíz, tus motivaciones en cuanto a la acción dependerán de qué otro centro u otros centros estén conectados a él. Si observas tu centro raíz, verás una línea de color (negro, rojo o ambos) que lo conecta con el centro sacro, el plexo solar emocional o el centro del bazo.

El centro raíz y el centro sacro definidos

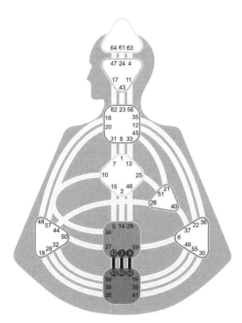

Figura 55: El centro raíz definido conectado con el centro sacro definido.

Si tu centro raíz está conectado con el centro sacro (figura 55), la pulsación del centro raíz hará que tus energías sacras estén o bien activas o bien inactivas, según si esta pulsación está activada o desactivada. Es como si se le diese a un interruptor de encendido y apagado. Cuando la pulsación de tu centro raíz está activada, te sientes muy impulsado a la acción y puedes manifestar de una manera poderosa. Y cuando la pulsación de tu centro raíz está desactivada, puedes sentirte sin ninguna energía, ni física ni mental. No sientes ningún entusiasmo, por lo que te podría parecer casi imposible lograr hacer algo.

Desafío

Cuando comiences a identificar estas energías, notarás que a menudo la pulsación de tu centro raíz te ayuda a determinar cuándo es el momento adecuado para realizar una acción. Cuando no hay energía, la pulsación no está activa, y debes dejar de forzar o de tratar de manifestar lo que sea. En lugar de considerar que estás postergando, explora si estás confiando en el momento adecuado. El momento será el adecuado para ti cuando la vida te presente una oportunidad que esté en armonía con la estrategia y la autoridad que te corresponden por diseño.

Por ejemplo, podrías sentir la presión de iniciar un negocio. Cuanto más lo piensas, más presionado te sientes a ponerlo en marcha. Si procedes según esta presión sin estar alineado internamente (en caso de que seas un manifestador), sin tener algo a lo que responder (si eres un generador o un generador manifestante), sin ser invitado (si eres un proyector) o sin gozar de claridad (si eres un reflector), es perfectamente posible que solo estés reaccionando a la pre-

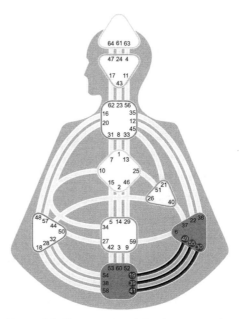

Figura 56: El centro raíz definido conectado con el plexo solar emocional definido.

sión, en lugar de poner en marcha el negocio que realmente deberías emprender.

El centro raíz y el plexo solar emocional definidos

Si tu centro raíz y tu plexo solar emocional están conectados (figura 56), notarás que cuando tu estado de ánimo está bajo (es decir, cuando estás en un punto bajo de tu ola emocional), tu adrenalina también desciende. A menudo, la primera señal es una mayor lentitud al actuar.

Una de las mejores maneras de trabajar con esta energía es darte el suficiente tiempo para surfear tu ola emocional antes de tomar una decisión (consulta el capítulo dos). Si no esperas a obtener claridad, podrías comprometerte con algo que no pudieses llevar a cabo por no tener la energía necesaria, ya que la pulsación de tu centro raíz cesa cuando llegas al punto más bajo de la ola. Es comprensible que esto te conduzca a sentirte un fracasado o a considerar que eres incapaz de perseverar en nada, cuando todo lo que ocurre es que se está desplegando una determinada dinámica energética.

Desafío

Tu desafío es aprender a dedicar el tiempo necesario a la toma de decisiones y no tomarte la falta ocasional de energía como algo personal. Utilizar las estrategias que se indican en el apartado dedicado al plexo solar emocional puede ayudarte a saber qué hacer cuando tu estado de ánimo y tu motivación están bajos.

El centro raíz y el centro del bazo definidos

Si tu centro raíz está conectado al centro del bazo (figura 57), experimentarás con mayor fuerza la conexión entre el impulso y el momento oportuno. Cuando no es el momento adecuado para hacer algo, la adrenalina no está ahí, al no permanecer activa la pulsación del centro raíz. Si puedes medir tu propia energía en torno a la motivación, el impulso y la energía física para hacer algo, mejorará tu percepción del momento adecuado. En otras palabras: si no tienes ganas de hacer algo, evalúa si realmente estás postergando o si lo que ocurre es que estás percibiendo que ese momento no es el más apropiado.

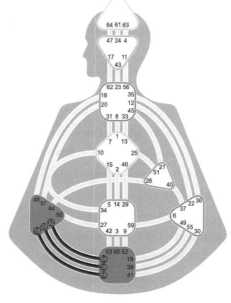

Figura 57: El centro raíz definido conectado con el centro del bazo definido.

Desafío

Si parece que no puedes motivarte para hacer algo,

es muy probable que se deba a que el momento no es el adecuado. Aprender a confiar en ti mismo y en tu energía adrenalínica es clave para usar esta energía de una manera inteligente.

Para reflexionar

* ¿Cómo usas tu energía para realizar tareas y actividades?
* ¿Cuidas de ti mismo cuando estás bajo de energía?

Afirmación

Respeto la pulsación de mi centro raíz y espero a tener la energía necesaria para actuar. Hago más cuando esta pulsación energética está activada. Cuando la energía está inactiva, sé que ha llegado el momento de descansar y restablecerme.
Estoy aquí para evaluar bien mis niveles de energía y descansar.

El centro raíz indefinido

Si tienes abierto el centro raíz, experimentas una presión constante para actuar (figura 58). Esto se debe a que asimilas la energía adrenalínica de las personas que te rodean y la amplificas.

Dificultades

Es probable que tengas una lista de tareas pendientes interminable y cada vez más larga que mantiene tu energía ocupada, si no físicamente, al menos mentalmente. También podrías sentir que solo con que termines una determinada tarea, estarás libre para obtener, hacer o ser otras cosas. Sin embargo, tan pronto como terminas

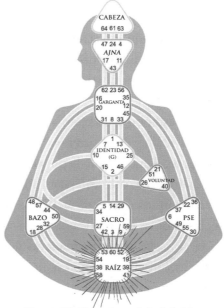

Figura 58: El centro raíz indefinido.

189

una actividad, siempre hay otra esperando. Esto puede traducirse en que nunca te tomas un descanso, en que te apresuras con tus tareas para terminarlas o en que pospones tareas.

La energía de este centro abierto ejerce presión sobre todos los otros ámbitos del gráfico. Por lo tanto, es posible que te sientas presionado a darle algo a alguien para sentirte digno de amor o merecedor. O podrías sentirte presionado a compartir tus pensamientos para que te escuchen y te presten atención o a seguir trabajando aunque tu cuerpo, tu mente y tu alma te estén pidiendo que pares.

Esto se manifiesta de una manera bastante interesante en la dinámica de las relaciones. Una persona que tiene definido el centro raíz exuda energía de presión adrenalínica todo el tiempo, sea lo que sea lo que diga o haga. No se trata de nada personal, pero al relacionarte de alguna manera con alguien que tiene definido el centro raíz, sientes que te está presionando para que hagas algo.

Por ejemplo, tu pareja podría preguntarte si quieres un café, y a ti podría parecerte que desea que vayas a la cocina a hacerlo, cuando en realidad solo quiere saber si te apetece tomar café. Por supuesto, si estás conversando sobre la manera de repartiros las tareas del hogar, el cuidado de los niños o la fecha límite para un proyecto, podrías sentir con mucha más intensidad esta energía.

Esta dinámica puede llevarte a aceptar propuestas por la presión que sientes de decir que sí. Esta presión también puede alimentar el amor por estar en el escenario o fomentar la implicación en conductas o actividades que entrañen riesgos, o puede conducir a evitarlas totalmente, debido a que la presión es excesiva.

Vivimos en una sociedad adicta a esta presión adrenalínica. Nuestro impulso de estar activos sin parar está alimentado por el café, las bebidas energéticas y recursos similares.

Una de las mejores maneras en que puedes trabajar con esta energía es, ante todo, tomar conciencia de ella. Si puedes reconocer la dinámica energética que tiene lugar verás que, a menudo, la presión que percibes por parte de tu pareja, tu jefe, tus hijos o tus colegas es puramente energética. Es decir, en realidad no quieren, necesitan o esperan que hagas nada.

Una vez que esta toma de conciencia haya empezado a suavizar la energía, puedes hacerte esta pregunta: «¿Qué es lo peor que podría pasar si no hago esto?». La mayoría de las veces, la respuesta es «nada». Y si no esperas hasta el último momento para hacer algo, te darás mucho tiempo para trabajar con la presión y te proporcionarás el espacio y el tiempo que necesitas para seguir adelante.

Para reflexionar

- ¿Te apresuras con tus actividades y tareas para poder quedar libre o caes en la dilación porque te sientes abrumado por todo lo que hay en tu lista de cosas por hacer?
- ¿Qué es lo peor que podría pasar si no terminas todo lo que hay en tu lista de tareas pendientes?
- Las personas que hay en tu vida ¿realmente esperan o necesitan que hagas por ellas todo lo que crees que esperan de ti debido a la presión que sientes?

Afirmación

Me fijo metas realistas. Tomo decisiones potentes acerca de mi libertad y sé que las cosas se harán cuando se hagan. Utilizo la presión para generar más energía y al final del día descanso y me relajo, incluso si mi lista de cosas por hacer es larga. Tomo las decisiones de acuerdo con mi estrategia del diseño humano aunque sienta presión. Respiro y me relajo sabiendo que hay mucho tiempo para realizar las tareas. Estoy aquí para tener claro qué es lo que vale la pena hacer.

Conclusión

La configuración de tus centros energéticos te da mucha información en cuanto a cómo experimentas el mundo. Conocer tus centros puede aportarte una visión profunda de cualquier patrón y hábito que te puedan estar impidiendo sentir o actuar con autenticidad. Saber cómo funcionan tus centros también puede darte claves y pistas sobre cómo conectar de manera más saludable y auténtica en tus relaciones y te enseña a manejar conscientemente tu energía, para que no permitas que sea secuestrada por energías externas ti.

Tu historia

Rellena los siguientes espacios en blanco con la información que has obtenido de tu gráfico del diseño humano y de este capítulo.

Mis afirmaciones para los centros definidos y abiertos.

Cabeza: _____

Ajna: _____

Garganta: _____

Centro G: _____

Voluntad: _____

Plexo solar emocional: _____

Bazo: _____

Sacro: _____

Raíz: _____

Capítulo 5

PLANETAS Y PUERTAS

Tu carta del diseño humano presenta un esbozo de la historia de tu vida. Tu tipo del diseño humano es el papel del personaje principal en tu historia. Tu perfil representa algunos de tus rasgos de carácter vitales. Los centros te dicen cómo interactúas con los demás, qué dones albergas y qué te corresponde recibir en tus relaciones.

La siguiente parte de tu historia, representada por los planetas y las puertas de tu carta, te hablará sobre el plan de estudios de tu vida: qué has venido a dominar, los temas predominantes con los que te encuentras a medida que creces y maduras, y cómo estos rasgos centrales configuran las principales dificultades que debes superar para entrar en la fase madura y sabia de tu historia.

Las puertas representan rasgos de personalidad sutiles que nos hacen ser como somos. Los temas de las puertas derivan de los sesenta y cuatro hexagramas del *I Ching*. Puedes considerar que constituyen una interpretación moderna de arquetipos antiguos que han sido objeto de reflexión y estudio durante más de dos mil años.

Cada puerta aparece resaltada por un planeta, cada uno de los cuales tiene asociados sus propios temas arquetípicos, sobre la base de la astrología tradicional. A medida que se desplazan alrededor del Sol, los planetas hacen refulgir sus respectivos temas en cada una de las sesenta y cuatro puertas, lo cual da lugar a una combinación de energías que representa una parte esencial del plan de estudios de nuestra vida y nuestra alma.

En el momento de tu nacimiento, las posiciones planetarias (la parte consciente de tu carta) y las puertas que estas resaltaron quedaron fijadas en su lugar, lo cual aportó la definición negra de tu gráfico corporal (las líneas negras que ves en los canales).

Tres meses (unos 88 grados astrológicos) antes de tu nacimiento, las posiciones planetarias rojas (la parte inconsciente de tu carta) y las puertas resaltadas por estas también quedaron fijadas en su lugar, lo cual aportó la definición roja de tu gráfico corporal (las líneas rojas que ves en los canales).

SÍMBOLOS PLANETARIOS	
☉	SOL
⊕	TIERRA
☊	NODO NORTE
☋	NODO SUR
☽	LUNA
☿	MERCURIO
♀	VENUS
♂	MARTE
♃	JÚPITER
♄	SATURNO
⚷	QUIRÓN
♅	URANO
♆	NEPTUNO
♇	PLUTÓN

Figura 59: Los símbolos planetarios.

Los números y puertas negros representan el plan de estudios correspondiente al propósito de tu alma en esta vida. Y los números y puertas rojos representan el currículo correspondiente a tu propósito de vida en esta existencia. La combinación de ambos representa las lecciones que debes aprender y los retos o dificultades que debes afrontar, y hace que seas la persona que eres en la historia de tu vida.

Los planetas

La forma en que experimentas la energía de cada puerta en tu carta está influida por el planeta que está resaltando dicha puerta. En tu carta, cada planeta está representado por un símbolo (figura 59).

Conocer la ubicación planetaria de cada una de las puertas puede arrojar luz sobre el tema de la puerta que se expresa. Este capítulo te aportará información para que veas con mayor detalle la historia de la persona que eres y la razón por la que estás aquí.

Te recomiendo que leas sobre los planetas y sobre las puertas (que se abordan a continuación) conjuntamente para obtener una imagen más clara de cómo se plasman los temas planetarios en tu carta, que es única. Te harás una idea de cómo entrelazar estos datos a través de los ejemplos que ofrezco para cada uno de los símbolos planetarios.

Sol

El Sol representa lo que has venido a darle al mundo a través de tu vida; lo que has venido a expresar y transmitir. El Sol es una energía potente, y las puertas que le corresponden se consideran, por lo general, las más importantes (sobre todo la puerta del Sol consciente, la de color negro).

> *Ejemplo:* el Sol en la puerta 39, también conocida como la puerta de la provocación.
> *Significado:* estás aquí para usar tu naturaleza provocadora para ayudar a las personas a restablecer su sentido de la abundancia.

Tierra

Las energías de la Tierra son lo que necesitas para sentirte enraizado. Estas energías te proporcionan estabilidad. También te ayudan a reforzar tu capacidad de expresar el tema de tus energías solares. ¡Asegúrate de satisfacer tus energías de la Tierra para poder compartir los dones de tu Sol!

> *Ejemplo:* la Tierra en la puerta 16, conocida como la puerta de las habilidades.
> *Significado:* necesitas tener muchas oportunidades de experimentar y explorar lo que te emociona en la vida para poder cumplir el propósito indicado por la posición del Sol en tu carta.

Luna

Las puertas de tu Luna son las energías que te impulsan; son la razón por la que haces lo que haces.

Ejemplo: la Luna en la puerta 29, también conocida como la puerta de la perseverancia.

Significado: lo que te impulsa son tus compromisos en la vida (especialmente los que has asumido a través de tu estrategia y tu autoridad del diseño humano) y tu perseverancia. Si no tienes claro a qué debes comprometerte o si te has comprometido con algo inapropiado, es posible que pierdas la motivación y el impulso.

Nodo sur y nodo norte

El nodo sur es el tema que vas dominando durante la primera mitad de tu vida, hasta alrededor de los cuarenta años, cuando el planeta Urano alcanza la posición opuesta a aquella en la que se encontraba en el momento de tu nacimiento. Muchos astrólogos consideran que esta circunstancia marca la mitad del camino en la historia de la propia vida, el momento en el que hemos madurado en relación con el tema de nuestro propósito de vida. Entonces pasamos del tema del nodo sur, que representa nuestra juventud, al tema del nodo norte, correspondiente a nuestra personalidad madura.

Cuando examines estas energías conjuntamente, te dirán mucho sobre la historia de tu vida: qué has venido a aprender y dominar, y después, cómo vives la expresión madura de esto.

Ejemplo: el nodo sur en la puerta 57, también conocida como la puerta de la intuición, y el nodo norte en la puerta 43, también conocida como la puerta de la visión interior.

Significado: estás aquí para dominar tu conocimiento intuitivo en el ahora y liberarte de cualquier inseguridad o miedo al futuro. A medida que madures, utilizarás este conocimiento intuitivo para determinar el momento adecuado en el que comunicar visiones nuevas y potentes.

Mercurio

El ámbito temático de Mercurio es la comunicación: expresa de qué has venido a hablar, qué necesitas para poder comunicarte y cómo debes transmitir lo que tienes que decir. Si trabajas en el ámbito de las ventas o en cualquier campo de la comunicación, es importante que te fijes en esta energía, para que ello te ayude a encontrar el tema fundamental que has venido a explorar y compartir con el mundo.

> *Ejemplo:* Mercurio en la puerta 8, también conocida como la puerta de la contribución.
> *Significado:* estás aquí para comunicarte con autenticidad para impulsar un cambio, pero solo cuando hayas recibido el reconocimiento oportuno.

Venus

Venus representa rasgos, cualidades y características que valoras. En este planeta, también en Marte, puedes encontrar la energía que te atrae en tus relaciones, románticas y de otro tipo. Por ejemplo, si valoras la lealtad y la confiabilidad, estos temas pueden reflejarse en las puertas resaltadas por Venus en tu carta natal.

> *Ejemplo:* Venus en la puerta 32, también conocida como la puerta de la continuidad.
> *Significado:* valoras el hecho de saber lo que es valioso en la vida y te atraen las personas que pueden ver tu valía y el valor de tus ideas, y aquellas que consideras valiosas y cuyas ideas aprecias.

Marte

Las puertas correspondientes a Marte son otros ámbitos en los que encontrarás lecciones que deberías dominar en tu juventud, como ocurría con el nodo sur. La diferencia es que, en general, se trata de energías más difíciles de gestionar, cuyo dominio te ayudará a lidiar con el tema del nodo sur. Marte también rige las energías de atracción en las relaciones.

> *Ejemplo:* Marte en la puerta 38, también conocida como la puerta del luchador.
> *Significado:* la primera mitad de tu vida está marcada por tu esfuerzo por dominar aquello por lo que vale la pena luchar mientras buscas el propósito y el sentido de tu vida. Te atraen las personas que luchan por lo que es significativo para ellas.

Júpiter

Júpiter representa la energía de los beneficios* y las recompensas. Te informa sobre el camino que debes recorrer para acceder a los beneficios que te corresponden y sobre lo que tienes que compartir con el mundo para recibir estos beneficios.

Además, actúa conjuntamente con Saturno.

> *Ejemplo:* Júpiter en la puerta 61, también conocida como la puerta del misterio.
> *Significado:* tus beneficios llegan como un conocimiento que trasciende la lógica; también como el momento adecuado y las personas con las que compartir esta visión, que puede muy bien ser transformadora.

Saturno

Saturno es la energía de tu aprendizaje. Las puertas resaltadas por Saturno nos desafían, lo que significa que probablemente experimentarás la sombra o la baja expresión de la puerta de una manera

---

* N. del T.: Aquí se utiliza la palabra inglesa *blessings*, que también puede traducirse como 'bendiciones', 'bondades' o 'dones'.

catastrófica, lo cual, en última instancia, podría ayudarte a aprender y madurar.

Saturno también está asociado con dos ciclos de vida principales: uno al final de la veintena y otro al final de la cincuentena. Durante estas fases de la vida, los desafíos que este plantea son de suma importancia y acaparan nuestra atención.

El propósito de Saturno es quemar todo aquello que nos impida cumplir nuestro propósito. El lugar en el que se encuentra tu Saturno te dará mucha información sobre lo que necesitas superar o aprender para expresar plenamente tu ser.

A medida que aprendes y maduras a partir de la ubicación de Saturno en tu carta, estás más preparado para recibir los beneficios resaltados por la ubicación de Júpiter. Es interesante que examines las energías de Saturno y Júpiter conjuntamente para obtener una buena visión general de las recompensas que obtendrás por encontrar la máxima expresión del tema que te indica Saturno.

> *Ejemplo:* Saturno en la puerta 28, también conocida como la puerta de la lucha.
> *Significado:* uno de tus mejores maestros llegará en forma de dificultades que te ayudarán a descubrir el sentido de la vida y para qué vale la pena luchar realmente. Cuando domines esta energía, aprenderás a aceptar estas dificultades e incluso te alegrarás de que estén en tu vida.

Urano

Urano nos muestra en relación con qué podemos ser un poco extraños, diferentes o únicos. La ubicación de tu Urano representa un área de tu vida en la que maduras al encontrarte con lo inesperado. Esta energía contribuye a que aprendas acerca de la fe. Además, es una energía generacional, por lo que, en relación con ella, podrías ver cambios en estructuras, infraestructuras y cuestiones de desarrollo que atañen a tu generación. Te ayuda a definir con qué está luchando tu generación para evolucionar y plasmar la expresión completa de la historia humana.

> *Ejemplo:* Urano en la puerta 36, también conocida como la puerta de la crisis.
>
> *Significado:* tienes unos deseos únicos y también es único tu impulso de vivir experiencias nuevas y diferentes que te ayuden a crecer. Tu generación está aprendiendo a esperar el momento adecuado para actuar según sus deseos.

Neptuno

Las puertas resaltadas por Neptuno te dicen cuál es tu propósito espiritual y qué necesitas para hacer más profunda tu conexión espiritual y mantenerte conectado espiritualmente. En muchos casos es difícil conectar con esta energía; puede dar la impresión de que está oculta o de que es intangible.

> *Ejemplo:* Neptuno en la puerta 51, también conocida como la puerta del *shock*.
>
> *Significado:* te sirves de los sucesos impactantes o inesperados que acontecen en tu vida o en la vida de otras personas para que coadyuven a transformar tu relación con el Espíritu y tu camino espiritual. Puedes conectar más profundamente con tu propósito espiritual a través de estos sucesos catalizadores.

Plutón

La energía regida por Plutón aumenta y se expande a partir de las sacudidas que provocan las energías de Urano. Suele estar asociada a un ciclo de vida, muerte y renacimiento.

> *Ejemplo:* Plutón en la puerta 46, también conocida como la puerta del amor al cuerpo.

Significado: a medida que creces y cambias, tu experiencia de estar en un cuerpo también cambia. Tu experiencia de ser un alma en un cuerpo madura al ir pasando por los ciclos de la vida.

Quirón

Aunque Quirón no sea, técnicamente, un planeta (es un planetoide que se descubrió en 1978), conocer las puertas de tu Quirón puede ayudarte a discernir mejor lo que tienes que dominar en tu relato personal para profundizar en tu propósito de vida. Debido a que no es un planeta, no se muestra coloreado en el gráfico corporal y algunos programas de creación de cartas de diseño humano no lo incluyen. (Para obtener una carta que incluya la ubicación de tu Quirón, entra en este sitio web: www.quantumalignmentsystem.com/human-design-workbook).

El tema de Quirón irá repitiéndose en tu vida cada vez que llegues a un nuevo nivel de conciencia y expresión personal (nuevo nivel, mismo reto, por así decirlo). También se da un ciclo de maduración en relación con el tema en cuestión alrededor de los cincuenta años (lo cual es especialmente importante para las personas que tienen la línea 6 en el perfil, como se mencionó en el capítulo tres).

La energía de Quirón ahonda en el propósito de vida. Una vez que lo has hecho todo, lo has probado todo y lo has experimentado todo, aparece en escena el tema de Quirón para decir: «¿Ahora qué vas a hacer con todo esto?». Todo lo que se interponga en el camino hacia el cumplimiento de tu propósito de vida surgirá durante tu ciclo de Quirón.

Ejemplo: Quirón en la puerta 21, también conocida como la puerta del tesorero.

Significado: tu relación con las cuestiones materiales y el dinero seguirá estando en la primera línea de tu crecimiento a lo largo del tiempo. Cuando domines tu necesidad de controlar las cosas y a las personas, tú y tus otras cualidades pasaréis a ser un recurso valioso para los demás.

A continuación, exploraremos las puertas. Examinar conjunta-mente las puertas y los planetas te ayudará a comprender bien el plan de estudios de tu alma: qué viniste a hacer aquí y qué tienes que do-minar para generar el mayor estado de bienestar posible en tu vida.

Las puertas

Las sesenta y cuatro puertas del gráfico del diseño humano se corre-lacionan con los sesenta y cuatro hexagramas del *I Ching*. He incluido el nombre tradicional del *I Ching* para cada puerta.

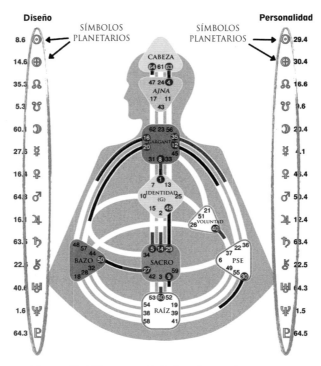

Figura 60: Números y símbolos planetarios presentes en la carta del diseño humano.

Las puertas que están coloreadas en tu gráfico representan los temas centrales de la vida con los que te encontrarás a lo largo de tu existencia. Se trata de cuestiones difíciles que debes dominar para desarrollar tu potencial único, y pueden ser catalizadoras del crecimiento y la maduración.

Para entender realmente las lecciones asociadas a tus puertas, deberás ver qué planeta y qué tema planetario está destacando cada puerta en tu carta. Encontrarás esta información en los números que aparecen en tu carta (figura 60).

Cada símbolo planetario tiene una puerta asociada a él. La puerta es el primer número que consta al lado del símbolo planetario.

Por ejemplo, en la figura 61, el Sol está resaltando la puerta 29. (Puedes ignorar el número que aparece a la derecha del primer número, separado de este por un punto. Este segundo número corresponde a la *línea* de la puerta. Entro en detalles al respecto en el libro *Understanding Human Design* [Comprender el diseño humano]).

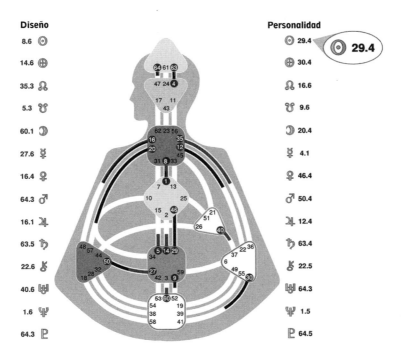

Figura 61: El Sol resaltando la puerta 29.

Cada planeta destaca una puerta del ámbito consciente (en color negro) y una puerta del ámbito inconsciente (en color rojo). Recuerda que las puertas negras representan el propósito de tu alma y las puertas rojas tu propósito de vida. En la interpretación de tu carta, ambas puertas tienen el mismo peso y te aportan una visión profunda en cuanto a por qué estás aquí y qué persona tienes que llegar a ser.

Al examinar tu carta, puedes encontrarte con que algunas de las mismas puertas están resaltadas por más de un planeta. En el campo de la astrología, se dice que estos planetas están *en conjunción*.

También podemos encontrarnos, sobre todo en los planetas de movimiento más lento como Urano, Neptuno y Plutón, que la misma puerta aparece resaltada tanto en la definición consciente como en la inconsciente. Cada vez que una puerta aparece más de una vez en un gráfico, está indicando un tema profundo en la historia de la vida de la persona que se manifiesta en muchas áreas y de muchas maneras.

En este capítulo encontrarás, en relación con cada puerta, una exposición acerca de lo que puede significar dominar su tema, la lección que brinda y cómo podría manifestarse la expresión desequilibrada del tema. También encontrarás varios motivos de reflexión y afirmaciones; su finalidad es ayudarte a pensar acerca de cómo se podría estar manifestando en tu vida el tema de la puerta en estos momentos y acerca de lo que te está enseñando.

Recuerda que las palabras pueden ser algo diferentes en distintas cartas del diseño humano; esto afecta también al nombre de las puertas. A partir de la figura 62 se muestra dónde está ubicada cada puerta en el gráfico corporal, para evitar confusiones.

Puerta 1: La autoexpresión

I Ching: Lo creativo

Tema: tienes el impulso de ser implacablemente auténtico y de usar tu vida para tener un impacto en el mundo. Podrías ser un creativo cultural.

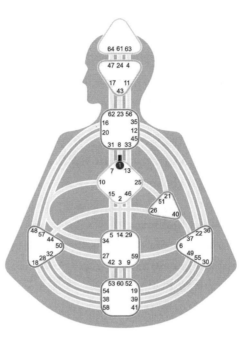

Lecciones de vida: tu contribución al mundo es tu expresión personal. Lo que aportas no es tanto lo que haces como la persona que eres. Aprenderás a no ocultar tu auténtico yo.

Figura 62: Puerta 1.

Cuando la expresión del tema está desequilibrada: podrías esconderte, contenerte y no ser fiel a tu verdadera identidad; o podrías sentirte inhibido o sentir que no es seguro para ti expresarte plenamente en el mundo.

Para reflexionar

- ¿Te sientes seguro para manifestarte plenamente tal como eres en tu vida? ¿Y en tu trabajo?
- ¿Estás satisfecho desde el punto de vista creativo? ¿En qué áreas de tu vida debes usar tu energía creativa para impulsar cambios en el mundo?

- ¿Te amas lo suficiente como para permitirte ser creativo?

Afirmación

Soy un modelo a seguir en el terreno creativo. Estoy aquí para hacer una aportación significativa al mundo desde el corazón. Cuando soy implacablemente auténtico, mis palabras y mi energía inspiran a otras personas a decir su verdad y a acoger su verdadera identidad. Mi propósito de vida es mostrarles a los demás qué es ser auténtico.

Puerta 2: El guardián de las llaves

I Ching: Lo receptivo

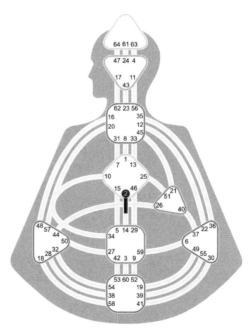

Tema: te valoras lo suficiente como para permitirte recibir todo el apoyo y los recursos que necesitas para cumplir tu propósito de vida.

Lecciones de vida: delega aquello que no te corresponda hacer y deja que otros te ayuden y apoyen. Confía en la bondad del universo y ten la certeza de que estás totalmente respaldado. Mereces recibir apoyo.

Figura 63: Puerta 2.

Cuando la expresión del tema está desequilibrada: podrías rechazar la ayuda y no delegar o hacer todo tú mismo por no creer que mereces apoyo. Podrías no tomar medidas que te asegurasen apoyo por no creer que eres digno de tener éxito.

Para reflexionar

- ¿Cómo se te da dejar que otras personas te ayuden y apoyen?
- ¿Te valoras lo suficiente como para permitirte recibir apoyo?
- ¿Qué creencias debes cambiar para tener la certeza de que mereces obtener apoyo?

Afirmación

Soy una parte insustituible y vital del mundo. Mi vida y mi propósito son intrínsecamente valiosos, y traigo al mundo algo que nadie más ha traído antes y nunca volverá a traer. Para cumplir lo que he venido a hacer, me permito recibir apoyo.

Puerta 3: La ordenación

I Ching: La dificultad inicial

Tema: tienes el impulso de innovar y cambiar y entiendes que ser verdaderamente innovador significa construir sobre lo que ya existe. Aprenderás a confiar en que la verdadera innovación solo puede producirse cuando el momento es el adecuado.

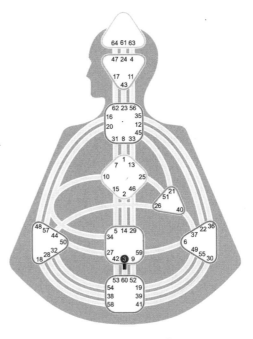

Figura 64: Puerta 3.

Lección de vida: agradece lo que tienes, presta atención a lo que funciona y avanza a partir de ahí.

Cuando la expresión del tema está desequilibrada: es posible que sientas tal necesidad de cambio que estés corrigiendo el curso constantemente; incluso, a veces, podrías llegar a descartar el grano con la paja. Este ciclo constante de destrucción y reconstrucción puede llevarte a la frustración, al no lograr nunca el cambio que buscas. También podrías impulsar el cambio sin evaluar si los demás están preparados para él.

Para reflexionar

- ¿Cuándo ha funcionado la sincronización divina en tu vida? ¿Qué te ha enseñado la espera?
- ¿Confías en la sincronización divina?
- Si hoy se te presentara la oportunidad de compartir tus ideas con el mundo, ¿estarías listo para ello? En caso de que no, ¿cómo podrías prepararte?

Afirmación

Estoy aquí para producir cambios en el mundo. Mi capacidad natural para ver qué más es posible es mi punto fuerte y mi don. Cultivo pacientemente mi inspiración y me sirvo de mi comprensión de lo que se necesita para contribuir a la evolución del mundo.

Puerta 4: Las respuestas

I Ching: La locura juvenil

Tema: entiendes que las respuestas que tienes son solo posibilidades. No sabrás si son las respuestas correctas a menos que las experimentes y experimentes con ellas. Mantén la curiosidad y la mente abierta para explorar si las respuestas que tienes son acertadas.

Lecciones de vida: considera que las respuestas que tienes son posibilidades y date tiempo para imaginar, soñar y reflexionar. Espera a que sea el momento adecuado para traducir tus respuestas en acción. Fomenta en ti un proceso de pensamiento flexible y adaptable, y confía en ti y en que tendrás la respuesta correcta en el momento oportuno.

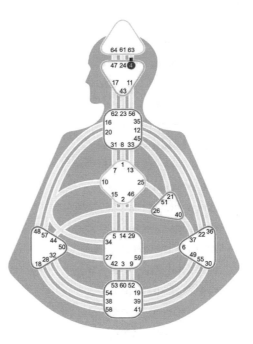

Figura 65: Puerta 4.

Cuando la expresión del tema está desequilibrada: podrías defender tus respuestas como verdaderas sin saber si lo son o no, o incluso inventar respuestas frente a la incertidumbre en lugar de esperar a que las respuestas correctas se revelen.

Para reflexionar

- ¿Cuáles son los próximos pasos que debes dar en tu proceso creativo?
- ¿Qué conocimientos e ideas nuevos albergas como fruto de tus pensamientos, experiencias y meditaciones?

Afirmación

La culminación de mis pensamientos y experiencias me otorga conocimiento sobre cómo puedo proceder con confianza y honestidad en el futuro.

Puerta 5: Los patrones

I Ching: La espera

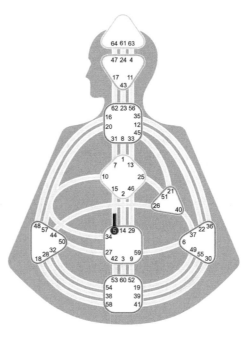

Tema: cultivas y mantienes prácticas y hábitos diarios para generar estabilidad y consistencia en tu vida y comprendes que te va mejor cuando tienes unos hábitos constantes. Esto puede consistir en algo tan simple como tomar una taza de café a la misma hora todos los días o tan complejo como estar comprometido con una práctica espiritual. Para lograr un cambio, necesitas tiempo para establecer un nuevo ritmo o crear unos nuevos hábitos.

Figura 66: Puerta 5.

Lección de vida: cultiva una práctica diaria que fomente tu estabilidad y te apoye en tu crecimiento y tu dominio.

Cuando la expresión del tema está desequilibrada: es posible que estés tan atado a tus hábitos que tengas dificultades para adaptarte, modificar tu forma de proceder o hacer un cambio.

Para reflexionar

- ¿Son buenos para tu salud y tu dinamismo tus patrones y hábitos actuales? ¿Necesitas cambiar algún hábito que te pueda estar manteniendo atrapado en un patrón improductivo?
- ¿Necesitas crear unos hábitos nuevos, que sean más saludables y te beneficien más?

Afirmación

Creo mejor cuando tengo una base que me proporciona estabilidad y una práctica que respalda mi dominio. Soy fluido y adaptable cuando mantengo mi práctica diaria de autorrenovación y cuidado personal. Mi estabilidad y mis patrones ayudan a otras personas a estar con los pies en el suelo y hacen que sea alguien en quien se puede confiar.

Puerta 6: La fricción

I Ching: El conflicto

Tema: tienes la capacidad de saber qué trabajo debes hacer para tener un impacto y generar recursos sostenibles para los demás, y cuándo y cómo tienes que realizar este trabajo.

Lección de vida: confía en el momento adecuado. Debes saber que cuando sea el momento de compartir lo que eres y lo que tienes, se darán las condiciones que harán que las personas destinadas a verse afectadas por ti reparen en ti y te escuchen.

Cuando la expresión del tema está desequilibrada: es posible que tengas una sensación de escasez tan fuerte que sientas la necesidad de tomar lo que crees que no tienes o de luchar por ello. Podrías forzar para llamar la atención y que te escuchen y, en consecuencia, podrías alejar a los demás o inculcarles la idea de que falta algo en su vida, inspirando así una energía de competencia y lucha.

Para reflexionar

- ¿Confías en que estás obteniendo apoyo y en que gozas de abundancia? En caso de que no, ¿qué debe cambiar?
- ¿Crees que siempre hay suficiente? ¿Qué está pasando en tu vida en estos momentos que sea una prueba de que estás recibiendo apoyo?

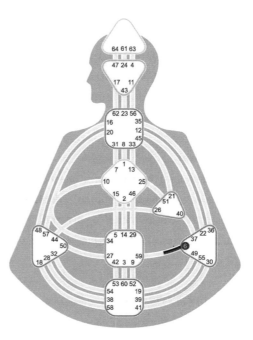

Figura 67: Puerta 6.

- ¿Estás cuidando de ti mismo para tener una energía sostenible y tener siempre más para dar?
- ¿Estás preparado para que te vean y te escuchen? ¿Hasta qué punto te sientes a gusto siendo el centro de atención? ¿Qué tienes que sanar, liberar, armonizar o traer a la conciencia para que otras personas reparen en ti y te escuchen completamente?

Afirmación

Me entrego a la vida. Me entrego a mi destino y a todo lo que significa ser yo mismo. Confío en que llegará el momento adecuado en el que compartir lo que soy y lo que tengo de una manera significativa y abundante. Sé que siempre recibo apoyo, y me relajo y confío a este respecto.

Puerta 7: El yo en interacción

I Ching: El ejército

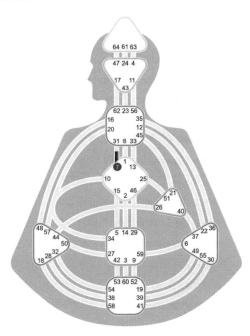

Tema: sabes que el hecho de apoyar a quienes desempeñan un rol de liderazgo tiene un impacto potente. Como ocurre con los jefes de gabinete, quien coordina y crea entre bastidores suele ser más poderoso que la figura pública.

Figura 68: Puerta 7.

Lecciones de vida: pon tu talento al servicio de quienes están en una posición de liderazgo y olvida la necesidad de ser el centro de atención. Domina el arte de la influencia apoyando a aquellos que, aparentemente, están al mando.

Cuando la expresión del tema está desequilibrada: podrías sentirte invisible o sentir que no gozas de reconocimiento, o podrías querer ser la figura pública y renunciar a la función que te corresponde por diseño: ser la persona que presta apoyo.

Para reflexionar

- ¿En qué área o áreas de tu vida tienes que emprender la acción? ¿Qué tienes que hacer para avanzar hacia el cumplimiento de tu sueño?
- ¿Qué tipo de influencia y reconocimiento te gustaría experimentar? ¿Qué te ha impedido obtener reconocimiento en el pasado? ¿Hay algo que debas cambiar para incrementar tu luz?

Afirmación

Asumo el liderazgo de mi vida y sé que seré llamado a compartir mi influencia con el mundo. Tengo poder y confío en que el universo me llevará exactamente adonde debo ir para imprimir mi expresión auténtica en la faz del mundo.

Puerta 8: La contribución

I Ching: La unión

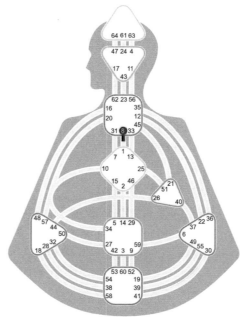

Tema: desafías los límites de la verdadera autoexpresión y te das cuenta de que tu propósito de vida es expresar completamente tu verdadero yo. Te sirves de tu expresión auténtica para inspirar a otros.

Lecciones de vida: valórate tal como eres y ten el coraje de ser siempre tú mismo, independientemente de lo que digan o hagan los demás.

Figura 69: Puerta 8.

Cuando la expresión del tema está desequilibrada: podrías reprimirte y no decir lo que piensas o no ser fiel a ti mismo para encajar o sentirte seguro. Podrías ceder a la presión de que tienes que hacer algo significativo y tratar de descubrir con la mente la contribución que harás en lugar de hacerlo desde el corazón.

Para reflexionar

- Si pudieras vivir la vida sin claudicar ante nada, ¿cómo vivirías?
- ¿Sueñas con hacer una contribución al mundo? ¿Cuál? ¿Qué tienes que hacer para materializarla? ¿Hay algo que te detenga?

Afirmación

Mi contribución a la humanidad es importante. Me comprometo a expresar todo lo que soy verdaderamente. El mundo necesita que desempeñe el papel que pretendo desempeñar, y la mayor contribución que hago es compartir mi luz, mi amor y mi ser con el mundo. Nunca me cohíbo. Irradio. Soy una parte crucial de la luz del conjunto de la humanidad.

Puerta 9: El enfoque

I Ching: El poder domesticador de lo pequeño.

Tema: tienes la capacidad de ver el panorama general y de determinar dónde enfocar tu energía prioritariamente.

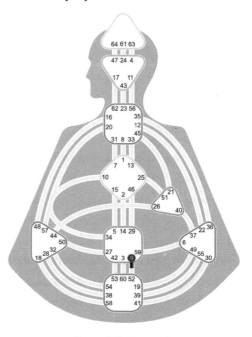

Figura 70: Puerta 9.

Lecciones de vida: cultiva un estilo de vida y una forma de crear que te ayude a mantenerte enfocado en tus objetivos e intenciones. Mira más allá de las distracciones.

Cuando la expresión del tema está desequilibrada: es posible que te sientas presionado a determinar en qué enfocarte o abrumado y confundido por demasiadas opciones. Es posible que no puedas ver la relación entre las ideas y las acciones y que te pasen por alto detalles importantes.

Para reflexionar

- ¿Qué tienes que hacer para que tus sueños se hagan realidad? (En referencia a medidas prácticas, como escribir un libro, probar un automóvil, crear un sitio web, hacer un curso...).
- ¿Qué necesitas que haga el universo? (En referencia a cosas que puedes sentir que escapan a tu control, como atraer a los clientes, los amigos o el amante perfectos; o tal vez

necesites que el universo te aporte la información y el apoyo perfectos).

Afirmación

Confío en que el universo me proporcionará todo lo que necesito para hacer realidad mis sueños. Mientras espero a que la concreción de mis sueños vaya avanzando de manera perfecta, doy pasos muy significativos e implemento detalles importantes para prepararme para la manifestación de mis intenciones. Me relajo sabiendo que estoy haciendo mi parte en la cocreación de mi vida.

Puerta 10: El amor a uno mismo

I Ching: La pisada

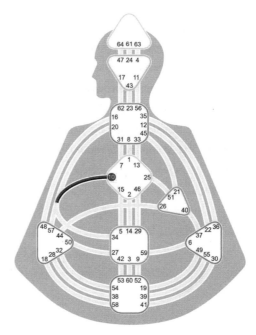

Tema: ves el amor hacia ti mismo como la esencia de tu verdadero poder creativo y te nutres, estableces unos buenos límites y adoptas una mentalidad empoderada que rechaza la conciencia de víctima.

Lecciones de vida: ámate a ti mismo y asume la responsabilidad de tus propias creaciones.

Figura 71: Puerta 10.

Cuando la expresión del tema está desequilibrada: podrías cuestionar que mereces ser amado o luchar para demostrar este merecimiento;

podrías darte por vencido y conformarte con menos de lo que mereces o culpar a otros por tus circunstancias y situaciones.

Para reflexionar

- ¿De qué viejas energías e historias de víctima necesitas desprenderte?
- ¿Qué significa el poder para ti? ¿Qué podrías hacer para sentirte más empoderado?
- ¿Qué amas de ti mismo?
- ¿Qué acciones podrías emprender que estén en sintonía con el amor que sientes por ti mismo?

Afirmación

Reconozco el milagro que soy y procedo en consecuencia. Soy una creación divina única; sé que no hay nadie como yo en este mundo. Tomo decisiones y emprendo acciones que se corresponden con mi magnificencia divina, y me rodeo de personas que me apoyan, nutren e inspiran. Soy poderoso y estoy al cargo de la dirección de mi vida. Tomo decisiones que me permiten manifestar mi potencial divino y ser la expresión más completa de mí mismo. Doy espacio a otros para que hagan lo mismo.

Puerta 11: Las ideas

I Ching: La paz

Tema: eres un re-
ceptáculo de ideas,
y entiendes que
debes conservarlas
y protegerlas has-
ta que lleguen las
personas adecuadas
con quienes com-
partirlas. Sabes que
no te corresponde a
ti poner en práctica
todas estas ideas y
te sirves del poder
de tu inspiración
para estimular tu
propia imaginación
y la de otras personas.

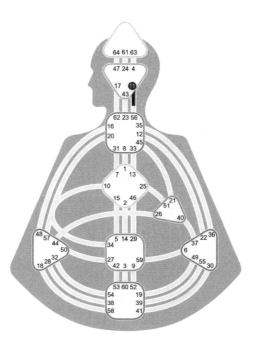

Figura 72: Puerta 11.

Lecciones de vida: aférrate a las ideas hasta que sea el momento adecuado para compartirlas o implementarlas (pero no tienes que poner en práctica todas ellas). Usa el poder del pensamiento creativo para inspirar a otros.

Cuando la expresión del tema está desequilibrada: podrías sentirte presionado a poner en práctica todas tus ideas y ansioso por este motivo, lo que podría llevarte a realizar una serie de esfuerzos frenéticos a la par que dispersos que te dejen insatisfecho y frustrado.

Para reflexionar

- Piensa en algunos de tus logros y consecuciones de las últimas semanas. ¿Cuáles son? ¿Qué podrías mejorar a partir de lo que has hecho? ¿Qué has aprendido?
- ¿Qué ideas has tenido esta semana?

Afirmación

Respeto mi proceso creativo interior. Estoy agradecido por cada lección que recibo y por cada aventura que tengo, y sé que cada historia añade unos hilos hermosos y valiosos al tapiz de mi vida y de la historia de la humanidad. Me relajo y disfruto la búsqueda de la verdad, sabiendo que cuanto más aprendo, más crezco, y que el aprendizaje y el crecimiento no cesan nunca. Me permito saborear cada momento y cumplir la función que me corresponde como receptáculo creativo. Me relajo, respiro, confío y dejo fluir las ideas.

Puerta 12: La precaución

I Ching: El estancamiento

Tema: tu voz es una expresión de transformación y un vehículo para la inspiración divina. Las palabras que dices —las ideas y la creatividad que compartes— tienen el poder de cambiar a los demás y al mundo. Esta energía es tan poderosa que los demás tienen que estar listos para

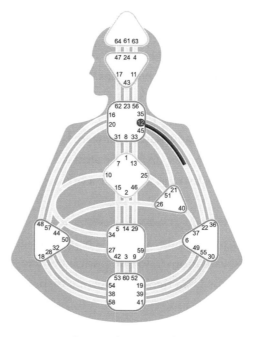

Figura 73: Puerta 12.

recibirla. Cuando te muestras elocuente, ello es indicativo de que el momento es el apropiado. Si te cuesta encontrar las palabras, ten el valor de esperar hasta que las cosas parezcan estar más en su lugar.

Lecciones de vida: trata de no forzar la comunicación de tus ideas manifestándolas a personas que no están listas. Aprende a confiar en que tus palabras son importantes y espera a que aparezcan las personas que puedan acogerlas para proteger la integridad de tus ideas.

Cuando la expresión del tema está desequilibrada: podrías tener dificultades para decir lo que sabes y no tener en cuenta el momento adecuado ni la receptividad de los demás para comunicar tus ideas y tus puntos de vista.

Para reflexionar

- ¿Estás utilizando la fuerza de voluntad o el poder divino para crear?
- ¿Te sientes estancado? En caso de que sí, ¿qué tienes que hacer para seguir avanzando?
- ¿Es el momento de compartir tus pensamientos, ideas e inspiraciones divinas con los demás?
- ¿Qué actividades divertidas puedes realizar para inspirar tu energía creativa?

Afirmación

En la expresión de mi intención, me mantengo abierto a la voz y las palabras divinas. Mis palabras, mi expresión y mi creación están guiadas por lo divino, y digo las palabras perfectas para transmitir la belleza de lo que soy y de aquello que creo. Mi voz es escuchada y valorada, y comparto mis ideas y experiencias como parte de mi proceso creativo. Mi perspectiva divina me apoya en el desarrollo de mis ideas y creaciones.

Puerta 13: El que escucha

I Ching: La comunidad de los hombres

Tema: usas la fuerza del relato personal para crear con poder e intención.

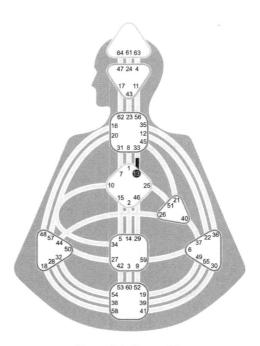

Lección de vida: recuerda que la historia que cuentas sobre tu vida y sobre la persona que eres establece el carácter y la dirección de las experiencias que tienes en el mundo. Cuando tu relato personal abarca tus cualidades positivas y la realización de tu potencial, tu vida comienza a reflejar esto como una verdad.

Figura 74: Puerta 13.

Cuando la expresión del tema está desequilibrada: podrías quedar atrapado en viejas historias, heridas y resentimientos que creasen un relato personal de victimización y culpa que te impidiese avanzar en la vida con fluidez y un impulso saludable.

Para reflexionar

- ¿Qué fuerza tiene tu ego? ¿Te sientes cómodo sirviendo al bien superior sin obtener reconocimiento? ¿Hay áreas en las que aún te motive la necesidad de probar algo?

- ¿Qué puedes hacer para prestar verdadera atención y escuchar mejor a los demás? ¿Qué debes hacer para advertir y escuchar mejor tu propia guía?
- ¿Te estás tomando tiempo para permitirte ver con claridad? ¿Ves la verdad de tu pasado? ¿Qué partes del pasado tienes que soltar todavía?

Afirmación

Soy un sirviente de lo divino. En mi retiro tranquilo, sintonizo con mi propósito superior y emprendo acciones que están al servicio del bien mayor.

Cada día pido que mi mente, mis ojos, mis palabras, mi corazón, mis manos, mi cuerpo, mi luz y mi ser sean usados en el servicio divino. Estoy agradecido por todo lo que me ha precedido y pido tomar las lecciones de mi pasado y usarlas para servir a los demás. Escucho atentamente las palabras de los demás y lo que quieren decir en realidad. Me permito ver la verdad que hay detrás de todas las palabras para saber siempre el significado divino de cada comunicación.

Gozo de claridad. Estoy presente. Me tomo mi tiempo para responder significativamente. Digo palabras que abren la puerta de la oportunidad a otras personas. Sostengo un espacio sagrado para que la humanidad cumpla, conjuntamente, su propósito más elevado. Lidero con amor.

Puerta 14: La habilidad en el uso del poder

I Ching: La posesión en gran medida

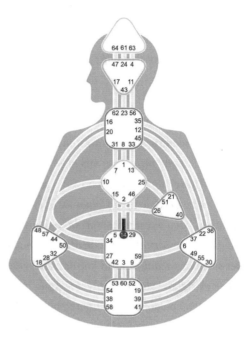

Tema: estás tranquilo en cuanto a los recursos y confías en que todo lo que necesites aparecerá en sintonía con tu propósito espiritual. Los recursos que tienes te permiten aumentar los recursos disponibles para otros. Cambiarás la definición de *trabajo*: ya no trabajarás para obtener ganancias materiales, sino para transformar el

Figura 75: Puerta 14.

mundo y estar en el fluir de la vida. Sabes que este apoyo emana del hecho de estar en sintonía con tu corazón.

Lecciones de vida: haz las paces con el dinero. Confía en que siempre tendrás oportunidades y en que siempre tendrás lo suficiente.

Cuando la expresión del tema está desequilibrada: podrías entrar en pánico en relación con el trabajo y el dinero, y trabajar en exceso o aceptar un empleo que no quieres para obtener un beneficio material solamente.

Para reflexionar

- ¿Qué estás haciendo actualmente que encuentres inspirador y muy agradable? ¿Puedes comprometerte contigo mismo a hacer al menos una de estas actividades inspiradoras cada día?
- ¿Cómo sería tu vida si siguieras tu pasión? ¿Qué estarías haciendo? ¿Cómo te sentirías respecto a tu vida? ¿Cuál sería tu nivel de energía?
- ¿Confías en el universo para que te ayude a perseguir tu sueño? ¿Te parece bien ganar dinero haciendo lo que amas? ¿Puedes hacer lo que amas y saber que recibirás apoyo?

Afirmación

Respondo a aquello que me aporta alegría. Presto atención a lo que me entusiasma y me apasiona y me permito confiar en que el universo está conspirando exquisitamente para encontrar formas de apoyarme en el ejercicio de mi pasión. Hago lo que quiero hacer. Hago lo que me parece correcto. Respeto mi alegría y mi emoción y me comprometo a sentirme bien, sabiendo que esta es la contribución más importante que puedo hacer al planeta en estos momentos.

Puerta 15: Los extremos

I Ching: La modestia

Tema: eres capaz de confiar en tu propio fluir y tu propio ritmo y de comprender que pasarás por ciclos que interrumpirán viejos patrones y te obligarán a cambiar de dirección. Estableces parámetros para tu creatividad y trabajas dentro de ellos cuando te sientes bien haciéndolo y descansas entre fases. La naturaleza tiene su ritmo y sus extremos. Estás aquí para cambiar los viejos ritmos y patrones para sintonizar con una mayor compasión.

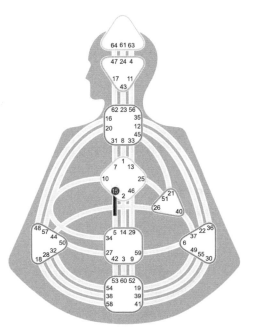

Figura 76: Puerta 15.

Lecciones de vida: sigue tu propio fluir y tu propio ritmo y respeta los altibajos de tus ciclos de energía y creatividad.

Cuando la expresión del tema está desequilibrada: podrías juzgarte por no tener unos hábitos y por no ser constante. Podría costarte encontrar los hábitos correctos, ya que no estás aquí para tener hábitos; estás aquí para seguir la corriente.

Para reflexionar

- ¿Qué contribuciones estás haciendo a la humanidad? ¿Estás reconociendo tu servicio? ¿Necesitas o quieres que tu compromiso sea más sólido?
- ¿Qué papel juega el ritmo en tu vida? ¿Te aporta alegría tu ritmo personal? ¿Mejora tus creaciones este ritmo? ¿Te lleva a cumplir tus intenciones? ¿Necesitas experimentar o cambiar tu ritmo?

Afirmación

Mi vida constituye una aportación a la grandeza de la humanidad. Mi trabajo beneficia al mundo. Acepto incondicionalmente el amplio espectro de diversidad y ritmo que conforma la humanidad y me entrego a la gran corriente de la vida. Me asombra la magnificencia de la humanidad, y mi asombro me inspira a estar al servicio del bien mayor.

Puerta 16: Las habilidades

I Ching: El entusiasmo

Tema: tienes el valor de emprender la acción e inspirar a otros a actuar, incluso si no conoces todos los detalles o no sabes cómo irán las cosas exactamente. Confías en que el momento es el adecuado y tienes fe en el resultado.

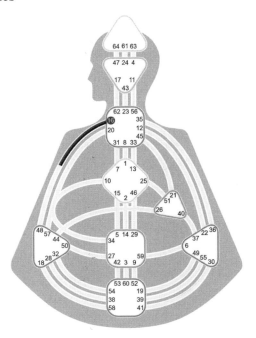

Figura 77: Puerta 16.

Lecciones de vida: prepárate cuando sea necesario. Evalúa si realmente estás listo antes de que tu entusiasmo pase por encima de tu necesidad de construir primero una base sólida.

Cuando la expresión del tema está desequilibrada: es posible que no sientes las bases antes de actuar, lo que puede hacer que afrontes dificultades o que te encuentres con unos resultados caóticos. O es posible que abandones antes de efectuar el intento porque el miedo a cometer un error es demasiado fuerte.

Para reflexionar

- ¿Qué sueños están empezando a hacerse realidad? ¿Qué te está enseñando tu experimentación? ¿Qué tienes que modificar?
- ¿Qué creencias pueden influir en lo que se manifiesta en tus experimentos? ¿Albergas viejas creencias que debas soltar?
- ¿Puedes imaginar la expresión plena y entusiasta de tus dones y talentos únicos?

Afirmación

Soy una fuerza contagiosa llena de fe. Emprendo acciones guiadas y confío en mi intuición y mi conciencia para saber cuándo estoy preparado y listo para expandir mi experiencia y mi maestría. Mi entusiasmo inspira a otros a confiar en sí mismos y a dar sus propios saltos de crecimiento gigantescos.

Puerta 17: Las opiniones

I Ching: El seguimiento

Tema: usas el poder de la mente para imaginar qué más es posible en la condición humana. Usas tus pensamientos para inspirar a otros a pensar más a lo grande y de manera más audaz, y utilizas tus palabras para inspirar y preparar el terreno para la generación de una energía que expanda el potencial.

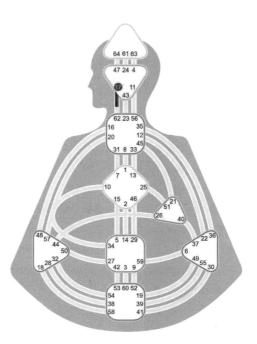

Figura 78: Puerta 17.

Lecciones de vida: acepta que tu mente genera posibilidades potentes y confía en que cuando sea el momento encontrarás a las personas adecuadas con las que compartir estas ideas de tanto alcance.

Cuando la expresión del tema está desequilibrada: podrías dar a conocer tus ideas y opiniones sin esperar a que los demás estén listos para recibirlas y podrías aceptar tus propias opiniones como hechos sin investigar si lo que crees se ajusta a la realidad.

Para reflexionar

- ¿Qué haces con las ideas e inspiraciones que despiertan tu entusiasmo? ¿Se te da bien conservar estas ideas y dejar que las personas adecuadas sean atraídas a la fase de germinación de tu creación?

- ¿Qué significa para ti el verbo *servir*? ¿Estás haciendo algún servicio? ¿Tienes que hacer más? ¿Te estás sirviendo a ti mismo para partir de una buena base? ¿Puedes servirte a ti mismo sin sentirte culpable?

Afirmación

Espero a que me pregunten o a que me lo pidan para ofrecer mis ideas o puntos de vista. Soy consciente de que lo que es verdad para mí no siempre lo es para los demás. Cada uno de nosotros estamos embarcados en un viaje vital único, y nuestras percepciones dan lugar a nuestras ideas. Espero a que las personas adecuadas me pregunten por las mías. Sé que cuando me pregunten las valorarán. Mis ideas son valiosas para aquellos que las buscan. Pero para ser valorado, primero debo estar al servicio. Sirvo a la verdad y espero a las personas que estén en sintonía con mi verdad.

Puerta 18: La corrección

I Ching: El trabajo sobre lo estropeado

Tema: ves un patrón que debe corregirse y esperas el momento y las circunstancias adecuadas para corregirlo y enderezarlo.

Lecciones de vida: confía en lo que te dice la intuición en cuanto a lo que debe corregirse. Espera a que los demás estén listos antes de compartir.

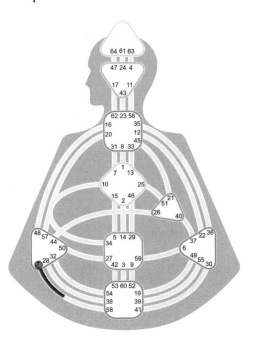

Figura 79: Puerta 18.

Cuando la expresión del tema está desequilibrada: podrías mostrarte hipercrítico y pretencioso sobre lo que crees que deben hacer los demás para mejorar su desempeño.

Para reflexionar

- ¿Qué te cuesta soltar, de manera que necesitas trabajar en ello? ¿Los juicios? ¿El rencor?
- Cuando observas tu vida, ¿qué patrones de éxito o autosabotaje puedes ver en ella? ¿Qué patrones se van repitiendo? ¿Qué puedes hacer para cambiar estos patrones?
- En tu proceso creativo, ¿qué debes ajustar para lograr una expresión más alineada?

Afirmación

Mi vida entera es un proceso de perfección en constante expansión. El punto en el que me encuentro ahora es el resultado de la suma de todas mis experiencias. A medida que aprendo y crezco, también lo hacen mi comprensión y mi conciencia. Soy perfecto en este momento. Mis supuestos errores son catalizadores para mi crecimiento, y disfruto corrigiendo patrones y alineándome cada vez más con mi divinidad. Cada día me brinda oportunidades para crecer y expandirme, y estoy agradecido.

Puerta 19: El querer

I Ching: El acercamiento

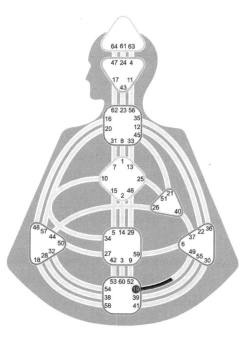

Tema: eres capaz de percibir las necesidades emocionales de los demás y de tu comunidad y sabes cómo volver a armonizar la energía emocional de manera sostenible. Eres emocionalmente vulnerable y estás presente para estimular las conexiones de corazón a corazón.

Figura 80: Puerta 19.

Lecciones de vida: no dejes que tu sensibilidad hacia los demás te lleve a renunciar a tus propias necesidades y deseos o a retirarte del mundo. Sé compasivo pero no codependiente. Aprende a generar una intimidad y una conexión emocional verdaderas.

Cuando la expresión del tema está desequilibrada: podrías estar tan conectado con los demás en el plano emocional que podrías renunciar a lo que quieres o no pedir lo que necesitas. Podrías esconderte de las emociones abrumadoras por ser demasiado sensible o evitar lidiar con la verdad o el conflicto por sentir que el hecho de hacerlo te exigiría demasiado en el terreno emocional.

Para reflexionar

- ¿Qué ciclos de tu vida están llegando a su fin? ¿Te estás resistiendo a estas finalizaciones o las estás permitiendo? ¿Hay algo que debas hacer para generar espacio para que empiece un nuevo ciclo?
- ¿Qué lecciones has aprendido del ciclo que ha terminado o que está acabando? ¿Qué cosas buenas te llevarás contigo al nuevo ciclo? ¿Qué ves más claro ahora?
- ¿Qué significa la intimidad para ti? ¿Se están satisfaciendo tus necesidades? ¿Estás satisfaciendo las necesidades de tu pareja? ¿Estás pidiendo claramente lo que quieres? ¿Estás permitiendo que tu pareja te dé? ¿Hay áreas en las que debas satisfacer mejor tus propias necesidades de intimidad?

Afirmación

Soy profundamente consciente de las necesidades emocionales y la energía de los demás. Mi sensibilidad y mi conciencia me brindan percepciones que me permiten generar intimidad y vulnerabilidad en mis relaciones. Soy consciente de la frecuencia emocional que me rodea y estoy sintonizado con ella, y ayudo a mantener una alta frecuencia de armonía emocional. Respeto mis propias necesidades emocionales por ser la base de lo que comparto con los demás.

Puerta 20: La metamorfosis

I Ching: La contemplación

Tema: confías en tu in-
tuición y sabes qué se
debe establecer, qué
personas son necesa-
rias, qué habilidades
se deben dominar y
cuándo es el momen-
to oportuno. Con-
fías en que llegará el
momento adecuado y
prestas atención a la
intuición para prepa-
rarte.

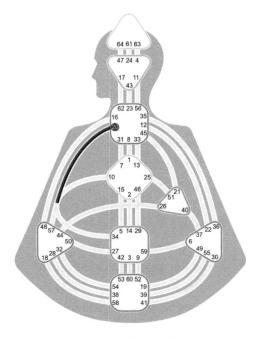

Lección de vida: sé pa-
ciente y confía en que
llegará el momento
correcto; la potencia
se amplifica cuando el momento es el adecuado.

Figura 81: Puerta 20.

Cuando la expresión del tema está desequilibrada: podrías emprender
la acción antes de tiempo y no cosechar todo el potencial de lo
que has imaginado. Podrías saltar de una cosa a otra porque tu
impaciencia te impide esperar el momento oportuno.

Para reflexionar

- ¿Cómo te sientes acerca de permanecer inactivo?
- ¿Hay áreas de tu vida en las que estés ocupado sin ir en una
  determinada dirección? ¿Estás lidiando con el agotamiento
  por estrés y desgaste? ¿Eres tan eficaz como te gustaría ser?

- ¿Hay áreas de tu vida en las que deberías tomar la iniciativa? ¿Qué tal si delegas?
- ¿Cómo defines tu poder personal? ¿Lo estás activando completamente?

Afirmación

El hecho de que pueda hacer algo no significa que tenga que hacerlo o que deba hacerlo. Uso la estrategia correspondiente a mi tipo del diseño humano para determinar qué voy a hacer y solo hago aquello que es apropiado para mí. Soy un punto de acceso a la perfección cósmica y el punto de entrada para acciones sintonizadas con el orden divino. Mi hacer se pone de manifiesto en mi no hacer.

Puerta 21: El tesorero

I Ching: La mordedura tajante

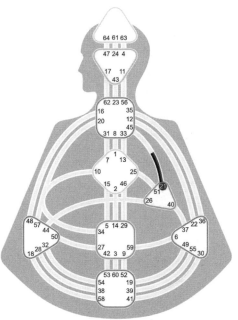

Tema: regulas tus entornos interior y exterior para mantener una frecuencia vibratoria que refleje tu verdadero valor. Eres generoso contigo mismo y estableces unos límites que te permiten conservar tu valía y te ayudan a actuar de manera sostenible en el mundo. Llevas a cabo las acciones necesarias para desempeñar tu papel único en el plan cósmico.

Figura 82: Puerta 21.

Lecciones de vida: suelta la necesidad de controlar a los demás; domina el control de ti mismo.

Cuando la expresión del tema está desequilibrada: podrías compensar en exceso la sensación de no tener el control tratando de controlar circunstancias, situaciones o a otras personas.

Para reflexionar

- ¿En qué áreas de tu vida tienes que soltar?
- ¿Qué debes hacer para permitir que los demás se expresen y cuenten con la debida libertad?
- ¿Cómo podrías hacer más profundas tu práctica y tu conexión espirituales? ¿Qué viejas creencias y miedos tienes que soltar para albergar una confianza más sólida?

Afirmación

Controlo mis pensamientos y mis actos. Suelto la necesidad de controlar a los demás. Confío en que el universo me proporcionará todos los encuentros fortuitos y la magia necesarios para la manifestación de mis deseos. Uso mi energía para autogestionarme. Confío en que mi forma de pensar y mis acciones intencionadas alentarán al universo a conspirar conmigo. Predico con el ejemplo.

Puerta 22: La apertura

I Ching: La gracia*

Tema: sabes que estás totalmente respaldado por el fluir universal de la abundancia. Te dedicas a lo que te apasiona y a efectuar tu contribución única al mundo sea como sea, confiando en que se te dará lo que necesitas cuando lo necesites.

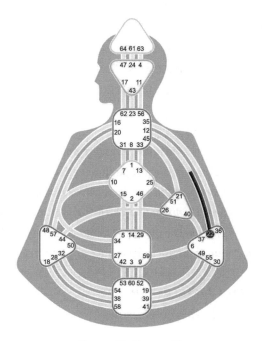

Figura 83: Puerta 22.

Lecciones de vida: ten el valor de seguir tu pasión, sabiendo que obtendrás apoyo. Entrégate y confía en que recibirás este apoyo.

Cuando la expresión del tema está desequilibrada: podrías abstenerte de proceder según tu sentir y de hacer lo que te apasiona por miedo a no obtener apoyo o a que eso no tenga sentido. Podrías acudir al dramatismo para distraerte o evitar seguir tu pasión creativa.

Para reflexionar

- Ante la energía emocional y el dramatismo de los demás, ¿cuál es tu estrategia para dejar que eso ocurra a la vez que

---

* N. del T.: En este contexto, *gracia* significa 'naturalidad', 'sinceridad'.

te mantienes consciente de la situación? ¿Qué haces para no implicarte?

- ¿Confías en que obtendrás apoyo en relación con lo que te apasiona y la satisfacción de tus deseos creativos? ¿Qué viejas ideas necesitas abandonar para permitirte seguir tu pasión y confiar en la dirección en la que te llevará?

Afirmación

Me mantengo tranquilo y presente ante el orden divino. Veo e integro, evalúo y comparto mi conciencia. Manifiesto mis conclusiones con buen talante y en el momento oportuno. Utilizo mi capacidad de percibir la conciencia correcta para llevar mi conciencia y mis hallazgos a los demás. Soy la calma dentro de la tormenta. Sigo mi pasión sabiendo que estoy totalmente respaldado y que he venido a compartir con el mundo mi sintonía con mi expresión creativa.

Puerta 23: La asimilación

I Ching: La desintegración

Tema: eres capaz de ofrecer ideas que cambian la forma de pensar de los demás. Compartes lo que sabes comprendiendo cuándo es el momento adecuado. Confías en tu conocimiento como una expresión de tu conexión espiritual.

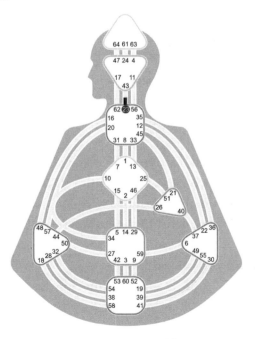

Figura 84: Puerta 23.

Lección de vida: espera el momento adecuado y a que aparezcan las personas apropiadas antes de compartir tus conocimientos e ideas transformadores.

Cuando la expresión del tema está desequilibrada: podrías dar a conocer tu idea innovadora antes de que los demás estén listos para recibirla y, después, podrías pensar que la idea en sí es mala, en lugar de reconocer que esto no es así, sino que el momento no era el apropiado.

Para reflexionar

- ¿Qué haces para conservar tu visión? ¿Qué parte de tu práctica diaria te ayuda a mantener la energía de tu intención?
- ¿Cómo te sientes cuando no sabes cómo se manifestará algo? ¿Cuánto tiempo mantienes tu intención? ¿Tienes la paciencia necesaria para esperar a que llegue lo correcto? ¿Puedes dejar de lado tu plan de contingencia y confiar en el orden divino? ¿Te estás preparando con pequeños actos de fe que le mostrarán al universo que estás listo para el siguiente paso en tu tarea?
- ¿Tienes el valor de mantener tu visión incluso cuando nadie más la entiende por el momento? ¿Te sientes bien absteniéndote de manifestar tu intención? ¿Cómo te sientes al no encajar? ¿En qué casos renuncias? ¿En qué casos te mantienes firme?

Afirmación

Mi mayor virtud es mi capacidad de permanecer quieto y esperar a que me pidan compartir la visión que tengo. Tengo una gran confianza en mi conocimiento. Confío en que sé cómo generar un cambio dinámico para mi propio bien y para el bien de todos y sostengo esta intención.

Puerta 24: La racionalización

I Ching: El regreso

Tema: reconoces que todas las experiencias pueden ayudarte a crecer y expandirte y redefines tus historias para que reflejen lo que has aprendido y cómo has madurado. Les das las gracias a todas tus experiencias de vida para, a continuación, liberarte de las historias que ya no te sirven.

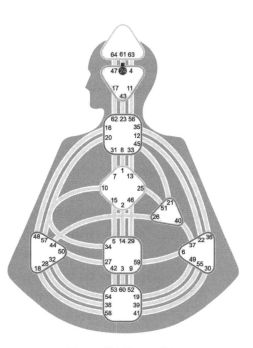

Figura 85: Puerta 24.

Lecciones de vida: encuentra lo que tienen de bueno todas las situaciones, incluso las dolorosas. Sírvete de las circunstancias dolorosas para incrementar tu propio poder y tu sensación de valía. No te conformes con menos de lo que mereces.

Cuando la expresión del tema está desequilibrada: podrías justificar racionalmente tu victimismo o conservar viejos patrones anquilosados que no respalden la expresión más alta de tu valía.

Para reflexionar

- ¿Qué es aquello que está funcionando en tu vida y te hace sentir bien?

- ¿Qué te han enseñado tus mayores dificultades?
- ¿En qué área o áreas de tu vida te podrías estar conformando con menos de lo que quieres o mereces?

Afirmación

Presto mi atención a mi avance y a todo lo bueno. Me concentro en lo que funciona y en lo armónico, y confío en que todo lo bueno aumentará. Celebro mis éxitos y me enfoco en lograr más estando atento a lo que es correcto para mí.

Puerta 25: El amor del Espíritu

I Ching: La inocencia

Tema: confías en el orden divino y te conectas con Dios (con el Espíritu, si lo prefieres) para gozar de bienestar en tu vida. Recuerdas que tu vida tiene un papel insustituible en el plan cósmico y respetas este papel y vives a partir de él.

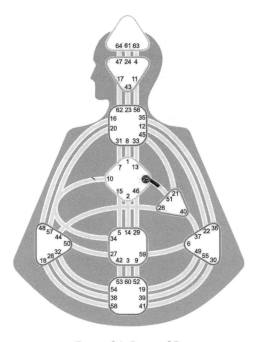

Figura 86: Puerta 25.

Lecciones de vida: contempla tu vida como parte de un propósito superior. Realiza la acción correcta incluso si no sabes cuál será el resultado.

Cuando la expresión del tema está desequilibrada: podrías actuar a partir del odio y en tu propio interés. Podrías olvidar el verdadero propósito de tu vida y actuar irresponsablemente.

Para reflexionar

- ¿Hasta qué punto confías en el orden divino?
- ¿Hasta qué punto te sientes conectado con tu propósito superior? ¿Confías en Dios (o el Espíritu o el universo)? ¿Lo suficiente como para tomar medidas audaces?

Afirmación

Estoy perfectamente preparado para ocupar mi lugar en el orden divino. Sé que mis intenciones pueden ser satisfechas, y lo serán, de acuerdo con la mente divina, y me relajo y confío. Sé que hay unos resultados inesperados mayores, para mi mayor bien, y confío en que todo es como tiene que ser. No hago caso de cómo son las cosas en apariencia y sé que la verdad se me revelará cuando necesite saberla. El espíritu de Dios dentro de mí es la esencia de todo lo bueno que tengo y todo lo que es bueno para mí.

Puerta 26: El tramposo

I Ching: El poder domesticador de lo grande

Tema: vives en la integridad moral, energética, física y relativa a la identidad y los recursos con coraje y confianza. Estableces unos límites claros y tomas las medidas necesarias para preservar la integridad de tu espacio correcto.

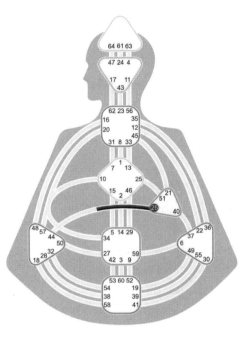

Figura 87: Puerta 26.

Lección de vida: fortalece tu autoestima para poder vivir de manera sostenible y con integridad contigo mismo y con los demás.

Cuando la expresión del tema está desequilibrada: podrías compensar en exceso la baja autoestima no siendo íntegro contigo mismo, con tus elecciones ni con los demás.

Para reflexionar

- ¿Son tus actos y tus palabras coherentes con tus intenciones? En caso de que no, ¿cómo podrías alinearlos?
- ¿Qué verdades tienes que compartir desde el corazón? ¿Qué conexiones de corazón a corazón debes establecer esta semana?

- ¿Qué es lo que realmente valoras en tu vida? ¿Estás comunicando este reconocimiento?

Afirmación

Hablo y actúo con integridad. Mis actos y mis palabras son coherentes con mis intenciones. Me tomo mi tiempo para decir las palabras perfectas porque sé que mis palabras transmiten lo que albergo en el corazón y mis inspiraciones. Me importa mucho mi impacto y escucho con amor a quienes me rodean. Me tomo mi tiempo y actúo de acuerdo con mis valores, y les digo lo que siento a mis seres queridos con total libertad.

Puerta 27: La responsabilidad

I Ching: La nutrición

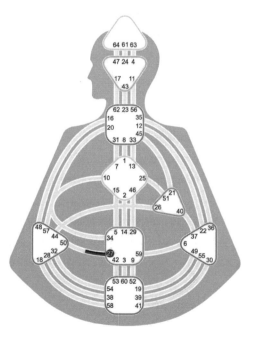

Tema: apoyas, nutres y animas a otras personas. Sientes qué hace falta para aumentar el bienestar de los demás y del mundo y actúas en consecuencia. Les proporcionas alimentos y nutrientes saludables para asegurarte de que prosperen. Los responsabilizas de su autoestima y su empoderamiento.

Figura 88: Puerta 27.

Lecciones de vida: cuida de los demás pero sin pasarte de la raya. Deja que asuman la responsabilidad de sus propias dificultades y elecciones. Acepta sus valores. No dejes que la culpa te lleve a comprometer lo que es bueno y correcto para ti.

Cuando la expresión del tema está desequilibrada: podrías ser una persona codependiente, sentirte culpable o ser demasiado generoso o bondadoso.

Para reflexionar

- ¿De qué te estás responsabilizando que deberías soltar? ¿Está contribuyendo la culpa a que te mantengas aferrado a algo de lo que deberías desprenderte? ¿Puedes librarte de la culpa?
- ¿Qué pequeños actos compasivos no estás realizando porque no crees que vayan a servir de nada? ¿Puedes darte permiso para realizarlos de todos modos?
- Siendo consciente de que eres responsable de tu propia realidad, ¿hay algo que te gustaría cambiar en cuanto a la manera en que la estás creando? ¿Necesitas cuidarte mejor?

Afirmación

Soy responsable de estar en armonía con las cosas tal como son. Confío en que cuando me encuentre con dificultades sabré qué hacer exactamente. Cuido de mí mismo y, a partir de ahí, de otras personas para mantener un alto nivel de energía y una capacidad de cuidado ilimitada y empoderadora.

Puerta 28: La lucha

I Ching: La preparación de lo grande

Tema: aprendes a compartir a partir de tu experiencia personal, es decir, de tus luchas y triunfos. Perseveras sabiendo que tus aventuras transforman la vida en una andadura significativa y entiendes que tus luchas ayudan a hacer más profundas las ideas colectivas en lo que es verdaderamente valioso y lo que vale la pena crear.

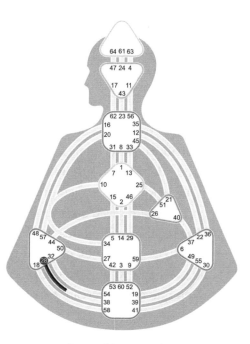

Figura 89: Puerta 28.

Lección de vida: trabaja en algo que sea realmente valioso y digno de tu esfuerzo y compromiso.

Cuando la expresión del tema está desequilibrada: podrías luchar contra todo sin atender a si el resultado final merece o no todo este esfuerzo.

Para reflexionar

- ¿Qué es lo que hace que tu vida merezca la pena?
- ¿Cómo han moldeado tus luchas pasadas la persona que eres hoy?

Afirmación

Estoy completamente vivo y estoy siempre presente en cuanto a la energía y las posibilidades de la vida. Me comprometo a perseguir los sueños que son vitales, inspiradores y verdaderamente dignos de mis esfuerzos y mi perseverancia; les dedicaré mi energía.

Puerta 29: La perseverancia

I Ching: Lo abismal

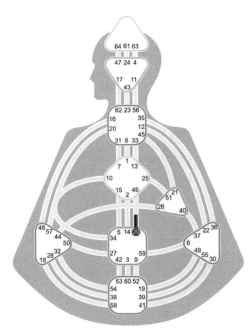

Tema: respondes comprometiéndote con lo correcto. Tu perseverancia y tu determinación cambian el relato del mundo y le muestran a la gente lo que es posible. Tu devoción establece el tipo de dirección en la que te lleva la vida.

Figura 90: Puerta 29.

Lecciones de vida: comprométete con lo correcto. Persevera y mantén tus esfuerzos enfocados en lo que te parece bien, correcto y coherente.

Cuando la expresión del tema está desequilibrada: podrías comprometerte demasiado y agotarte, o no comprometerte con lo que te aporta la alegría más profunda.

Para reflexionar

- ¿Con qué estás comprometido? ¿Qué acciones debes realizar para cumplir con este compromiso y ahondar en él?
- ¿A qué tienes que aprender a decir *no*? ¿A qué quieres decir *sí*?

Afirmación

Examino cuidadosamente mis actos y me aseguro de que mis compromisos estén en armonía con mis intenciones. Solo digo sí a aquello que sé que me acercará a cumplir mis sueños y asumo mis compromisos de acuerdo con mi estrategia del diseño humano.

Puerta 30: El deseo

I Ching: El fuego adherente

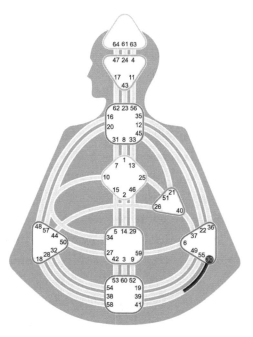

Tema: puedes sostener un sueño, una intención o una visión hasta darle forma. Inspiras pasión en los demás con el poder de tu sueño.

Lección de vida: mantén tu intensidad y sé consciente de cómo esta afecta a los demás.

Cuando la expresión del tema está desequilibrada: podrías agotarte por desgaste si

Figura 91: Puerta 30.

tu pasión no está enfocada en lo que quieres de verdad, no está en armonía con tu identidad o está reprimida. Podrías permitir que la intensidad de tu pasión estrese y agote a los demás.

Para reflexionar

- ¿Qué quieres en la vida? ¿Qué eliges experimentar en cuanto a tus finanzas, tu salud, tus relaciones, tu creatividad, tu vida espiritual y tu estilo de vida?
- ¿Qué distracciones tienes que quitar de en medio para mantener clara tu visión?
- ¿Qué te apasiona? ¿Eres libre de expresar tu pasión? ¿Qué te aleja de ella?

Afirmación

Tengo claros mis deseos e intenciones. Estoy orgulloso de mí mismo por crear el espacio en el que hacer realidad mis sueños e intenciones. Estoy totalmente abierto a recibir y espero apasionadamente a que mis deseos se hagan realidad. Solo me concentro en lo que quiero. Mi visión es verdadera y el fuego de mi corazón alimenta mi pasión. Soy inquebrantable y estoy muy enfocado.

Puerta 31: La democracia

I Ching: La influencia

Tema: eres capaz de escuchar, aprender y servir a las personas a las que lideras. Asumes y valoras tu correcta posición de liderazgo, como la voz de la gente.

Lecciones de vida: lidera como representante del bien común. Lidera desde el corazón, no desde el ego.

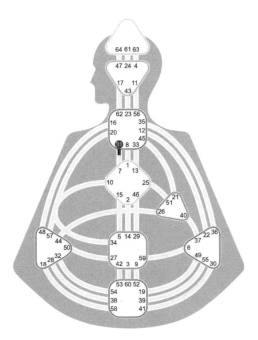

Figura 92: Puerta 31.

Cuando la expresión del tema está desequilibrada: podrías tomar posiciones de liderazgo para tu propio beneficio o no liderar —al temer tu propia vulnerabilidad— cuando sería necesario hacerlo.

Para reflexionar

- ¿Cómo te sientes acerca de tu capacidad de liderazgo?
- ¿Qué experiencias de tu pasado elegirías para determinar qué tipo de líder querrías ser?

Afirmación

Asumo mi posición de liderazgo natural cuando se me pide que ejerza una influencia o se me invita a ello. Mis palabras, mis pensamientos, mis ideas y mi sueño son importantes y vale la pena que los comparta con las personas adecuadas.

Puerta 32: La continuidad

I Ching: La duración

Tema: sabes lo que hay que hacer para hacer realidad un sueño: preparar el terreno, estar dispuesto y confiar en que todo irá sucediendo en los momentos oportunos para el bien de todos. Traduces la inspiración divina en preparación.

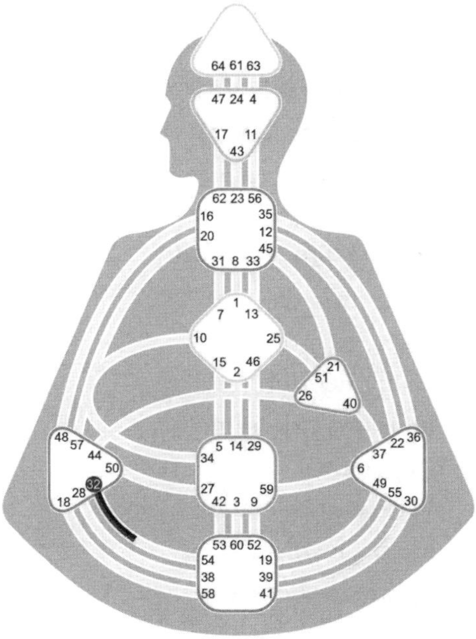

Figura 93: Puerta 32.

Lecciones de vida: confía en el proceso. Deja que acontezca la sincronización divina y ocúpate de los detalles mientras esperas que lleguen los momentos oportunos. Sé paciente.

Cuando la expresión del tema está desequilibrada: podrías sentirte frustrado y asustado frente a la idea de que no estás haciendo lo suficiente o de que te perderás una oportunidad dada si no actúas. Podrías presionar demasiado contra la sincronización oportuna y poner todo tu esfuerzo en tratar de controlar un resultado.

Para reflexionar

- ¿Cómo sería tu vida si estuviese desprovista de límites? ¿Qué harías? ¿Cómo sería tu negocio?

- ¿Qué nuevos saltos de fe necesitas dar? ¿Qué nuevos compromisos necesitas contraer?

Afirmación

Mis sueños siempre se hacen realidad. No se me daría una inspiración si no se me diese también la capacidad de materializarla. Tengo todo lo que necesito para cumplir mi sueño. Confío en el proceso. Confío en el momento adecuado.

Puerta 33: La privacidad

I Ching: La retirada

Tema: puedes traducir una experiencia personal en un relato empoderador que sea instructivo para los demás, les enseñe a derivar poder del dolor y les proporcione orientación. Esperas el momento adecuado para transformar o compartir un relato para que tenga el mayor impacto en el corazón de otra persona u otras personas.

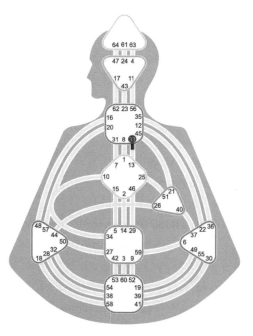

Figura 94: Puerta 33.

Lecciones de vida: traduce el dolor y las heridas del pasado en una historia de supervivencia marcada por el empoderamiento. Perdona y sigue adelante; no permanezcas anclado en el dolor del pasado.

Cuando la expresión del tema está desequilibrada: podrías estar atrapado en viejas historias, sin poder avanzar al no ser capaz de perdonar ciertos sucesos del pasado.

Para reflexionar

- Si tu vida no avanza con el impulso que querrías, ¿qué crees que te está frenando? ¿Qué línea argumental se está desplegando en tu vida?
- Si pudieras reescribir tu historia, ¿qué cambiarías? ¿Cuál sería el resultado final?

Afirmación

Prosigo con mi viaje interior, trabajando con los ciclos de creación y reposo. En estos momentos estoy centrado en mí mismo, en mi viaje, en mi pasado y en la evolución de mi futuro. Me relajo y confío en que lo que está oculto se revelará, en que la verdad se mostrará y en que mi mayor poder reside en ir acorde con el tiempo divino. Confío. Espero. Sé. Crezco.

Puerta 34: El poder

I Ching: El poder de lo grande

Tema: respondes a las oportunidades de unificar a las personas adecuadas en torno a una idea potente y transformadora cuando el momento y las circunstancias son los apropiados.

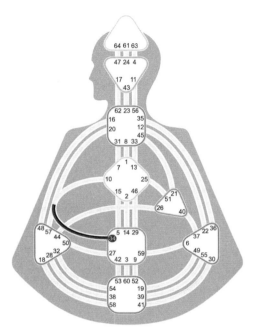

Figura 95: Puerta 34.

Lección de vida: confía en el momento adecuado. No te apresures a poner en práctica una idea: espera a que aparezca algún tipo de señal para no desperdiciar esfuerzos impulsando algo a lo que aún no le ha llegado el momento.

Cuando la expresión del tema está desequilibrada: podrías sentirte agotado, impotente y frustrado al tratar de hacer realidad tus ideas en momentos inapropiados. Podrías no evaluar lo preparado que estás tú o lo preparados que están los demás antes de lanzar un nuevo proyecto y sentirte siempre frustrado porque las cosas nunca salen como querrías.

Para reflexionar

- ¿Cómo estás aprovechando tu poder y tu energía? ¿Qué tienes que dejar de hacer para liberar espacio para lo que realmente quieres?
- ¿Cómo defines *poder*? ¿Te sientes poderoso? ¿Qué puedes hacer para ser más poderoso en tu vida?
- ¿Qué debes hacer para confiar más en el universo? ¿Estás haciendo tu parte?

Afirmación

Confío en que el universo me proporcionará las oportunidades perfectas para cumplir mis sueños e intenciones. Observo y espero señales que me muestren claramente el próximo paso. Sé que mi verdadero poder reside en cocrear con el universo y sé que cuando espero acaba por presentarse la ocasión adecuada en la que usar mi poder para crear.

Puerta 35: El cambio

I Ching: El progreso

Tema: sabes cuáles son las experiencias que valen la pena. Participas en las experiencias correctas y compartes tu conocimiento con el fin de cambiar la historia de lo que es posible en el mundo.

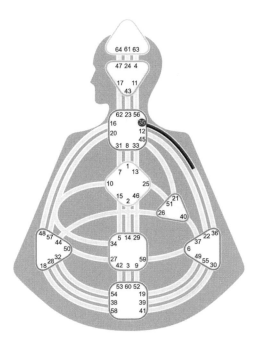

Figura 96: Puerta 35.

Lecciones de vida: valora tu sabiduría y tu experiencia, y comparte tu historia con los demás. Confía en que sabes afrontar y acoger el cambio y las nuevas circunstancias con dignidad.

Cuando la expresión del tema está desequilibrada: podrías sentirte hastiado y no estar dispuesto a probar cosas nuevas. Podrías no valorar tu propia experiencia y no compartir lo que sabes.

Para reflexionar

- ¿Qué está pasando en tu vida en este momento que te gustaría cambiar?
- En tus manifestaciones actuales, ¿qué experiencias te gustaría que no se reprodujesen? ¿Cómo te puede ayudar a aclararte en cuanto a tu creación el hecho de saber esto? ¿En qué experiencias tienes que enfocarte, procurando alinearte con ellas?

Afirmación

Elijo el tipo de experiencias que deseo. Lo que siento acerca de mis experiencias me muestra lo que es correcto para mí. Soy responsable de mis propias elecciones y de mi propia felicidad, y nadie puede disponer para mí experiencias que yo no elija.

Puerta 36: La crisis

I Ching: El oscurecimiento de la luz

Tema: emprendes nuevas acciones audaces que rompen viejos patrones y cambian la historia y las expectativas de lo que es posible.

Lecciones de vida: espera el momento adecuado para probar algo nuevo. No dejes que viejos patrones y hábitos te impidan hacer lo que te apasiona. Haz posible lo aparentemente imposible.

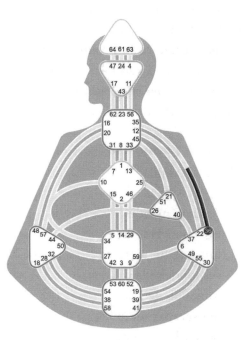

Figura 97: Puerta 36.

Cuando la expresión del tema está desequilibrada: podrías dejar que el aburrimiento te lleve al caos sin prepararte para la experiencia.

Para reflexionar

- ¿Cuál es tu estrategia para hacer frente a los sucesos, las situaciones de caos y las tragedias inesperados?
- ¿Hasta qué punto es fuerte tu conexión con el Espíritu? ¿Qué podrías hacer para fortalecerla?

Afirmación

Acepto lo nuevo. Observo y espero. Confío en mi intuición y en la estrategia que me corresponde según el diseño humano. Sé que tomo decisiones claras e intencionadas. Mis acciones están en armonía con mis intenciones y mis deseos. Soy el ojo del huracán. Mi cabeza está clara, mi corazón está alineado y solo actúo para mi mayor bien. Soy inmune a las apariencias de mi realidad exterior y sé que estoy en camino de crear lo que me he propuesto. Mis creencias son inquebrantables; no me dejo influir por las circunstancias externas. Confío en el orden divino.

Puerta 37: La amistad

I Ching: La familia

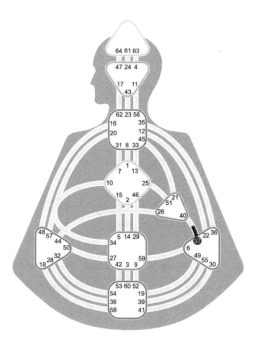

Tema: te mantienes conectado con una paz duradera y respondes a la vida tomando decisiones serenas sin importar lo que esté sucediendo en el mundo.

Lección de vida: cultiva el sentimiento de la paz interior y relaciónate con los demás desde este espacio, sin comprometer tu valía ni la suya.

Figura 98: Puerta 37.

Cuando la expresión del tema está desequilibrada: podría costarte estar en paz. Podrías reprimir las emociones no apacibles o evitar el conflicto.

Para reflexionar

- ¿Qué áreas de tu vida están necesitadas de paz en este momento? Piensa en cinco actividades que podrías realizar para incrementar esta paz.
- ¿Qué nuevos tipos de acuerdos deberías establecer con tus socios o compañeros? ¿Son claros estos acuerdos? ¿Tenéis las mismas expectativas todas las partes?

Afirmación

Siempre hay calma después de la tormenta. En la tranquilidad que sigue al cambio recuerdo mi rumbo, respiro profundamente y rearmonizo mis relaciones según lo nuevo. Todos los acuerdos que promuevo son claros y tienen la paz como meta final. Descubro lo bueno que ha dejado el pasado y trabajo con mis amigos, mi familia, mi comunidad y el mundo para cocrear una paz en la que todos nos respetemos profundamente. La paz está dentro de mí. Soy paz. Respiro paz. Creo paz y todo está bien.

Puerta 38: El luchador

I Ching: La oposición

Tema: sabes qué es aquello con lo que vale la pena comprometerse y por lo que es conveniente luchar, y te sirves de tus experiencias para modelar una visión que ancla la posibilidad de algo verdaderamente significativo y valioso en el mundo. Sirves al mundo como visionario.

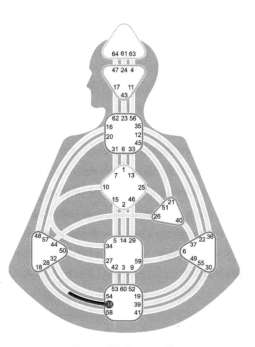

Figura 99: Puerta 38.

Lección de vida: no dejes que las dificultades y los obstáculos te hagan abandonar tu sueño.

Cuando la expresión del tema está desequilibrada: podrías luchar y pelear sin dirección y estar en oposición a todo. Podrías fracasar en la persecución de tu sueño y sentirte perdido.

Para reflexionar

- ¿Tienes claro qué es aquello que merece tu acción comprometida y que luches por ello?
- ¿Tienes un sueño que estés compartiendo con el mundo?
- ¿Sabes cómo usar tus luchas y dificultades como catalizador para aportar algo significativo al mundo y a tu propia vida?

Afirmación

Tengo muy claro cuál es mi propósito de vida y hacia dónde voy. Cumplir mi propósito me inspira y me da la energía que preciso para dar pasos muy significativos en mi vida, sea lo que sea lo que aparezca en mi camino. Estoy aquí para cumplir un propósito único y lo sirvo estableciendo intenciones claras y realizando acciones acordes con ese propósito.

Puerta 39: La provocación

I Ching: La obstrucción

Tema: puedes transformar una experiencia en una oportunidad. Ves y experimentas escasez y puedes usar esta conciencia para redirigir tu energía hacia la suficiencia y la abundancia.

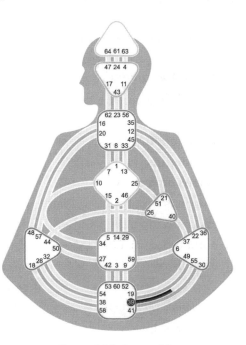

Lección de vida: di lo que piensas de una manera mesurada y apropiada.

Figura 100: Puerta 39.

Cuando la expresión del tema está desequilibrada: podrías desafiar a otras personas solo para provocar o para obtener atención.

Para reflexionar

- ¿Puedes pensar en una ocasión en que el momento pareció oportuno y tuvo lugar una manifestación correcta? ¿Cómo te sentiste?

- ¿Rechazas a personas y oportunidades?
- ¿Dices lo que piensas con confianza? ¿Valoras lo suficiente tus ideas como para esperar el momento y la receptividad adecuados?

Afirmación

Espero a que el momento sea propicio antes de avanzar. Me tomo mi tiempo y dejo que se abran las puertas que me conducen a caminos que me llevan a estar en el lugar correcto, en el momento oportuno y haciendo lo apropiado. Doy mi opinión cuando veo que otros no viven en consonancia con su valía y sus valores.

Puerta 40: La soledad

I Ching: La liberación

Tema: te retiras para reponer tus recursos internos y externos y regresas renovado a la comunidad cuando estás listo.

Lección de vida: descansa apropiadamente; tienes que saber cuándo debes retirarte para reponerte.

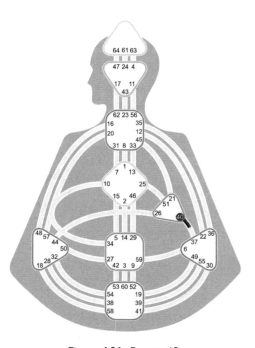

Figura 101: Puerta 40.

Cuando la expresión del tema está desequilibrada: podrías no detenerte a descansar, por lo que podrías esforzarte demasiado y terminar agotado. Podrías tratar

262

de demostrar tu valía haciendo más de lo que deberías para los demás.

Para reflexionar

- ¿Cómo son tus relaciones? ¿Te sientes solo? ¿Te parece que tus relaciones están equilibradas?
- ¿Necesitas establecer más conexiones con los demás? ¿Hacer contactos? ¿Unirte a grupos sociales?
- ¿Estás haciendo lo suficiente para mantener tu energía? ¿Te estás tomando el tiempo necesario para cuidarte?

Afirmación

Estoy muy conectado con mi necesidad de retirarme y reponerme. Sé que el autocuidado y la autorregeneración son esenciales para mí para servir al mundo y a mis seres queridos al máximo nivel. Me doy el tiempo que necesito para reajustar mi energía antes de comprometerme a ocuparme de otras personas. Mantenerme en armonía con mi propia energía me ayuda a respetar mis acuerdos y compromisos.

Puerta 41: La fantasía

I Ching: La merma

Tema: usas la imaginación para generar ideas sobre nuevas oportunidades de abundancia en el mundo. Sostienes estas visiones de abundancia, las compartes cuando es necesario y rompes viejos patrones y creencias limitantes. Eres capaz de sostener la visión de un milagro que trasciende las expectativas.

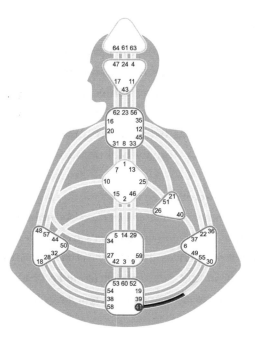

Figura 102: Puerta 41.

Lecciones de vida: usa la imaginación y la visualización para mantenerte inspirado y en un estado de expectativa positiva. Reconoce la diferencia entre *imaginación* y *posibilidad* frente a *fantasía*.

Cuando la expresión del tema está desequilibrada: podrías vivir en la fantasía y no ver la realidad. Podrías perder la fe al no hacerse realidad tus fantasías.

Para reflexionar

- ¿Qué tendrías que hacer para conectar más profundamente con el Espíritu? ¿Te sientes en sintonía con algo superior a ti?

¿Necesitas establecer una rutina para mantenerte centrado y conectado?

- ¿Te estás dando suficiente tiempo para explorar tu imaginación y tu creatividad?

Afirmación

En la quietud me entrego al gran misterio de la vida y lo divino. Permito que la inspiración divina me inunde y escucho con gran atención y reconocimiento. Confío en que recibo la inspiración perfecta y dejo que esta fluya. Estoy agradecido.

Puerta 42: Terminar las cosas

I Ching: El aumento

Tema: respondes cuando se te presentan oportunidades, experiencias y sucesos que puedes favorecer y llevar hasta el final. Sabes lo que hay que hacer exactamente para dejar espacio para algo nuevo.

Lecciones de vida: suelta. Confía en que a veces tienes que terminar una cosa antes de po-

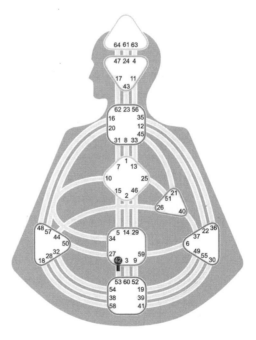

Figura 103: Puerta 42.

der comenzar algo nuevo. Haz el trabajo necesario para llevar a buen término lo que tienes entre manos.

Cuando la expresión del tema está desequilibrada: podrías no terminar las cosas y se te podrían acumular tareas que debes acabar para hacer espacio para algo nuevo. Es posible que mires tan lejos en el futuro que se te haga difícil comenzar algo nuevo. Tal vez pones fin a las cosas antes de tiempo, lo cual te impide profundizar lo suficiente para llegar a dominarlas.

Para reflexionar

- ¿Qué pasos finales tienes que dar para desprenderte de la energía de viejas situaciones o relaciones? ¿Qué puertas ves que se abren? ¿Cuáles ves que se cierran?
- ¿Hay alguna situación o circunstancia en tu vida que debas finalizar para dejar espacio para algo nuevo?

Afirmación

Acepto todos los cambios que se han producido antes y reconozco que todos los finales son nuevos comienzos. Abro la puerta a lo nuevo y sueño lo que está por venir. Estoy totalmente preparado para disponer la manifestación física de lo nuevo y realizar las acciones necesarias para darle forma.

Puerta 43: La visión interior

I Ching: La irrupción

Tema: accedes a nuevos conocimientos, percepciones y puntos de vista que amplían la comprensión que tiene la gente del mundo. Sintonizas con el momento adecuado y confías en que sabrás cómo compartir lo que sabes cuando debas hacerlo.

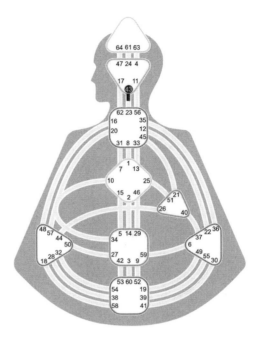

Figura 104: Puerta 43.

Lección de vida: confía en las epifanías y en tu profundo conocimiento interior.

Cuando la expresión del tema está desequilibrada: podrías hablarles a los demás de tus nuevas ideas transformadoras antes de que estén listos para escucharlas o antes de poder exponerlas con claridad.

Para reflexionar

- ¿Cuáles son tus pensamientos, ideas e inspiraciones actuales?
- ¿Ves surgir el patrón de algo nuevo? ¿Estás a las puertas de un gran avance?

Afirmación

Me tomo tiempo para disfrutar de mis pensamientos. Me permito comenzar a formular nuevas ideas e inspiraciones que puedan dar lugar a cambios en mi vida y en la vida de los demás. Reconozco y permito mi propia brillantez y le saco partido esperando a que las personas adecuadas me pidan cuál es mi visión respecto a algo. Mis pensamientos e ideas son valiosos y confío en que lo que tengo para compartir sea interesante para las personas pertinentes. Atraigo el apoyo, las circunstancias y las oportunidades adecuados que están en sintonía con mis nuevas ideas.

Puerta 44: La energía

I Ching: Ir al encuentro

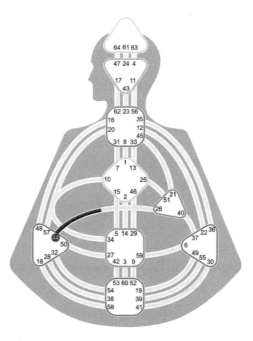

Tema: puedes ver patrones que han generado dolor y aportar conciencia para ayudarte a ti mismo y ayudar a otros a romper viejos patrones y transformar este dolor en valor y sintonía con el propósito.

Figura 105: Puerta 44.

Lecciones de vida: sírvete de tu comprensión intuitiva de los patrones del pasado para ayudar a otros o ayudarte a ti mismo. Transforma las lecciones del pasado en algo de mayor valor y usa esta comprensión para intensificar la integridad y generar más valor.

Cuando la expresión del tema está desequilibrada: podrías temer que el pasado se repita y dejar que este miedo te impida avanzar.

Para reflexionar

- ¿Hay ámbitos en los que te limitas debido a ciertas experiencias que has tenido en el pasado?
- ¿Eres totalmente íntegro a la hora de liderar a otras personas o influir en ellas? ¿Predicas con el ejemplo?
- ¿Hay ámbitos en los que necesitas el apoyo de otras personas?
- Imagina que evalúas tu vida en tu lecho de muerte. ¿A qué le darías importancia? ¿De qué logros estarías más orgulloso? ¿Refleja tu vida actual estas valoraciones? ¿Tienes que cambiar tus prioridades?

Afirmación

Saludo a la vida con entusiasmo. Sigo adelante con confianza sabiendo que mi pasado ha sido mi mayor maestro. No estoy limitado por mi pasado sino que estoy libre de él y me doy cuenta de que el ahora es el momento más potente de mi vida.

Puerta 45: El rey o la reina

I Ching: La reunión

Tema: compren-
des que los co-
nocimientos y los
recursos materiales
son poderosos, y
sabes cómo usar-
los para sostener
a otras personas y
ayudarlas a cultivar
su propia base de
abundancia.

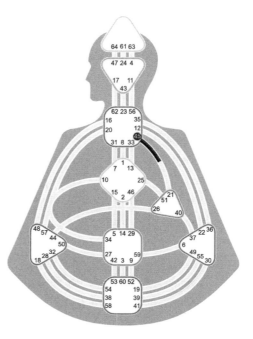

Lecciones de vida: pon
al servicio de los
demás tu capacidad
natural de liderar.
Evalúa los recursos

Figura 106: Puerta 45.

y la información disponibles y encuentra una manera de compartir o enseñar equitativamente.

Cuando la expresión del tema está desequilibrada: podrías liderar desde el ego, tomar más de lo que te corresponde por miedo a la
escasez, o querer tener el protagonismo para tratar de compensar tu falta de autoestima.

Para reflexionar

* ¿En qué área o áreas de tu vida debes asumir el liderazgo?
  ¿Cómo te sientes como líder? ¿Te sientes bien estando al
  cargo, creando y diciendo lo que piensas?

- ¿Qué tienes que hacer para atraer a las personas adecuadas a tu vida para que estén al servicio de lo que quieres manifestar y crear? ¿Cómo se te da ser un jugador de equipo?
- ¿Hay ámbitos en los que te convenga soltar lo que has creado y permitir que evolucione?

Afirmación

Reúno a todas las personas que necesito para que contribuyan a lo que tengo que manifestar. Asumo el liderazgo y mi papel como rey o reina de mis creaciones. Afirmo mi poder, delego, administro los recursos con eficacia y actúo con benevolencia.

Puerta 46: El amor al cuerpo

I Ching: El empuje hacia arriba

Tema: reconoces que el cuerpo es el vehículo del alma y lo amas como un elemento vital de la expresión del alma en la vida. Lo nutres, estás arraigado en él y cuidas de él. Saboreas el aspecto físico de la experiencia humana y exploras cómo alojar completamente el Espíritu en tu cuerpo. Estás comprometido a ver cuánta fuerza vital puedes incorporar en tu forma física.

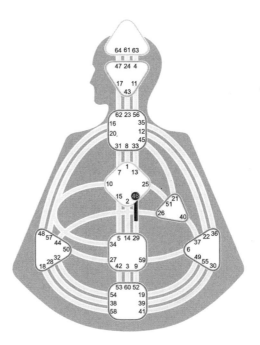

Figura 107: Puerta 46.

Lecciones de vida: ama y cuida tu cuerpo. Valóralo como sirviente del alma.

Cuando la expresión del tema está desequilibrada: podrías odiar tu cuerpo, no estar en él o descuidar o ignorar los mensajes que te está mandando.

Para reflexionar

- ¿Qué te está diciendo tu realidad? ¿Hay mensajes a los que debas prestar atención?
- ¿Qué te desanima? ¿Fuerzas o permites? ¿Qué tienes que hacer para permitir algo en lugar de pensar en cómo vas a afrontarlo?
- ¿Qué puedes hacer para amar más tu cuerpo? ¿Cómo puedes cuidar mejor de él?

Afirmación

La realidad física es una expresión de mi conciencia. Miro la realidad que estoy viviendo como un reflejo de mis pensamientos y creencias. Gozo de claridad, soy consciente y estoy despierto. Sé que puedo ajustar mi forma de pensar para crear cualquier experiencia física que elija. Realizo acciones guiadas y que están en sintonía con mis creencias y celebro el regalo que es estar vivo en un cuerpo físico.

Puerta 47: El percatarse

I Ching: La opresión

Tema: tienes pensamientos esperanzadores e inspirados sea lo que sea lo que ocurra a tu alrededor. Usas la inspiración como catalizador para calibrar la frecuencia emocional y el corazón.

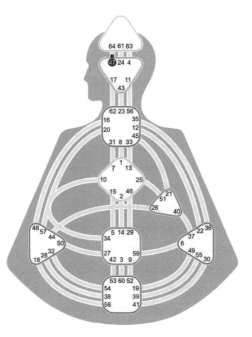

Figura 108: Puerta 47.

Lecciones de vida: aprovecha el poder de la esperanza y las expectativas positivas. Confía en que aparecerán las respuestas a tus preguntas y las soluciones a tus inspiraciones; podrían presentarse súbitamente, como una revelación.

Cuando la expresión del tema está desequilibrada: podrías dejar que los pensamientos negativos y la desesperación te impidan ver las posibles soluciones.

Para reflexionar

- ¿Qué harás mientras aguardas la manifestación que esperas? ¿Qué harás para mantener la vibración alta mientras tanto?
- ¿Cómo son tus pensamientos en general? ¿Necesitas cuidar tus patrones de pensamiento?

Afirmación

Espero con feliz expectación y una sensación de maravilla la curiosa forma en que manifestará mis deseos el universo. Mantengo una actitud mental alegre y positiva, y solo me enfoco en el resultado final.

Puerta 48: La profundidad

I Ching: El pozo

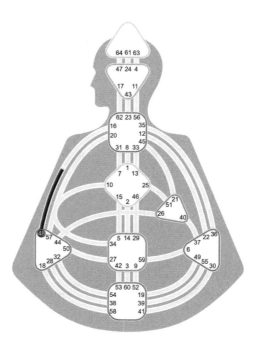

Tema: tienes la sabiduría y la profundidad de conocimiento necesarias para establecer una base sólida para la acción y el dominio de un campo de actividad. Tienes fe en tu capacidad de saber cómo saber. Confías en tu conexión con el Espíritu como la verdadera fuente de tu conocimiento.

Figura 109: Puerta 48.

Lecciones de vida: aprende a discernir cuándo es el momento de formarte más en tu campo o cuándo es el momento de ponerte manos a la obra en lugar de estudiar o aprender más. Confía en tu capacidad.

Cuando la expresión del tema está desequilibrada: podrías dejar que el miedo a no dar la talla te impida avanzar.

Para reflexionar

- ¿Qué información necesitas para ampliar tu base de conocimientos?
- ¿Tienes las habilidades necesarias para lograr lo que deseas? En caso de que no, ¿qué debes dominar en mayor medida?

Afirmación

Confío en que las habilidades que necesito se expresarán a través de mí cuando esté listo. Estudio. Aprendo. Sé que mi conocimiento se expresará estupendamente cuando el tiempo y las circunstancias sean los apropiados. Confío en el orden divino.

Puerta 49: Los principios

I Ching: La revolución

Tema: puedes percibir cuándo es el momento de sintonizar con un valor más elevado. Inspiras a otros a realizar cambios expansivos acordes con unos principios superiores y que implican aceptar más profundamente la paz y la sostenibilidad.

Lecciones de vida: la intimidad y las relaciones deben evolucionar para seguir

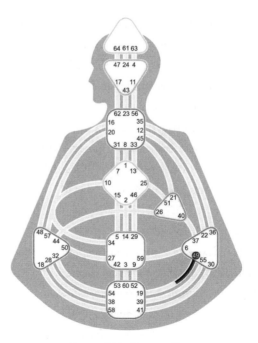

Figura 110: Puerta 49.

brindando apoyo y expansión. Para fomentar esta evolución, debes estar dispuesto a renegociar los acuerdos que están en la base de la relación para que reflejen los nuevos valores que podáis tener. Mantente fiel a tu valor y al valor de la otra persona y actúa de acuerdo con tu valía personal.

Cuando la expresión del tema está desequilibrada: es posible que no puedas cambiar el acuerdo que está en la base de una relación cuando te sientes infravalorado o cuando tus valores han cambiado. Podrías aguantar demasiado tiempo. Podrías temer tanto este tipo de negociación que podrías cultivar un patrón de renuncia o de irte demasiado rápido, sin darle a la otra persona la oportunidad de evolucionar o crecer.

Para reflexionar
- ¿Qué acciones debes emprender para darle espacio al amor en tu vida? ¿Qué conversaciones debes tener? ¿Qué acuerdos tienes que cambiar?
- ¿Hay algo que debas hacer para expresar tu amor y tu valoración más profundamente? ¿Hay ámbitos en los que tengas que cultivar un reconocimiento, una comprensión y un respeto mayores hacia la otra persona?
- ¿Qué tienes que hacer para iniciar una revolución transformadora en tu vida? ¿Qué hábitos, intenciones y deseos tienes que anclar en tu realidad?

Afirmación
Tras reflexionar y alinearme, emprendo acciones guiadas para revolucionar mi vida. Sé lo que tengo que hacer exactamente para generar un cambio y una transformación duraderos en mi vida. Estoy empoderado. Mis elecciones y acciones son fruto de la reflexión. Estoy listo para redefinir todos los acuerdos que hay en mi vida para alinearme con el hecho de que la abundancia de la que gozo es ilimitada.

Puerta 50: Los valores

I Ching: El caldero

Tema: te nutres a ti mismo para tener más que dar a los demás. Sabes lo que necesitan las otras personas para llevarlas a estar en mayor sintonía con el amor, y compartes lo que tienes para aumentar el bienestar de los demás.

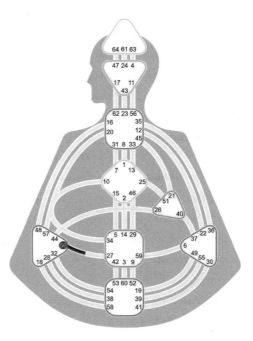

Lecciones de vida: apoya a los demás de una manera empoderado-

Figura 111: Puerta 50.

ra. No te agotes por cuidar de ellos y no dejes que tu miedo a decepcionar a otras personas o a que sufran las consecuencias de sus propios actos te hagan compensar en demasía o sentirte culpable.

Cuando la expresión del tema está desequilibrada: podrías apoyar a los demás hasta el punto de experimentar agotamiento por estrés y desgaste, o pasarte de la raya en tus cuidados. La culpa podría llevarte a asumir compromisos con los que no te sientes bien.

Para reflexionar

- ¿Tienes que establecer unas nuevas reglas en cuanto a tus relaciones, tus negocios, tu salud, tu economía y tu bienestar?

- ¿Te quieres a ti mismo? ¿Necesitas ocuparte más de ti? ¿Cuentas con la fuerza y la base pertinentes para amar libremente? ¿Te sientes seguro en el amor?

Afirmación

Establezco las reglas de mi realidad. Me cuido y me ocupo de mí para poder cuidar y apoyar a los demás. Todo lo que hago para los demás lo hago primero para mí mismo para mantener mi energía y mi poder. Me baso en el amor a mí mismo para poder amar libremente.

Puerta 51: El shock

I Ching: La conmoción

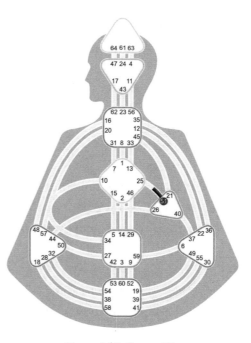

Tema: usas conscientemente las perturbaciones cíclicas y los altibajos de la fe para profundizar en tu conexión con el Espíritu y con el propósito de tu vida y el de tu alma.

Lecciones de vida: sé resiliente y toma otro rumbo frente a lo inesperado. No dejes que lo inesperado te haga perder

Figura 112: Puerta 51.

rado te haga perder
la fe; sírvete de tus dificultades personales para ayudar a otros a tener esperanza y contemplar posibilidades.

Cuando la expresión del tema está desequilibrada: podrías utilizar los impactos o hacer algo impactante para llamar la atención. Podrías dejar que lo inesperado te haga perder la fe y la dirección. Podrías quedarte estancado en el intento de hacer que las cosas sean como eran antes de que aconteciese el cambio inesperado.

Para reflexionar

- ¿Qué lecciones has aprendido de las situaciones impactantes? ¿Cómo has transformado los impactos en verdad y fuerza? ¿Cómo te ha llevado la conmoción a entrar en contacto con el amor del Espíritu?
- ¿Qué traumas y dramas tienes que soltar? ¿Qué debes hacer para experimentar gratitud?

Afirmación

Tengo la fuerza interior necesaria para hacer frente a todo impacto que venga del exterior. Soy el Espíritu manifestado en forma humana. Soy una persona valiente y firme, y estoy abierto a que el Espíritu se expanda dentro de mí. Mi fe y mi coraje inspiran a otras personas a adoptar otra actitud. Mi vibración es alta y aliento a los demás con la verdad del Espíritu alojada en mi interior.

Puerta 52: La quietud

I Ching: El aquietamiento (la montaña)

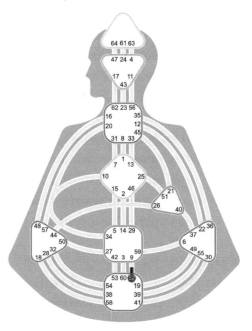

Tema: ves el cuadro general y el propósito de lo que sucede a tu alrededor y sabes dónde enfocar la energía y la atención exactamente para facilitar el desarrollo de lo que está por venir.

Lecciones de vida: da un paso atrás mientras te enfocas en la meta a largo plazo. Escucha atentamente tu sabiduría interior y sigue la estrategia y la autoridad que te corresponden según el diseño humano para determinar dónde poner la atención.

Figura 113: Puerta 52.

Cuando la expresión del tema está desequilibrada: podrías examinar tanto los detalles de un factor intrascendente que podrías perder el impulso.

Para reflexionar

- ¿Qué haces para mantenerte enfocado? ¿Hay algo en tu entorno o en tu vida que debas sacar de en medio para mantenerte enfocado con mayor firmeza?

- ¿Qué haces cuando te sientes abrumado? ¿Qué estás evitando que te haga sentir abrumado? Piensa en un acto audaz que podrías realizar para despejar el camino y ponerte en marcha.
- ¿Cómo afecta tu agobio a tu autoestima? ¿Qué puedes hacer para amarte más profundamente a pesar de estar abrumado?

Afirmación

La quietud de mi concentración permite que se me revelen patrones y un orden. La comprensión que tengo de este orden me da el poder que necesito para seguir creando de manera efectiva. La quietud de mi concentración es la esencia de mi poder esta semana.

Puerta 53: El inicio

I Ching: El desarrollo

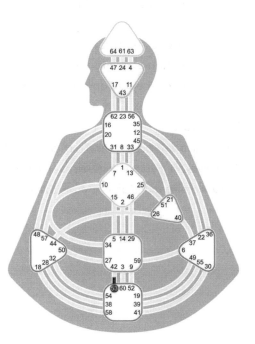

Tema: te sientas con la inspiración y estás en sintonía con lo que esta quiere y necesita. Lanzas la primera idea y dejas que esta se despliegue siguiendo el curso correcto, confiando en el fluir natural.

Figura 114: Puerta 53.

Lecciones de vida: descubre cuáles son las ideas que debes poner en práctica y confía en que atraerás a las personas adecuadas y las circunstancias oportunas para que te ayuden a hacer lo que te has propuesto. Sé amable contigo mismo si no siempre concluyes los proyectos; date permiso para aprender del proceso. Considera que tu capacidad de iniciar es un don, no una debilidad.

Cuando la expresión del tema está desequilibrada: podrías sentirte desesperado o ansioso por querer hacer realidad todas tus ideas. Es posible que te mortifiques por no terminar lo que empezaste o que te sientas avergonzado o culpable cada vez que no puedes continuar.

Para reflexionar

- ¿Qué mensajes recibiste en la infancia acerca de terminar las cosas? ¿Cómo han moldeado estos mensajes la percepción que tienes de tu capacidad de iniciar?
- ¿Qué tienes que sanar, soltar, armonizar o traer a la conciencia para aceptar que tienes el don de empezar cosas?

Afirmación

Espero e inicio de acuerdo con mi estrategia del diseño humano. Acepto la energía de los nuevos comienzos y confío en que cuando viva mi estrategia todas las piezas clave para completar mi proceso creativo encajarán mágicamente.

Puerta 54: El impulso

I Ching: La muchacha que se casa

Tema: cultivas una relación profunda con la inspiración y preparas el terreno para que una determinada idea se convierta en realidad armonizándola energéticamente y sentando las bases para la acción.

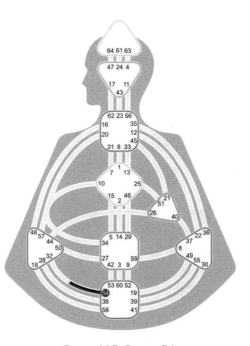

Figura 115: Puerta 54.

Lecciones de vida: haz algo cada día para mantener el impulso. Asegúrate de sentar las bases de lo que quieres crear para facilitar la materialización de tu idea cuando llegue el momento oportuno. Domina la tenacidad y la confianza en el momento adecuado.

Cuando la expresión del tema está desequilibrada: podrías aferrarte a una idea pero no hacer el trabajo asociado con ella. Podrías renunciar antes de haber preparado el terreno.

Para reflexionar

- ¿Qué acciones debes realizar que os mostrarán a ti y al universo que estás listo para ponerte en marcha?
- ¿Qué pasos darás hacia la consecución de tus sueños?

Afirmación

Gozo de claridad. Estoy enfocado. Estoy dispuesto a hacer lo que sea necesario para hacer realidad mis sueños. Sé que mi claridad junto con mis acciones oportunas son las energías perfectas necesarias para crear milagros en mi mundo. No paso desapercibido y me escuchan, ven y reconocen en relación con lo que tengo para ofrecer, y el universo conspira perfectamente conmigo para hacer que acontezca la magia y mis sueños se cumplan.

Puerta 55: El Espíritu

I Ching: La abundancia

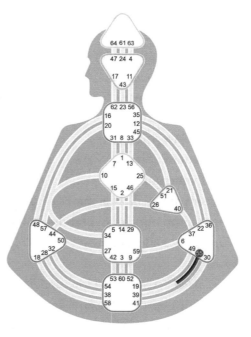

Tema: sostienes la frecuencia emocional de la energía y la visión de una creación. Confías tan profundamente en que siempre hay suficiente que eres capaz de crear sin estar sujeto a limitaciones.

Lecciones de vida: cultiva una actitud de paciencia, fe y expectativa positiva. Mantén la visión, sin importar lo que suceda a tu alrededor o a pesar de la falta de indicios de que se materializará. Confía en la abundancia y en que siempre tendrás lo suficiente.

Figura 116: Puerta 55.

Cuando la expresión del tema está desequilibrada: podrías saltar de una cosa a otra por falta de fe o por no valorarte lo suficiente como para creer que mereces un resultado positivo.

Para reflexionar

- ¿Qué tienes que hacer para liberarte de cualquier preocupación y temor que puedas albergar sobre la abundancia en tu vida? ¿Qué creencias tienes acerca de contar con todo el apoyo y de gozar de abundancia plena? ¿Necesitas alinear estas creencias con lo que sabes que es verdad?
- ¿Cómo te sientes siendo consciente de la abundancia del Espíritu dentro de ti? ¿Cómo cambiaría tu vida el hecho de ser consciente todo el rato de esta energía saciante? ¿Qué debes hacer para estar preparado para este grado de fe y confianza?

Afirmación

Soy consciente de la abundancia del Espíritu dentro de mí. Sé que cuando estoy enfocado en esta abundancia todos mis deseos se cumplen y es imposible que experimente carencia o necesidad. El hecho de ser consciente de esto supone para mí un apoyo total y una satisfacción completa. Al soltar y dejar que Dios opere, permito que la abundancia se manifieste plenamente para mí en todos los ámbitos de mi vida. La abundancia es un derecho innato y mi estado natural.

Puerta 56: El contador de historias

I Ching: El viajero

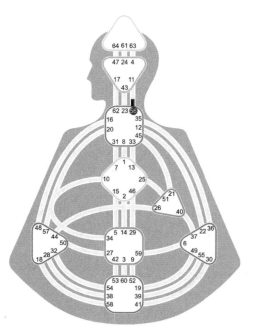

Tema: compartes historias que estimulan el pensamiento expansivo y orientado a la posibilidad y una potente energía emocional que genera evolución y crecimiento.

Lección de vida: espera a compartir tus ideas, historias y metáforas con personas que estén listas para recibir tu sabiduría.

Figura 117: Puerta 56.

Cuando la expresión del tema está desequilibrada: podrías no esperar a tener ante ti a las personas adecuadas o a personas que estén receptivas. Podrías aferrarte a viejas historias que te limitan o que no fomentan lo bastante la expansión como para ayudarte a ti o ayudar a otros a crecer.

Para reflexionar

- ¿Qué historias compartes una y otra vez con los demás? ¿Los animan e inspiran o hacen que se contraigan?
- ¿Qué historias cuentas sobre ti y tu voz que hacen que o bien te expandas o bien te contraigas?

• Estás aquí para inspirar a otras personas a hacer o ser algo: ¿qué tipo de inspiración les brindas?

Afirmación

Espero a compartir mis ideas y mis historias sagradas cuando me lo piden las personas adecuadas, personas que respetan mi inspiración y mi experiencia. Las historias son la manera de ir expandiendo el tapiz de la humanidad. Mi historia es una parte importante de la experiencia humana, y respeto mi experiencia esperando las circunstancias adecuadas. Mis palabras y mis sueños son valiosos.

Puerta 57: La intuición

I Ching: Lo suave

Tema: intuyes cuándo es el momento adecuado para actuar. Sabes intuitivamente lo que hay que preparar para el futuro y actúas en consecuencia.

Lección de vida: confía en tu intuición y en el momento adecuado para compartir tus ideas.

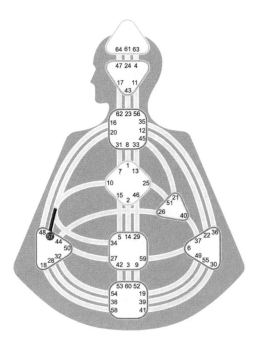

Figura 118: Puerta 57.

Cuando la expresión del tema está desequilibrada: podrías tener miedo del futuro, dudar de tu conocimiento intuitivo o comunicar tu conocimiento sin atender al momento oportuno.

Para reflexionar

- ¿Cómo experimentas tu intuición? ¿Qué podrías hacer para incrementar tu conciencia intuitiva?
- ¿En qué ocasiones confiaste en tu intuición y salieron bien las cosas?
- ¿Estás recibiendo en este momento alguna corazonada intuitiva a la que debas prestar atención?

Afirmación

Confío en mí. Confío en mi intuición. Confío en el futuro.

Puerta 58: La alegría

I Ching: La alegría

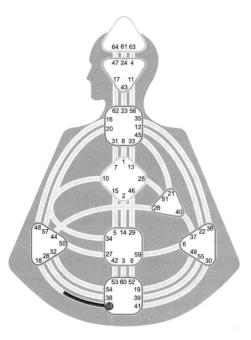

Tema: aprovechas la alegría que te aporta el hecho de ser experto en algo y perfeccionas tu práctica hasta que llegas a manifestar todo tu potencial. Vives en el fluir de la alegría.

Lección de vida: no renuncies a lo que te aporta alegría.

Figura 119: Puerta 58.

Cuando la expresión del tema está desequilibrada: podrías renunciar a hacer lo que te proporciona alegría y obligarte a tratar de ser experto en algo que no te gusta, con la consiguiente pérdida de entusiasmo por la vida.

Para reflexionar

- ¿Por qué estás agradecido?
- ¿Puedes tomarte unos minutos, todos los días de esta semana, para permanecer en este estado de agradecimiento gozoso?

Afirmación

Estoy agradecido por todo lo que soy, por todo lo que tengo y por todo lo que he experimentado. Permito que la alegría impregne cada célula de mi ser y vivo en el asombro por todo lo bueno que he recibido y sigo recibiendo. Me relajo y sé que la lluvia de bendiciones que es mi vida es parte de mi herencia divina, y me relajo sabiendo que una corriente interminable de cosas buenas fluye hacia mí.

Puerta 59: La sexualidad

I Ching: La dispersión

Tema: confías en que siempre hay suficiente y sabes que cuando generas abundancia es muy gratificante compartir. Estableces asociaciones y relaciones con otras personas que os sostienen y son la base de vuestras vidas.

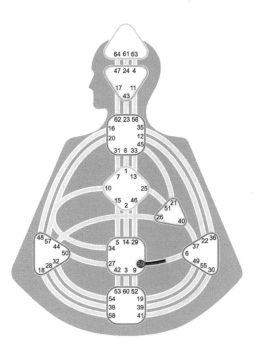

Lecciones de vida: confía en que hay suficiente y comparte lo

Figura 120: Puerta 59.

que tienes sin agotarte. Genera recursos sostenibles para otros y contribuye al cuidado de las personas que amas.

Cuando la expresión del tema está desequilibrada: podrías manipular, robar o compensar en exceso por percibir que no hay recursos suficientes. Podrías pelear o acumular por no creer que hay o habrá suficiente. Podrías defender la creencia de que no hay suficiente.

Para reflexionar

- ¿Qué vías de impacto serían mejores para ti, tus intenciones y tus negocios?
- ¿Cuál es el siguiente paso en la materialización de tus intenciones y tus sueños? ¿En qué tienes que empezar a trabajar para estar listo para la manifestación?

Afirmación

Irradio mis deseos y sueños al universo. Mis intenciones influyen en que se presenten las personas, los lugares, las circunstancias y las oportunidades correctos en el momento perfecto. Sé que estoy irradiando intenciones puras y alegres todo el tiempo.

Puerta 60: La aceptación

I Ching: La limitación

Tema: encuentras qué hay de bueno en la transformación. Eres optimista y sabes cómo enfocarte en lo que funciona en lugar de hacerlo en lo que no.

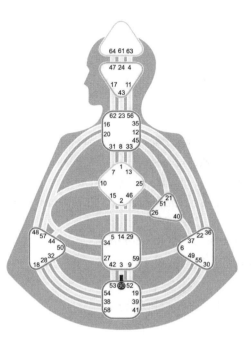

Lecciones de vida: parte de la gratitud para innovar. Sé muy adaptable a la hora de valorar lo que tienes. Reconoce que en realidad no puedes cambiar una experiencia que detestas. Suelta tus viejas ideas fijas y acoge lo nuevo.

Figura 121: Puerta 60.

Cuando la expresión del tema está desequilibrada: podrías ser una persona desagradecida y amargada y estar centrado en lo que no tienes en lugar de estarlo en lo que tienes. Podrías aferrarte con tanta fuerza a ideas antiguas que ello podría impedirte ver las opciones innovadoras que tienes delante.

Para reflexionar

- ¿Qué podrías necesitar conservar pensando en el futuro? ¿Debes cambiar hábitos en cuanto a la economía, las relaciones, la salud, el trabajo o la espiritualidad? En caso de que sí, ¿de qué manera?

- ¿Hay viejos hábitos, circunstancias o situaciones de los que te tengas que desprender para que ello te ayude a armonizar tu energía?
- ¿Tienes que enfocarte más para ganar impulso? Si es así, ¿qué cambios en tus hábitos diarios te ayudarían a hacerlo?

Afirmación

Estoy comprometido a tener una vida que esté en sintonía con mis sueños. Tengo el valor de desprenderme de todo lo que ya no me sirve y conservo mis recursos aplicando la inteligencia. Sé que cuento con todo el apoyo y que se me ha dado todo lo que necesito para avanzar siendo prácticamente imparable.

Puerta 61: El misterio

I Ching: La verdad interior

Tema: ves el propósito con una perspectiva amplia que trasciende los pequeños detalles de una experiencia o un suceso dados. Permaneces en un estado de inocencia y confianza loca para mantenerte extremadamente creativo.

Lecciones de vida: acepta la idea de

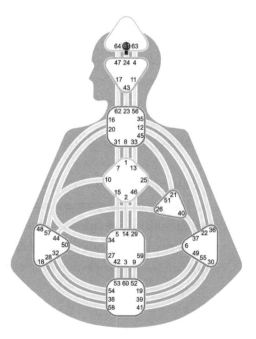

Figura 122: Puerta 61.

292

que todo sucede por una razón. Incluso los eventos dolorosos pueden ser catalizadores si te permites encontrar lo que hay de bueno en el dolor.

Cuando la expresión del tema está desequilibrada: podrías perderte tanto en la pregunta de por qué sucedió algo que podrías no ver lo bueno que aporta el dolor o podrías no encontrar una forma práctica de seguir adelante.

Para reflexionar

- ¿Qué haces para mantener tu sensación de asombro? ¿Cómo podrías asombrarte más ante la magnificencia del universo?
- ¿Qué viejos pensamientos, patrones y creencias tienes que soltar para sintonizar con tu conocimiento y hacer de tu «confianza loca» un estado creativo potente?

Afirmación

En la quietud, me entrego al gran misterio de la vida y lo divino. Permito que la inspiración divina me inunde y escucho con gran atención y reconocimiento. Confío en que recibo la inspiración perfecta; solo dejo que fluya hacia mí. Estoy agradecido.

Puerta 62: Los detalles

I Ching: La preponderancia de lo pequeño

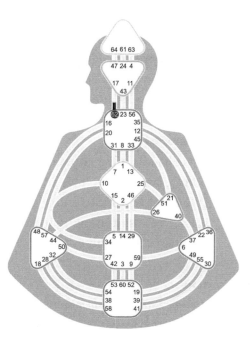

Tema: estás sintonizado con lo necesario para estar preparado y confías en que tu alineamiento te informará de todo lo que necesitas.

Lecciones de vida: domina el proceso de la preparación y confía en que lo único que necesitas saber es cómo estar listo y cómo adaptarte. Acumula la experiencia sufi-

Figura 123: Puerta 62.

ciente como para confiar en que sabrás lo que tengas que saber cuando necesites saberlo.

Cuando la expresión del tema está desequilibrada: podrías dejar que la preocupación te haga gastar grandes cantidades de energía, hasta el agotamiento, para estar preparado para todos los resultados posibles, incluidos los peores escenarios.

Para reflexionar

- ¿Tienes ansiedad? ¿Qué haces para controlarla?

- ¿Qué puedes hacer para confiar en que sabes lo que necesitas saber? ¿Qué pruebas tienes de que estás fluyendo en el proceso de la preparación?

Afirmación

Uso mis palabras con cuidado. Mis palabras dan forma a mis sueños e ideas. Mis pensamientos son claros y organizados, y encuentro y digo la verdad con valor y coherencia.

Puerta 63: La duda

I Ching: Después de la consumación

Tema: te sirves de la curiosidad para estimular el sueño de nuevos potenciales y posibilidades. Tus pensamientos inspiran la pregunta de qué es lo que debe suceder para que una determinada idea se convierta en realidad.

Lecciones de vida: crea desde una posición de curiosidad y apertura mental. Siéntete cómodo

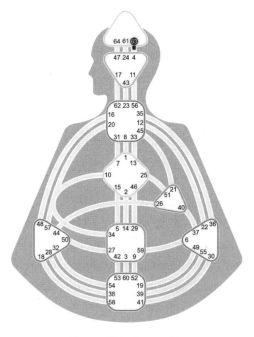

Figura 124: Puerta 63.

pensando en las posibilidades sin tener que saber cuál es la más conveniente. Aprende a confiar en que, con el tiempo y la reflexión consciente, las respuestas demostrarán ser verdaderas o no. Recuerda que es necesario que experimentes con tus ideas antes de saber si son acertadas o no.

Cuando la expresión del tema está desequilibrada: podrías considerar que tus ideas son una verdad indiscutible. Podrías no cuestionar tus ideas o cuestionarlas tanto que comiences a dudar de ti mismo y de tus ideas creativas.

Para reflexionar

- ¿Qué experiencias has tenido que te han hecho dudar de ti mismo? ¿Qué tienes que hacer para dejar de dudar de ti y perdonar tus errores?
- ¿Qué experiencias has tenido que te han demostrado que tus percepciones internas son correctas?
- ¿Cuáles son tus dones, cualidades y talentos? ¿En qué has demostrado ser bueno?
- ¿Confías en el orden divino? ¿Qué errores has presenciado que acabaron por conducir a la perfección y la maestría? ¿Qué podrías hacer para integrar los errores como una parte crucial de la maestría?

Afirmación

Confío en mí. Confío en lo divino. Confío en que hay perfección en la experimentación. Confío en mis ideas y en mi saber. Soy perspicaz pero no inseguro. Sé que todas las preguntas tienen una respuesta. Confío en la solución elegante y sé que tendré la respuesta con el tiempo y que todo está bien.

Puerta 64: La confusión

I Ching: Antes de la consumación

Tema: recibes una gran idea y te ocupas de ella aportándole tu imaginación y alimentándola con tus sueños. Confías en que sabrás cómo implementar la idea si te corresponde manifestarla; cómo sostener la energía de la idea para el mundo.

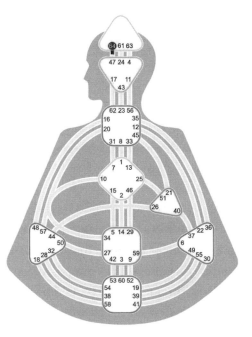

Figura 125: Puerta 64.

Lecciones de vida: sé paciente y espera una revelación para saber cómo proceder con tus grandes ideas y sueños. Confía en el proceso.

Cuando la expresión del tema está desequilibrada: podrías dedicarte a una idea tras otra y presionarte para descubrir cómo hacerlas realidad. Podrías renunciar a tus ideas o descartarlas cuando no sabes qué hacer con ellas y dejar que la impaciencia te haga dudar de tu creatividad y tu inspiración.

Para reflexionar

- ¿Cuáles son tus grandes sueños? ¿Confías en que se manifestarán?

- ¿Qué estrategias aplicas para mantenerte alegre mientras esperas a que tus ideas y sueños se hagan realidad?
- ¿Puedes pasar algún tiempo alejado de las fuentes de información humanas? (Por ejemplo, yendo a dar un paseo o a hacer una caminata). ¿Qué respuestas te ofrece la naturaleza, si puedes acudir a ella y darle un respiro a tu cerebro?

Afirmación

Presto atención a la inspiración y sé que cuando espero con curiosa expectación para ver cómo se manifiesta, estoy emocionado y siento curiosidad por ver lo que trae el universo.

El trabajo con los planetas y las puertas

Busca qué puertas ocupan tus planetas en tu carta de diseño humano. A medida que encuentres cada dato, anótalo en el lugar apropiado en la declaración que sigue. (Nota: Diferentes programas de generación de cartas pueden presentar los planetas en un orden distinto, así que asegúrate de comprobar bien que estés anotando la información en los espacios correctos).

Declaro con fuerza y pasión que mi propósito de vida es _____
_____ (tema consciente de la puerta del Sol ☉) y _____ (tema inconsciente de la puerta del Sol ☉).

Para cumplir este propósito, permito, creo y recibo _____
_____ (tema consciente de la Tierra ⊕) y
_____ (tema inconsciente de la Tierra ⊕) como parte de la base de la gran fuente de creatividad que soy.

Mi experiencia de vida en los primeros años me brinda oportunidades de aprender e incorporar _____
_____ (nodo sur ☋: tema de la puerta de la personalidad) y ____
_____ (nodo sur ☋: tema de la puerta del diseño).

Espero conservar estas lecciones y experiencias para que me ayuden a aceptar plenamente _____
(nodo norte ☊: tema de la puerta de la personalidad) y _____
_____ (nodo norte ☊: tema de la puerta del diseño) cuando maduro en esencia y en mi expresión, hacia los cuarenta y cuatro años. Sé que el universo me brinda oportunidades de aprender a aceptar y amar todas las partes de mí, y me alineo con mi esencia a medida que crezco, aprendo y comparto con el mundo.

Mi corazón y mi alma están impulsados por _____
_____ (tema consciente de la puerta de la Luna ☽) y _____ (tema inconsciente de la puerta de la Luna ☽). Sé que alimentar este impulso me da la energía y la pasión que necesito para seguir conectado con mi propósito. Acepto las dificultades como parte de mi proceso de aprendizaje y crecimiento. Sé que cuando encuentro un conflicto interno ello es un síntoma de mi propia expansión e indica que estoy aprendiendo y creciendo. Siempre lo estoy haciendo bien. Siempre estoy creciendo y cambiando.

Mi energía de aprendizaje personal me enseña _____
_____ (Saturno ♄: tema de la puerta de la personalidad) y _____ (Saturno ♄: tema de la puerta del diseño).

Cuando domino mis lecciones internas, soy bendecido por _____
_____ (Júpiter ♃: tema de la puerta
de la personalidad) y _____
(Júpiter ♃: tema de la puerta del diseño).

Mi propósito y mi camino espirituales son _____
_____ (Neptuno ♆: tema de la puerta de la personalidad) y _____ (Neptuno ♆:
tema de la puerta del diseño).

Invoco estas energías cuando necesito alinearme más con mi propósito. Sé que necesito dominar _____
_____ (Quirón ⚷: tema de la puerta de la personalidad) y _____
_____ (Quirón ⚷: tema de la puer-
ta del diseño) para profundizar en lo que he venido a compartir con
el mundo.

Uso este conocimiento y esta sabiduría para comunicarme a través de
_____ (Mercurio ☿: tema
de la puerta de la personalidad) y _____
_____ (Mercurio ☿: tema de la puerta del diseño).

Valoro _____ (Venus ♀
consciente) y _____
(Venus ♀ inconsciente).

Mis lecciones de vida me han enseñado que estoy dispuesto a luchar
por _____(Marte ♂ cons-
ciente) y _____ (Marte ♂
inconsciente).

Nací en una generación que hará que otras personas tomen conciencia de _____ (Urano ♅ consciente) y _____ (Urano ♅ inconsciente).

Y aprenderé estas lecciones a través de ciclos de _____ _____ (Plutón ♇ consciente e inconsciente).

Comparto con el mundo la expresión completa de mi persona a través de estas energías. Tengo un papel único en la evolución de la humanidad y ocupo un lugar vital e insustituible en el orden divino. Respeto todo lo que soy y me amo y me acepto profunda y completamente.

Epílogo

JUNTAR TODAS LAS PIEZAS

Entre el estímulo y la respuesta hay un espacio. En ese espacio reside nuestro poder de elegir nuestra respuesta. En nuestra respuesta está nuestro crecimiento y nuestra libertad.
—Viktor E. Frankl

A lo largo de este libro hemos explorado cómo eres y cómo tu energía única influye en la forma en que interactúas con el mundo que te rodea y en cómo experimentas dicho mundo. Esta información debería ayudarte a recordar quién eres, qué viniste a hacer aquí y cómo comenzar a vivir la vida en sintonía con esa intención original.

Eres un evento cósmico único. Nunca ha habido y nunca volverá a haber nadie como tú.

También eres una parte insustituible, única y vital del plan cósmico. El mundo es lo que es gracias a ti. Si no fueras parte del mundo, este no sería como es hoy.

El diseño humano nos brinda herramientas para ayudarnos a ser nosotros mismos y a ocupar el lugar que nos corresponde en el mundo. Sin embargo, es mucho más que una herramienta destinada a ayudarnos a expresar nuestro potencial. La carta también nos explica cómo desarrollar el potencial de la humanidad. Nos brinda una visión profunda de cómo nuestras vidas únicas no solo son importantes para nosotros individualmente, sino que son partes esenciales de la historia humana.

Figura 126: Alineamiento personal.

El diseño humano es más que una herramienta de evaluación de la personalidad. La historia del diseño humano es sabiduría revelada, información que recibió el fundador del sistema de diseño humano, Ra Uru Hu, en el transcurso de ocho días en enero de 1987. Durante la transmisión del cuerpo de conocimiento que se convertiría en el sistema de diseño humano, le dijeron a Ra que estamos al borde de un gran salto evolutivo en la historia humana. La carta del diseño humano está cambiando; nos aporta una nueva configuración (un modelo energético actualizado) que nos ayudará, como miembros de la humanidad, a cumplir nuestro destino como seres abundantes, sostenibles, equitativos, justos y pacíficos.

Creo que todos estamos aquí en el planeta en este momento vital porque colectivamente estamos dando inicio a una nueva era de paz. Tú tienes un papel fundamental en el surgimiento de esta nueva expresión de la humanidad.

Hay un espacio entre el estímulo y la respuesta. La historia que cuentas sobre ti habita en este espacio. Para crear un mundo mejor, tenemos que recuperar el control de este espacio y de nuestra historia. Aprender a recuperar el poder de la historia que cuentas sobre la persona que eres es esencial para que aprendas a dejar de reaccionar ante la vida y empieces a reflexionar y crear tu vida intencionadamente.

La mayor tarea que tenemos por delante en estos momentos es salir del condicionamiento. Debemos desprendernos de todas las viejas historias limitantes que rigen el mundo y nuestra propia vida. El primer paso para crear un mundo nuevo e introducir una nueva conciencia en el planeta es reformular la historia que contamos sobre nosotros mismos.

Si la historia que cuentas sobre ti mismo te resta valor, limita tu potencial, te mete en la caja de las expectativas de la sociedad y hace que seas víctima de tu destino, tu forma de reaccionar ante la vida reflejará esta historia.

Si la historia que cuentas refleja el papel único y vital que has venido a jugar en el planeta y expresa completamente la belleza de tu ser; si es una historia ilimitada y expansiva, curiosa y llena de maravillas, pacífica y sostenible, lo que crees con tu vida reflejará esta historia.

Tu historia importa.

La profecía de Ra Uru Hu y del diseño humano nos enseña que estamos en la cúspide de una revolución creativa ingente. Nos enfrentamos a una serie de desafíos globales que podrían amenazar el bienestar de toda la vida en el planeta. Y, sin embargo, en estos tiempos en los que necesitamos sacar el máximo partido de nuestro poder creativo innato, nos encontramos en medio de una gran crisis de creatividad.

La puntuación relativa a la creatividad ha disminuido significativamente en las tres últimas décadas. Las pruebas de pensamiento creativo de Torrance, utilizadas durante décadas por los investigadores para medir la creatividad y el pensamiento divergente, permiten predecir mejor el éxito en el mundo real que las pruebas tradicionales destinadas a evaluar el cociente intelectual. Investigadores de William & Mary analizaron trescientos mil resultados en las pruebas de Torrance desde la década de 1950 y descubrieron que el total de puntos obtenidos en cuanto a la creatividad empezó a caer en picado en 1990.

Las personas que sepan cómo reactivar su poder creativo innato, es decir, personas como tú, liderarán el mundo y construirán el futuro. Al recuperar el control del espacio que hay entre el estímulo y la respuesta, sabrán cómo dominar la inteligencia de la vida y aplicarla a la búsqueda de soluciones.

Pero no podemos ver las soluciones ni ocupar el campo de información que es la solución si no encarnamos la historia de la solución. Literalmente, tenemos que *ser* el cambio que queremos ver en el mundo.

Para crear en abundancia, debemos contar una historia de abundancia. Para ser sostenibles, primero debemos *ser* sostenibles. Y así sucesivamente.

Si miramos la carta del diseño humano como un modelo del potencial más elevado que puede expresar la historia humana, vemos que estamos diseñados para ser creativos, sostenibles, abundantes, compasivos, empoderados, amados, amorosos y valorados. Es el condicionamiento lo que nos aleja de nuestro estado natural.

El condicionamiento también hace que usemos nuestra fuerza vital para sostener la fachada de una historia que va en contra de nuestro estado natural. De hecho, se necesita energía para tratar de ser alguien que no somos, para decir sí cuando queremos decir no y para decir no cuando queremos decir sí a la vida.

Cuanto más control ejercemos sobre nuestra propia historia, más energía liberamos y más resilientes e inmunes al agotamiento nos volvemos.

Al recuperar el control de la historia, cuentas quién eres, configuras de otra manera tu cerebro, te desvinculas de historias que ya no te sirven y comienzas a crear de una manera más acorde con tu naturaleza. Te vuelves creativo, sostenible, abundante, compasivo, empoderado, amado y amoroso, y sanas tu autoestima.

Se trata de un viaje de autodescubrimiento para toda la vida. Tómatelo con calma. Conviértelo en un proceso profundamente personal. Hazlo tuyo y dale forma conscientemente y teniendo clara tu intención. Este viaje comienza con tu historia.

Haz que sea un buen viaje.

APÉNDICE

Modelo para la declaración del propósito de vida

Yo, _____ (nombre), un/a
_____ (tu tipo del diseño humano), estoy
aquí para servir al mundo por medio de _____
_____(el propósito de vida de tu tipo del diseño humano).

Necesito, aprendo, comparto y soy cada vez más capaz de dar al mundo a través de _____ (la línea consciente de tu perfil). Necesito _____ (la línea inconsciente de tu perfil) para poder hacer esto.

Mis afirmaciones para los centros definidos y abiertos:

Cabeza: _____

Ajna: _____

Garganta: _____

Centro G: _____

Voluntad: _____

Plexo solar emocional: _____

Bazo: _____

Sacro: _____

Raíz: _____

Declaro con fuerza y pasión que mi propósito de vida es _____
_____ (tema consciente de la puerta del Sol ☉)
y _____ (tema inconsciente de la puerta
del Sol ☉).

Para cumplir este propósito, permito, creo y recibo _____
_____ (tema consciente de la Tierra ⊕) y
_____ (tema inconsciente de la Tierra ⊕)
como parte de la base de la gran fuente de creatividad que soy.

Mi experiencia de vida en los primeros años me brinda oportunidades
de aprender e incorporar _____(nodo
sur ☋: tema de la puerta de la personalidad) y _____
_____ (nodo sur ☋: tema de la puerta del diseño).

Espero conservar estas lecciones y experiencias para que me ayuden a
aceptar plenamente _____ (nodo norte ☊:
tema de la puerta de la personalidad) y _____
_____ (nodo norte ☊: tema de la puerta del diseño) cuando maduro en esencia y en mi expresión, hacia los cuarenta y cuatro años.
Sé que el universo me brinda oportunidades de aprender a aceptar y
amar todas las partes de mí y me alineo con mi esencia a medida que
crezco, aprendo y comparto con el mundo.

Mi corazón y mi alma están impulsados por _____
_____ (tema consciente de la puerta de la Luna ☽) y
_____ (tema inconsciente de la puerta de
la Luna ☽). Sé que alimentar este impulso me da la energía y la pasión
que necesito para seguir conectado con mi propósito. Acepto las dificultades como parte de mi proceso de aprendizaje y crecimiento. Sé
que cuando encuentro un conflicto interno ello es un síntoma de mi
propia expansión e indica que estoy aprendiendo y creciendo. Siempre lo estoy haciendo bien. Siempre estoy creciendo y cambiando.

Mi energía de aprendizaje personal me enseña _____
_____ (Saturno ♄: tema de la puerta de la personalidad)
y _____ (Saturno ♄: tema de la puerta del
diseño).

Cuando domino mis lecciones internas, soy bendecido por _____
_____ (Júpiter ♃: tema de la puerta de la personalidad) y _____ (Júpiter ♃: tema de la
puerta del diseño).

Mi propósito y mi camino espirituales son _____
_____ (Neptuno ♆: tema de la puerta de la personalidad) y __
_____ (Neptuno ♆: tema de la puerta
del diseño).

Invoco estas energías cuando necesito alinearme más con mi propósito. Sé que necesito dominar _____ (Qui-
rón ⚷: tema de la puerta de la personalidad) y _____
_____ (Quirón ⚷: tema de la puerta del diseño) para profundizar en lo que he venido a compartir con el mundo.

Uso este conocimiento y esta sabiduría para comunicarme a través
de _____ (Mercurio ☿: tema de la
puerta de la personalidad) y _____ (Mercurio ☿: tema de la puerta del diseño).

Valoro _____ (Venus ♀ consciente) y
_____ (Venus ♀ inconsciente).

Mis lecciones de vida me han enseñado que estoy dispuesto a luchar por _____ (Marte ♂ consciente) y
_____ (Marte ♂ inconsciente).

Nací en una generación que hará que otras personas tomen conciencia de _____ (Urano ⛢ consciente) y
_____ (Urano ⛢ inconsciente).

Y aprenderé estas lecciones a través de ciclos de _____
_____ (Plutón ♇ consciente e inconsciente).

Comparto con el mundo la expresión completa de mi persona a través
de estas energías. Tengo un papel único en la evolución de la humanidad y ocupo un lugar vital e insustituible en el orden divino. Respeto
todo lo que soy y me amo y me acepto profunda y completamente.

AGRADECIMIENTOS

Este libro nunca habría existido sin la insistencia de mi editor, Randy Davila, que no dejaba de rogarme que escribiera un libro sobre el diseño humano que fuera simple y fácil de entender. Me aseguró una y otra vez que se podía hacer, lo cual me hizo perseverar en la tarea y evitó que me precipitase en demasiadas madrigueras de conejo.

Este libro tampoco habría llegado a existir sin la ayuda, el amor y el apoyo incesante de mi equipo: Kristin, Jamie, Betsy y Cindy me ayudaron a crear innumerables imágenes, revisaron mi ortografía y soportaron mis lloriqueos.

Aubri Parker me ayudó con una gran parte del libro, incluido el capítulo dedicado a los centros. Gracias por tu brillantez firme a la vez que gentil.

Finalmente, gracias a todos mis alumnos, mi comunidad y mis lectores. Sigue siendo para mí el honor más lleno de humildad servir en el ejército del amor con todos vosotros.

SOBRE LA AUTORA

Karen Curry Parker es autora superventas de varios libros y la creadora del Human Design for Everyone Training System ('sistema de formación en diseño humano para todos') y el Quantum Alignment System ('sistema de alineación cuántica'). Lleva más de treinta y cinco años ejerciendo como *coach*, impartiendo charlas y formaciones y realizando *podcasts* sobre estos temas, con lo que ha tenido un impacto en más de un millón de vidas en todo el mundo. Su misión principal es ayudarnos a vivir la vida para la que fuimos diseñados al descubrir quiénes somos, qué hemos venido a hacer a este mundo y cómo activar su potencial y el camino de vida que nos corresponde.

Titulada en enfermería y periodismo, Karen comenzó a trabajar como partera mientras lanzaba su propia editorial. Tras el nacimiento de sus hijos, se centró en el *coaching* para padres y madres. Para prepararse estudió técnicas avanzadas de psicología energética, como la técnica de liberación emocional (EFT) y Belief Re-patterning ('remodelado de creencias'), así como el diseño humano.

Combinó todo su bagaje para crear un programa nuevo, de vanguardia, de formación de instructores llamado Quantum Alignment System™. Actualmente está cursando un doctorado en salud integral y está trabajando en varios libros nuevos.

Karen, madre de ocho hijos, es una generadora manifestante cuyo centro sacro la ha llevado a vivir en una granja de aficionados (*hobby farm*) en un pequeño pueblo de Wisconsin con su marido y su hija más pequeña.